新编21世纪中国语言文学系列教材

美学概论

主　编　程相占
副主编　范玉刚　胡友峰　韩清玉

An Introduction to Aesthetics

中国人民大学出版社
·北京·

内容简介

本书梳理了“美学”这一概念的发展脉络及内涵外延，首先确定了“美学”即“审美学”，接着在此基础上系统阐述了审美的含义、审美的意义、审美过程、审美范畴、审美创造、审美形态、审美模式、审美教育等重要内容。本书强调审美观的重要性，强调要树立健康的、正确的审美观并给出了具体的实践方法，尽可能用案例分析来阐释抽象的美学概念，避免单纯的理论说教，深入浅出地讲授美学基础知识，提高学生的审美理论素养，为学生分析各种审美现象特别是文学艺术作品提供了有效的理论工具。

主编简介

程相占 教育部2017年度长江学者特聘教授。曾任山东大学文学院教授、博士生导师、副院长（2018—2023），教育部人文社会科学重点研究基地山东大学文艺美学研究中心副主任（2009—2023）。现任中山大学中国语言文学系教授、博士生导师，兼任中华美学学会常务理事、生态美学专业委员会主任，中国文艺理论学会常务理事，中国英汉语比较研究会生态语言学专业委员会常务理事，中国高等教育学会美育专业委员会常务理事，国际英文期刊*Contemporary Aesthetics*国际顾问委员会委员。主要研究领域包括中国美学、生态美学、生态艺术学、生态批评等，出版中文学术专著12部、译著3部，在英国出版英语专著1部，在中国、美国、英国、德国、波兰、土耳其等国发表中外文学术文章160余篇。

前言

每一位讲授“美学概论”课程的大学老师，几乎都有编写一部美学概论教材的冲动，因为大家往往会觉得现有教材不合用、不好用甚至不堪用。造成这种局面的原因很多，其中最根本的原因是美学观的差异。什么叫美学？或者说，美学的研究对象是什么？这两个问题实际上可以合并为一个问题，即一个人持何种美学观。

美学学科在20世纪初期从西方引入中国，新中国最重要的美学教材首推王朝闻先生主编的《美学概论》（人民出版社1981年版）。该书初稿完成于1961—1964年，1981年首次出版，是新中国成立后第一部系统、权威的高等学校文科美学教材，曾经影响了几代美学初学者。该教材认为，美学是研究美和艺术的学科，“美”和“艺术”是美学最重要的两个关键词。这种美学观的来源很可能是朱光潜先生的《西方美学史》。朱先生在阐述鲍姆加登（又译作鲍姆嘉通、鲍姆嘉滕）美学观的时候，根据第二手材料得出了“美学是研究艺术和美的科学”这个论断[①]，这一论断成为中国当代占据主导地位的美学观。比如，李泽厚先生也大体上坚持这种美学观，其美学理论代表作《美学四讲》提出：“美学——是以美感经验为中心，研究美和艺术的学科。”[②]当然，上述中国主导性美学观的根本来源是黑格尔，他的《美学》在使用“美”“艺术”“艺术美”等术语时，不严谨地将三者混用，有时候甚至将“美”与“艺术”并列。朱光潜先生是黑格尔《美学》的中译者，其用功之深、用力之勤、表达之精，都让人敬佩不已。但他或许受黑格尔的影响太深了，因而形成了“美学是研究艺术和美的科学”这个论断。

① 朱光潜．西方美学史：上卷．北京：人民文学出版社，1963：280.

② 李泽厚．美学三书．合肥：安徽教育出版社，1999：447.

但是，通过研究康德的《判断力批判》可以发现如下两个理论要点。第一，“审美”才是美学的第一关键词，《判断力批判》正文第一节就试图界定“审美”的内涵，接下来的几节将之与“认知”和“实用”进行对比、区分。这种三方对比的方式后来被黑格尔和朱光潜采用，比如，黑格尔讲人对世界的三种关系，朱光潜讲人对待古松的三种态度，其实都是沿着康德开创的思路往前推进。第二，与“关于美的审美判断”并列的是“关于崇高的审美判断”，“审美判断”是形成“美”和“崇高”的前提与基础，它比二者都重要，而且，“美”与“崇高”是并列的。然而，国内主导性美学观不但忽视了“审美”，而且忽视了与“美”并列的“崇高”。简言之，康德的审美理论是我们反思美学观时最为有力的理论武器。国内很多教材离开一个“美”字几乎就不会讲“美学”，关键原因是对康德的审美理论及其思路重视不够。

简言之，在确立美学观的时候，我们不但应该梳理并反思朱光潜-王朝闻-李泽厚这条美学观线索，而且应该梳理并反思鲍姆加登-康德-黑格尔这条美学观线索，与此同时，适当参考当代环境美学和生态美学的美学观。这样，我们的美学观才可能健全、稳妥。

2019 年 5 月 17 日，我给本科生讲授“黑格尔美学导读”最后一次课，用两节课的时间讲解了我的“审美学纲要”（征求意见提纲）。课后，我让博士生滕冬和张伊萱将课堂录音整理成文字稿，我做了审订，共一万五千余字，这部教材的思路和框架就是按照这个纲要来设计的。当然，各位参编者都是学有所成的青年才俊，他们在撰写过程中根据自己的理解也做了一些调整；我在统稿的时候，尽可能地尊重了每个人的学术个性。需要特别说明的是，一些西方哲学家、美学家的论著有多个中译本，本书参编者选引译文时，以内容准确、通达为标准，不追求一种论著全部引自同一译本这种形式上的整齐划一。本书各章内容及其具体分工如下：

前言（程相占）
绪论 “美学”即“审美学”（程相占）
第一章 审美的含义（伏爱华）
第二章 审美的意义（范玉刚）
第三章 审美过程（胡友峰）
第四章 审美范畴（王中原）
第五章 审美创造（韩清玉）
第六章 审美形态（范玉刚）
第七章 审美模式（胡友峰）
第八章 审美教育（王琦）

感谢几位合作者，感谢岳娜编辑，感谢所有听过我的美学课的同学们！

程相占

2023 年 9 月 28 日定稿于山东大学知新楼

目录

第四章
审美范畴

第五章
审美创造

第六章
审美形态

第七章
审美模式

第八章
审美教育

绪论

“美学”即“审美学”

美学概论又称美学导论、美学原理等，是我国中国语言文学、哲学、艺术学三大学科普遍开设的一门课程。其目标是向大学生讲授美学基础知识，提高学生的审美理论素养，为学生们分析各种审美现象，特别是文学艺术作品提供有效的理论工具。

美学作为一门独立的学科正式诞生于1735年。德国青年学者鲍姆加登(Alexander Gottlieb Baumgarten)在那年提交了师资论文，题目是《诗的哲学默想录》，他在论文结尾处提出了一个大胆设想，那就是建构一个有别于逻辑学的新学科，即“感性学”。在鲍姆加登所处的时代，人们通常将人的认知能力划分为两种。一种是“高级认知能力”，即逻辑推理能力，研究这种能力的学科是逻辑学，它的研究对象是“可理解的事物”。但自幼酷爱诗歌的鲍姆加登发现，阅读诗歌、领会诗歌的时候，运用的却是另外一种能力，即不同于逻辑推理能力的感受能力——能够感受到诗歌栩栩如生的形象和意味，但又无法用语言说清楚。鲍姆加登根据当时的表达习惯将这种能力称为“低级认知能力”，认为其研究对象是“可感知的事物”。鲍姆加登的天才之处在于：他切身感受到了这种能力的独特性和独特价值，于是大胆地打破常规，排除偏见，勇敢地倡导建立一个新的学科来研究这种独特的能力。他用拉丁语将这个新学科命名为aesthetica①，翻译成汉语就是“感性学”或“美学”，而其最准确的译名应该是“审美学”。鲍姆加登又用拉丁语撰写了两卷本的*Aesthetica*，分别于1750年、1758年出版。从此以后，人类的学术体系当中便有了一个新学科，那就是中国人通常所说的“美学”。我们应当注意：“美学”仅仅是对拉丁语aesthetica的汉译，它与“美”并没有必然联系，我们千万不能望文生义地将“美学”理解为“美之学”“美的哲学”或“关于美的学说”，这是我们学好美学课程最基本的出发点②，否则很可能误入歧途。

我们已经看到，美学是特定历史阶段的产物。美学正式诞生之后，不同的美学家对于美学有着不同的理解，这就带来了历史上不同的美学观——对于“什么是美学”这个根本问题的回答。这些不同的美学观当中，德国哲

---

① 鲍姆嘉通．诗的哲学默想录．王旭晓，译．滕守尧，校．北京：中国社会科学出版社，2014：96-97.

② 程相占．朱光潜的鲍姆嘉滕美学观研究之批判反思．学术月刊，2015（1）.

学家黑格尔（Georg Wilhelm Friedrich Hegel）的美学观最为著名且影响深远。在他去世四年后才被其学生整理出版的《美学》（1835 年），断然将美学称为“艺术哲学”，断然将“自然美”排除在美学范畴之外。美学自 20 世纪初正式传入我国之后，产生了为数不少的美学观，比如，美感经验论（李泽厚）、审美关系论（蒋孔阳、周来祥）和审美活动论（蒋培坤等）。就国内目前的实际情况来看，接受审美活动论的学者和教材比较普遍。我们这部教材将美学定位为“审美学”，将其研究对象界定为“审美活动”。本教材将围绕审美活动展开论述，试图做到正本清源，删繁就简，提纲挈领，简明易懂。

鲍姆加登被称为“美学之父”，他用拉丁语撰写的两卷本美学著作的标题翻译成英语之后就是 *Aesthetics*。我们首先要把握的是，英语 aesthetics 分解开来就是 aesthetic＋s：前者是形容词，其含义是“感性的”“审美的”；s 是名词后缀。因此，我们需要牢牢把握的是，审美学（美学）的第一关键词是 aesthetic，即形容词“审美的”，我们用它来修饰一系列的术语，从而形成这部教材的一系列关键词，包括审美过程、审美范畴、审美创造、审美形态、审美模式和审美教育等——汉语表达为了简洁，省略了“审美的”这个形容词中的“的”字而简称为“审美”。

这样一来，如何理解“审美”，就成了整部教材的基石。根据分解的细致程度，我们依次可以从“三感”“六感”或“九感”的角度来解释“审美”。

审美即三感：三感即感官、事物的感性形态与感情，审美由此可以界定为感官在事物的感性形态的激发下产生感情。

审美即六感：因为感情的产生过程非常复杂，其前提是对于事物的感觉、感知和感受，所以“感情”前面再加上“三感”，就扩充为“六感”。

审美即九感：感情产生后，其伴生的心理和精神状态则有感想、感应和感悟等，“六感”后面再加上“三感”，于是就扩充为“九感”。

针对上述三感说、六感说或九感说，我们有必要做出如下三点说明。

第一，理论的特点是分析。就好比我们平时看到的是各种各样的水的形态，但化学研究则要将之分解为分子和原子。审美学面对的对象是整体性的审美活动，但作为理论必须条分缕析，将整体性的审美活动分解为各种组成要素。这就是我们将审美的要素划分为三感、六感、九感的根本原因。

第二，人在审美活动中，其心理状态、感情状态、精神状态是非常复杂的，许多要素通常是混杂、交织在一起的，很难说必定有一个线性的顺序。但为了从理论上进行分析，我们只能勉强排序。这是理论之为理论的天然缺陷。

第三，即使我们将三感扩充为九感，也无法穷尽审美活动的复杂性；即使我们将汉语中以“感”开头的所有词语都汇集起来，也难以穷尽审美活动的奥秘。我们只能适可而止。这就是理论的限度。简言之，任何理论都有所能，有所不能；既有其适用的范围，也有其适用的限度。美学理论也是如此。

更加复杂的是，上述九感不但会相互促进，而且包含着认知、反思、判断等理性因素在内，所有要素共同构成一个动态过程，感性因素与理性因素之间通常会发生融合，其融合机制非常复杂、难解；神经美学试图从脑科学、神经认知科学的角度进行解释，但目前为止理论进展依然非常有限。面对浩瀚的宇宙，面对幽深的心灵，我们必须承认人类认识能力的局限性。

本教材将首先从人与世界的三种关系的角度解释审美的含义（第一章），进而讨论审美的意义（第二章）。审美是人的一种特殊活动，任何一个活动必然有一个起点、一个终点，即“过程”。审美活动的过程简称“审美过程”（第三章），它涉及了审美发生的准备过程、审美状态的过渡、审美过程的发生与审美效应的引发四部分。第四章是审美范畴，其本源是做审美判断时所使用的形容词，本章一共讨论五个：优美与崇高、悲剧与喜剧、丑。第五章是审美创造，从直觉与想象、模仿与再现、形式与表现三个方面展现审美创造的过程、机制与特征。第六章是审美形态，分为自然审美、技术审美、艺术审美和日常生活审美等诸多审美形态，通过追问审美何为，旨在对国内美学界通常所说的自然美、技术美、艺术美、社会美之理解进行纠偏，使之回到人的感性学应有的向度上。第七章是审美模式，分别从自然与艺术两个角度切入，选取具有典型性与代表性的审美模式进行介绍，试图以审美模式的流变为中心，勾勒出美学发展的内在理路与逻辑线索。第八章讲审美教育。从广义的角度来说，讲美学课其实是在进行审美教育，也就是让学生了解美学基础知识，但审美教育毕竟有其独特内涵，包括审美教育的功能、特征、途径等。

本教材突出强调如下问题，这也构成本教材的特色。

第一，强调美学观的重要性。我们很难说哪种美学观是完全错误的，但可以说哪些美学观是片面的、偏狭的、不尽准确的。美学观与美学的研究对象应互相界定、互为前提。

第二，强调健康的、正确的审美观。审美观有对错之分、健康与否之分；与之相应，审美趣味有高低之别、雅俗之辨，艺术评价标准也有对错之分。我们应做出明确的价值判断，向读者传授正确的价值观。

第三，将通行美学教材中所讨论的“美”和“艺术”放在适当的位置上。审美学并非不讨论美和艺术，但是，二者的位置应该取决于审美学的内在逻辑，其位置不当，将会造成理论混乱。

最后简单地讲一下学习美学的方法，其要领可以概括为一句话：立足自己的审美体验，用鲜活的审美体验给抽象的理论注入生命，让理论范畴和理论思辨活起来。每个正常的人都有着极其丰富的审美活动：朝迎旭日升，暮送夕阳下；仰观宇宙之大，俯察品类之盛；穿衣打扮，美化居室；欣赏绘画、建筑，聆听歌曲、音乐；读小说，看电影；如此等等。我们完全可以说，审美活动和审美体验普遍地渗透在我们日常生活的方方面面，甚至每时每刻。

在这些审美活动中的身心体验就是审美体验。那么，人生在世，为什么会有审美活动？审美体验对于美好生活有什么意义？如何理解和分析审美体验的复杂性？理论思考对于认识审美活动和审美体验的奥秘具有什么样的功能？这些问题，就是打开美学之门的钥匙；贯通感、思、理，就是美学学习的正途。

第一章
审美的含义

美学的第一关键词是“美”还是“审美”？这是事关美学研究之门径是否正确的根本性问题，值得我们高度重视。

将“美”视为美学第一关键词，其研究思路必然将重点放在美的含义上，西方美学史上对此有诸多界定。如古希腊时期柏拉图（Plato）的美在“理念”，亚里士多德（Aristotle）的美在“秩序、匀称、明确”；德国古典时期康德（Immanuel Kant）的美是“道德的象征”，黑格尔的美是“理念的感性显现”；等等。由这些界定可以看出，西方美学一直以来是把美的本质问题作为美学研究最根本的理论问题的，而两千多年的西方古典美学史也就是追求美的本质的历史。然而遗憾的是，美的本质问题众说纷纭，至今悬而未决，没有得到完满的解答。这一方面可见美的问题的复杂性，另一方面也启示我们应该转换美学研究的思路，重新界定美学的第一关键词。

解决这个问题的思路是回到美学学科的由来上。1735 年，鲍姆加登在其师资论文《诗的哲学默想录》中提出美学学科的概念，并以拉丁文为之命名，英文为 aesthetics；1750 年，他出版了《美学》第一卷，提出美就是“感性认识的完善”。这不同于以往对于美的界定，不是突出审美客体的价值属性，而是强调主体的感性认识，因此有人就把 Aesthetics 翻译成“感性学”。鲍姆加登被称为“美学之父”，原因就在于他赋予美学这一学科一个非常好的名字。这个名字中既有审美客体，反映了之前美学研究的重要内容；又有审美主体，预示了之后美学研究的发展方向。因此，如果沿着西方近代美学的研究思路，沿着鲍姆加登的美学研究思路，从审美主体出发进行美学探究，我们关注的就不是“美”的定义，而是“审美”的定义。而对于“审美”的理解，应该，也必须，从人的感性感官出发，通过揭示审美主体的审美认知能力，进而超越美的哲学和艺术哲学，走向审美学。

第一节　人与世界的关系

人生存于世，必然与世界打交道，从而产生人与世界的诸种关系，如认识的、实践的、伦理的、功用的，以及审美的，等等。而哲学的演变发展反映的正是人对人与世界关系的思考，如西方古代哲学的本体论、近代哲学的认识论、现代哲学的存在论。我们甚至可以说，正是因为人对这一问题的思考，才有了诸种学科的产生，可见这一问题的根本性。为了更好地理解这一问题，先来了解一下人是如何理解人自身，以及人是如何理解世界的，以此为基础，可以知晓在人与世界的诸种关系中，审美关系具有怎样的地位和意义。

一、如何理解“人”

在西方哲学史上有许多关于人的定义。最早的定义来自古希腊哲学的智者派普罗泰戈拉（Protagoras）提出的“人是万物的尺度”。这句话的积极意义在于将人视为自然和社会的中心、主宰、标准，因此普罗泰戈拉也被看作人本主义的先驱。但其消极意义也是明显的，它容易导致一种感觉主义、主观主义和相对主义，所以苏格拉底（Socrates）将德尔菲神庙的名言“认识你自己”引入哲学，从而将人与自然相区别，将哲学研究的重心由自然万物转向人自身。“认识你自己”不是认识人的外在形貌，而是认识人的内在理性，苏格拉底力图通过认识理性去认识普遍的、确定的美。有论者指出：“‘认识你自己’不仅拓宽了美学研究的领域，而且改变了美学研究的途径。”[①] 这一研究路径为柏拉图所继承，但在亚里士多德那里却没有“人”的位置，亚里士多德关注的是现象背后的本质性存在。中世纪，神学占据统治地位，人只能是上帝的奴仆、附庸。即使是对人的认识，如奥古斯丁（Saint Augustine）的《论自由意志》《忏悔录》等著作，最终也是以上帝为本位的人学思想。认识人，是为了更好地认识上帝，追寻上帝。真正的美在上帝，“美是上帝的名字”[②]。正是因为人的地位被忽视，文艺复兴时期，人文主义兴起，重新强调“人”的立场、价值和意义。在达·芬奇、米开朗琪罗、拉斐尔等艺术大师的人体艺术中，可以深切地体会到这一点。诚如有论者所指出的：“就人体艺术中的人文主义精神而言，艺术家重视对人的内在精神风貌的开掘，即便对神和圣人也是以日常的人性情感来表现。尤其是表现世俗人物的肖像画，不仅栩栩如生，而且更是深入人物心灵深层。”[③] 随之而来的，是一个理性的，居于中心地位的“人”重新回到了世界之中，这就是笛卡尔的著名命题——“我思故我在”，由此产生了康德在哲学上的“哥白尼式的革命”，提出“人为自然立法”，确立了人的主体性地位。但在黑格尔的哲学体系中，人的中心地位让位于“绝对精神”，而这个“绝对精神”是主、客体的最高统一，其中暗含了人与世界的统一，这一点将在下文展开具体论述。

现代西方哲学，出现了理性向非理性的转变，对人的理解不再是抽象的、

① 凌继尧，徐恒醇．西方美学史：第一卷．北京：中国社会科学出版社，2005：79.

② 此处借用了阎国忠的书名《美是上帝的名字：中世纪神学美学》（上海社会科学出版社，2003 年版）。

③ 彭立勋，邱紫华，吴予敏．西方美学史：第二卷．北京：中国社会科学出版社，2005：22.

整体的、总体的人，而是具体的、差异的、不确定的人，从叔本华、尼采的生命意志，到弗洛伊德的个体无意识、柏格森的绵延，再到海德格尔的“此在的基础本体论”，虽然人的主体性地位越来越岌岌可危，但对人的理解却越来越多样，越来越科学。而西方哲学中关于人的思考，其实质是对人与世界的关系的思考。因此，无论有多少关于人的定义或学说，如果离开世界来谈，都无法真正认识、了解人自身。就像海德格尔所强调的“此在”，人的存在是“在之中”的存在，对人的理解、分析要置于世界之中。正是因为海德格尔，我们意识到人与世界的关系不是抽象的主体与客体的关系，而是具体的“此在”与“世界”的关系。

在中国哲学史上同样有对人的理解和界定，只不过不似西方哲学史上那样纷繁芜杂，主要表现为儒、道两家关于成就什么样的人格的论述，如孔、孟的君子人格，老、庄的自由人格等。而且在中国哲学史上，对人的认识是与对“天”的认识密切结合的，即“天人合一”，儒家的君子人格体现的是人与人、人与社会的关系，而道家的自由人格体现的是人与自然的关系。因为没有像西方哲学中的主、客体之分，所以在中国哲学中，人与世界的关系就表现为“天人合一”。

二、如何理解“世界”

通过简单梳理中西方哲学史上对人的理解，可以看到，如果将“人”理解为与客体对立的“主体”，那么“世界”呈现为物质的世界；如果将“人”理解为具体的、生存着的人，那么“世界”呈现为活泼生动的世界。无论“世界是物质的”，还是“世界是生动的”，它都是人生活于其中的世界，人与世界的关系密不可分。那么，对于这个“世界”，人又是如何审视的呢？

“世界是物质的”，这是人对世界最基本的认识。物质的世界为我们的生活提供了一个可靠而实在的基础，在这个世界中，我们享受着灿烂的阳光、呼吸着新鲜的空气，世界为我所用。但因为“人”不仅仅是一个物质的存在，人有精神，会思考，世界也就由一个单纯的物质世界，成为人的认识的对象。

知识链接

柏拉图对“世界”的理解

柏拉图认为，世界的本体是理念，万事万物都有自己的理念，从而构建了一个从低级到高级的理念世界。这个理念世界是一个完全抽象的概念世界，无色无味，无形无象，而现实世界是理念世界的影子，艺术世界是现实世界的影子。可以说，柏拉图的世界是一个影子的王国。朱光潜指出：“柏拉图形而上学地使理性世界脱离感性世界而孤立化，绝对化了。”[①] 所以在柏拉图那里，人与世界的关系表现为认识论意义上的主客二分，客观的理念是作为主体的人的认识目标。

康德将世界分为“现象界”和“物自体”（或“自在之物”）。现象界是主体通过接受感性材料加以整理而建立起来的，因而是可知的，由此形成康德的“自然的形而上学”，体现在《纯粹理性批判》一书中。现象背后的物自体是不可认知的，因为它是事物的本体，是自在之物。虽然物自体不可认识，但它是有用的，它作用于人的行为、实践。如信仰上帝，上帝不属于现象界，不可认识，但信仰上帝可以使人成为一个有道德的人，由此形成康德的“道德的形而上学”，体现在《实践理性批判》一书中。虽然现象界和物自体是完全不同的，一个是科学、理性，一个是实践、道德，但康德认为，作为主体的人是统一的：既有感性的一面，也有理性的一面；既有科学的一面，也有道德的一面。康德继承了休谟（David Hume）的人性论，将人性分为知（认识）、情（审美）、意（道德）三个部分，因此，康德到了晚年写出《判断力批判》，阐释美学，来沟通现象界和物自体。这里需要注意的是：在知、情、意中，“情”只是中介，因而康德的美学只是在两大形而上学之间架起一座桥梁，它本身并不构成形而上学。这就是康德三大批判的主要内容，也就是康德关于世界的认识和理解。虽然在康德那里，人与世界的关系表现为三种形式——认识、审美、道德，但总体来说，依然体现为认识论意义上的主客二分。世界是客体、对象，人是主体，而且占有绝对的中心地位。因此朱光潜指出，康德的“研究对象不是客观存在而是主观意识，是人对现实世界的认识功能和实践功能”[②]。同样是认识论意义上的主客二分，康德和柏拉图是不同的，康德强调人的主体性地位，柏拉图强调客观的理念世界。

作为德国古典哲学和西方理性主义哲学的集大成者，黑格尔继承并发展了康德哲学。黑格尔认为，康德的贡献在于对人的思维能力的考察和分析，但康德将思维限制在主观领域，不能认识世界的本质性存在，因而造成了主、客观的分裂。为了克服康德的缺陷，黑格尔认为世界的本原不是物质，而是思想、精神，一种独立于个体精神之外的绝对精神（或绝对理念、绝对观念），整个世界（包括自然界、人类社会和思维）都是绝对精神辩证发展和逻辑演化的结果。这一过程分为三个阶段——逻辑阶段、自然阶段、精神阶段，分别构成逻辑学、自然哲学和精神哲学。逻辑学描述的是绝对精神的自我发展，表现为范畴的推演；自然哲学描述的是绝对精神外化为自然界后的发展过程；精神哲学描述的是绝对精神摆脱自然界进入人的意识并在人的意识中回归自己、认识自己的过程，即思维与存在同一的过程。黑格尔认为，绝对

---

① 朱光潜．西方美学史：上卷．北京：人民文学出版社，1979：45.

② 朱光潜．西方美学史：下卷．北京：人民文学出版社，1979：353.

精神的发展演变，克服了康德的思维局限于主观领域的不足，使思维达到对客观现实的本质认识，因为客观世界的全部发展过程也就是绝对精神的发展过程。可见，在黑格尔那里，“思想不但构成外界事物的实体，而且构成精神性的东西的普遍实体。……当我们把思维认为是一切自然和精神事物的真实共性时，思维便统摄这一切而成为这一切的基础了”①。因此，在黑格尔看来，绝对精神不仅是认识的最高目标、终极真理，而且是世界万物的本原，是最高的客观精神和主观精神的同一。虽然从认识论的意义上，黑格尔对人与世界的关系之理解依旧采用主客二分的思维模式，但他所理解的“世界”是处于永恒的运动变化和矛盾发展之中的，而且这一运动变化是有规律可循的，因此，在黑格尔的眼中，世界不是一个静止的、孤立的、僵化的认识对象，而是一个运动变化的、具体丰富的历史现实。表面上我们看到的是黑格尔的逻辑推演，但这一推演反映的正是具体的历史发展。历史不是按照逻辑预先设定好的，而是由人一步一步创造出来的，由于人的创造，历史呈现为有规律的发展。这就是黑格尔历史与逻辑相一致的方法，其中暗含的是人与世界的合一，而不是主客二分。这一方法为之后西方现当代哲学特别是人文主义思潮的兴起奠定了基础。黑格尔的“巨大功绩在把整个自然的、历史的和精神的世界描写为一个过程，即把它描写为处在不断的运动、变化、转变和发展中，并企图揭示这种运动和发展的内在联系”②。

黑格尔之后，从叔本华开始，大多数西方现当代哲学家反对人与世界的主客二分，其中最有代表性的是海德格尔（Martin Heidegger）。其存在论哲学是对主客二分思维方式的突破，强调人与世界的合一，达到一种类似中国的“天人合一”的境界。在海德格尔看来，世界与人一开始是融为一体的，但因为自柏拉图至黑格尔的旧形而上学采取了主客二分的思维方式，将世界看作主体的人的客观认识对象，所以人要不断地去认识、把握世界。现在，我们应当超越主客二分，回到人与世界合一的原始境域，当“此在”与世界打交道，展开、显现自己时，世界也就得以存在、显现，因此，世界是人的世界，人是世界中存在的人。海德格尔指出：“‘世界’在存在论上绝非那种在本质上并不是此在的存在者的规定，而是此在本身的一种性质。”③ 可见，海德格尔的“世界”不是一个孤立封闭的实体，不是一切客观事物的总和，“世界之为世界”“是被了解为一个实际上的此在作为此在‘生活’‘在其中’的东西。世界在这里具有一种先于存在论的生存上的含义。在这里又有各种不同的可能性：世界是指‘公众的’我们世界或者是指‘自己的’而且最近的‘家常的’周围世界”④。海德格尔明确主张，“此在”与之打交道的世界，既不是我们的主人，也不是我们的奴隶，而是我们的“邻居”，是我们无时无

① 黑格尔．小逻辑．贺麟，译．北京：商务印书馆，1980：80－81.

② 朱光潜．西方美学史：下卷．北京：人民文学出版社，1979：476.

③ 海德格尔．存在与时间．陈嘉映，王庆节，合译．北京：生活·读书·新知三联书店，2006：76.

④ 海德格尔．存在与时间．陈嘉映，王庆节，合译．北京：生活·读书·新知三联书店，2006：76.

刻不生活在其中的世界。这就是海德格尔所理解的人与世界的关系：世界与人的存在密不可分，两者是合一的。海德格尔的“此在”与“世界”是相互揭示、彼此生成的关系，因而不同于西方古典哲学中一个现成的东西（主体）与另一个现成的东西（客体）之间的认识关系。

叶秀山在《美的哲学》中指出：“从自然的角度看，‘世界’是‘自在’的，是一个必然性的物质性世界；而从生活的角度来看，单纯‘自然的世界’是我们人类在实践的基础上做科学研究之后的‘发现’。而我们经常面对的、我们生活于其中的，则是一个充满了‘意义’的世界，这个世界对我们展现为‘真’的、‘善’的，也是‘美’的。”① 对于人来说，这样一个“生活世界”才是有意义、有价值的真实世界。正如叶朗所指出的：“这个‘生活世界’是有生命的世界，是人生活于其中的世界，是人与万物一体的世界，是充满了意味和情趣的世界，这是存在的本来面貌。”② 可见，这个“生活世界”就是一个集真、善、美于一体的审美世界。

三、人与世界的审美关系

康德指出：人性的知、情、意，分别对应着人与世界的三种关系，即认识、审美、道德；同时分别对应着三个知识门类，即哲学、美学、伦理学；还可以理解为我们熟悉的三种价值——真、善、美。人是一个统一体，因而这三种价值也是一体的，统一于人与世界的审美关系。

知识链接

人与世界的关系

张世英在《哲学导论》一书中，通过对中西方哲学史的简单回顾，对人与世界的关系问题做出了具体而翔实的回答。他指出，人与世界的关系问题（包括人对世界的态度问题）可以分为两个层次：一是“人-世界”结构，即人与世界万物融为一体，或简称为“天人合一”；二是“主体-客体”结构，意即主张人作为主体，世界作为客体，二者一主一从，分离对立，只是通过认识的桥梁达到统一。③ 在论述到审美意识时，张世英进一步指出，审美意识是人与世界融合的产物。“我们的基本观点是，按主客关系式看待人与世界的关系，则无审美意识可言；审美意识，不属于主客关系，而是属于人与世界的融合，或者说天人合一。”④ 这就是说，只有人与世界融合，才有审美的发生，而这一发生，蕴含的是真、善、美的

① 叶秀山．美的哲学．北京：世界图书出版公司，2010：35.

② 叶朗．美学原理．北京：北京大学出版社，2009：76.

③ 详见张世英《哲学导论》(北京大学出版社 2008 年版）第一章“‘人生在世’的两种结构”。

④ 张世英．哲学导论．北京：北京大学出版社，2008：117.

统一。“人们经常谈论真、善、美的统一，究竟统一于什么？如何统一？我想‘万物一体’应该是最好的答案。”①

人在认识世界中，改变着世界，也改变着人自身；人为万物的尺度，万物也是人的尺度。正是在这样的双向建构中，人们逐渐认识到，在人与世界的三种关系中，审美关系尤为重要，因为它联结着真与善，并超越了真与善，最终实现人与世界的融合，给人以自由。黑格尔的主体与对象的三种关系和朱光潜的“我们对于一棵古松的三种态度”的论述，可以帮助我们更好地理解人与世界的审美关系及其重要性。

1. 黑格尔：主体与对象的三种关系

在黑格尔看来，作为主体的人与作为对象的客观现实之间有三种基本的关系。

第一种是欲望关系。在这种关系里，人对事物是单纯的感性掌握，这里走一走，那里看一看，心里什么也不想。“在这种对外在世界起欲望的关系之中，人是以感性的个别事物的身份去对待本身也是个别事物的外在对象，他不是以思考者的身份，用普遍观念来对待这些外在事物，而是按照自己的个别的冲动和兴趣去对待本身也是个别的对象，用它们来维持自己，利用它们，吃掉它们，牺牲它们来满足自己。”② 这种关系实质是一种实用的、功利的关系：一方面主体的欲望所需要的只是事物自身的感性存在，因而消灭了对象的独立存在和自由；另一方面主体自身被欲望中那些个别的庸俗的兴趣束缚，因而也是不自由的。主体和对象都是不自由的，无审美可言。

第二种是认识关系。在这种关系里，主体不直接作用于对象，仅是纯粹的理智认识。“对事物的认识性的观照并无意要消灭事物的个体或是从事物得到感官的满足，或是利用它们来维持自己的生命，而是要学会认识事物的普遍性，找出它们的本质和规律，理解它们的概念。”③ 在这里，对象可以保持自由，但主体必须服从对象的普遍必然性和规律性，因而也无审美可言。

第三种是审美关系。黑格尔认为，审美关系是介于实践的欲望关系和理智的认识关系之间的一种特殊关系。美既不是有限的意志的对象，也不是有限的不自由的知性的对象，美本身是无限的、自由的。“如果把对象作为美的对象来看待，就要把上述两种观点统一起来，就要把主体和对象两方面的片面性取消掉，因而也就是把它们的有限性和不自由性取消掉。”④ 从欲望关系看，主体摆脱了欲望冲动，不把对象看成是效用的、功利的存在，而是看作独立自在的、有自身目的的存在，主体的不自由也消失了。从认识关系看，

① 张世英．哲学导论．北京：北京大学出版社，2008：211.
② 黑格尔．美学：第一卷．朱光潜，译．北京：商务印书馆，1979：45－46.
③ 黑格尔．美学：第一卷．朱光潜，译．北京：商务印书馆，1979：47.
④ 黑格尔．美学：第一卷．朱光潜，译．北京：商务印书馆，1979：145.

美的对象只以个体的感性形象显现，消除了对其他事物的依存性，把不自由和有限变为自由和无限；主体对对象的关系也不只是感觉、观察以及抽象思考，而是在对象里变成具体、生动的存在。因此黑格尔指出："审美带有令人解放的性质，它让对象保持它的自由和无限，不把它作为有利于有限需要和意图的工具而起占有欲和加以利用。所以美的对象既不显得是我们人的压抑和逼迫，又不显得受其他外在事物的侵袭和征服。"① 正是在审美的关系中，主体达到了理性认识和意志自由的统一，客体成为独立自存的欣赏对象，从而实现了有限和无限、必然和自由、主体和客体的高度统一，即人与世界的融合。

2. 朱光潜："我们对于一棵古松的三种态度"

如何超越主客二分的思维模式，从认识的关系转向审美的关系，从"主体-客体"结构转向"人-世界"结构，朱光潜在《谈美》中举了一个很有名的例子，即"我们对于一棵古松的三种态度"。

> 假如你是一位木商，我是一位植物学家，另外一位朋友是画家，三人同时来看这棵古松。我们三人可以说同时都"知觉"到这一棵树，可是三人所"知觉"到的却是三种不同的东西。你脱离不了你的木商的心习，你所知觉到的只是一棵做某事用值几多钱的木料。我也脱离不了我的植物学家的心习，我所知觉到的只是一棵叶为针状、果为球状、四季常青的显花植物。我们的朋友——画家——什么事都不管，只管审美，他所知觉到的只是一棵苍翠劲拔的古树。我们三人的反应态度也不一致。你心里盘算它是宜于架屋或是制器，思量怎样去买它，砍它，运它。我把它归到某类某科里去，注意它和其他松树的异点，思量它何以活得这样老。我们的朋友却不这样东想西想，他只在聚精会神地观赏它的苍翠的颜色，它的盘屈如龙蛇的线纹以及它的昂然高举、不受屈挠的气概。②

在这个例子中，木材商人看古松是实用的态度，因此他讲究的是如何利用古松创造经济价值，追求的是善；植物学家看古松是科学的态度，因此他注重的是通过客观的分析和抽象的思考，寻找事物和现象背后的规律并进行理论的总结，追求的是真；画家看古松是审美的态度，因此他将古松视为一幅画，沉浸于古松的颜色、线条以及由此构成的艺术形象，追求的是美。朱光潜指出，只有"审美的眼睛才能见到美"，"这棵古松对于我们的画画的朋友是美的，因为他去看它时就抱了美感的态度。你和我如果也想见到它的美，你须得把你那种木商的实用的态度丢开，我须得把植物学家的科学的态度丢开，专持美感的态度去看它"③。为什么我们需要持审美的态度去发现美？朱

---

① 黑格尔．美学：第一卷．朱光潜，译．北京：商务印书馆，1979：147.

② 朱光潜．谈美//朱光潜美学文集：第一卷．上海：上海文艺出版社，1982：448－449.

③ 朱光潜．谈美//朱光潜美学文集：第一卷．上海：上海文艺出版社，1982：449.

光潜进一步指出："人的实用的活动全是有所为而为，是受环境需要限制的；人的美感的活动全是无所为而为，是环境不需要他活动而他自己愿意去活动的。在有所为而为的活动中，人是环境需要的奴隶；在无所为而为的活动中，人是自己心灵的主宰。"① 在审美的活动中，我们才可以打破人与世界的主、奴关系，实现人与世界的融合，实现人的自由。

在《文艺心理学》中，朱光潜用布洛的"心理距离说"来告诉我们，如何在日常生活中采取审美的态度，培养审美的眼光。他举的是海上遇雾的例子。乘船的人在海上遇见大雾，是一件不畅快的事，让人心焦气闷。

> 但是换一个观点来看，海雾却是一种绝美的景致。你暂且不去想到它耽误了程期，不去想到实际上的不舒畅和危险，你姑且聚精会神地去看它这种现象，看这幅轻烟似的薄纱，笼罩这平谧如镜的海水，许多远山和飞鸟被它盖上一层面网，都现出梦境的依稀隐约，它把天和海联成一气，你仿佛伸一只手就可握住在天上浮游的仙子。你的四围全是广阔、沉寂、秘奥和雄伟，你见不到人世的鸡犬和烟火，你究竟在人间还是在天上，也有些犹豫不易决定。这不是一种极愉快的经验么？②

当我们把客体与实际生活拉开一定的距离，就能不为主观的情绪、情感所干扰，采取一种客观的态度去欣赏它。这就是审美的态度，体现了人与世界的融合。虽然我们经常以实用、功利的态度将世界客体化、对象化，"但是偶然之间，我们也间或能像叔本华所说的，'丢开寻常看待事物的方法'，见出事物的不平常的一面，于是天天遇见的、素以为平淡无奇的东西，例如破墙角伸出来的一枝花，或是林间一片阴影，便陡然现出奇姿异彩，使我们惊讶它的美妙"③。所谓"丢开寻常看待事物的方法"，即超越人对事物的实用、功利的认识，用一种审美的态度揭示事物不平常的一面，显现生活世界的本来面目。

本节关键词：

"认识你自己"，"生活世界"，人与世界的审美关系

第二节 审美的初步界定

在人与世界的审美关系中，我们首先面对的是事物的感性形态，通过充分调动我们的感官感觉去感受这些感性形态的意义，由此引发一系列的情绪、情感。这就是我们对审美过程的理解，并以此为基础对审美加以界定：存在于世界之中的人运用感官从事物的感性形态感受意义进而激发感情的活动，

① 朱光潜．谈美//朱光潜美学文集：第一卷．上海：上海文艺出版社，1982：452.

② 朱光潜．文艺心理学//朱光潜美学文集：第一卷．上海：上海文艺出版社，1982：21.

③ 朱光潜．文艺心理学//朱光潜美学文集：第一卷．上海：上海文艺出版社，1982：23.

其核心是感官-感受-感情。这一界定是基于对鲍姆加登提出的 aesthetics 作“感性学”的理解，因而是对作为一门学科的美学的正本清源，让“美学”复归“感性学”，就是复归人的感性、感官、感觉、感受；这一界定也是基于对鲍姆加登提出的 aesthetics 作“审美学”的理解，突出美学的目的是研究感性认识的完善，即提升人的审美能力，而审美能力是鲍姆加登美学中被遮蔽的核心要义。① 李泽厚在《美学四讲》中将审美分为“悦耳悦目”“悦心悦意”“悦志悦神”三个方面，并将这三个方面看作人类和个体审美能力的形态展现。② 正是在感性认识的完善中，人类的审美感官和审美能力得到了发展和提升。

一、审美的出发点：事物的感性形态

为什么审美要从事物的感性形态出发？因为人类的感官只能够把握事物的感性形态。比方说，当我们看到一棵树的时候，我们的视听感官便会去感受这棵树，但是我们只能够感受这棵树的形状、颜色、气味等感性形态。一般人没有办法感受到这棵树作为一种木材，它的密度、材料、质量如何；也没有办法感受到这棵树作为一种植物属于哪一科、哪一目。总而言之，树的物理属性、化学性质是没法感受的。但即使我们不知道这是一棵什么树，也并不妨碍我们对它的感受和欣赏，我们能够感受的仅仅是事物的感性形态。就像《诗经》中那些先民的歌唱——“桃之夭夭，灼灼其华”（《国风·周南·桃夭》），“蒹葭苍苍，白露为霜”（《国风·秦风·蒹葭》），“伐木丁丁，鸟鸣嘤嘤”（《雅·小雅·伐木》），在寻常事物中表达着朴实无华的真挚感情。因此，黑格尔认为，“美就是理念的感性显现”③，“美只能在形象中见出，因为只有形象才是外在的显现”④。杜夫海纳认为，“美是感性的完善”，“是某种完全蕴含在感性之中的意义”⑤，并把审美对象称为“灿烂的感性”。“审美对象不是别的，只是灿烂的感性。规定审美对象的那种形式就表现了感性的圆满性与必然性，同时感性自身带有赋予它以活力的意义，并立刻献交出来。”⑥ 李泽厚也指出：“美总是具有一定的感性形式，从而与人们一定的审美感受相联系……美必须具有感性形式，从而诉诸人的感性。”⑦

万事万物都有其感性形态，具体表现为色、形、声、质、味等方面，也就是通常所说的形式美的构成要素。这些构成要素具有非常丰富的表情性，

---

① 程相占．朱光潜的鲍姆嘉滕美学观研究之批判反思．学术月刊，2015（1）.

② 李泽厚．华夏美学·美学四讲．北京：生活·读书·新知三联书店，2008：342.

③ 黑格尔．美学：第一卷．朱光潜，译．北京：商务印书馆，1979：142.

④ 黑格尔．美学：第一卷．朱光潜，译．北京：商务印书馆，1979：161.

⑤ 杜夫海纳．美学与哲学．孙非，译．北京：中国社会科学出版社，1985：20.

⑥ 杜夫海纳．美学与哲学．孙非，译．北京：中国社会科学出版社，1985：54.

⑦ 李泽厚．华夏美学·美学四讲．北京：生活·读书·新知三联书店，2008：270.

可以引发人们不同的审美感受。例如，中国文化中白色虽然会引发人的悲伤、忧郁之情，但又有着纯洁、静谧之感，给人以无限生机，因此白雪皑皑、银装素裹的冬天才会生出无边之美感："忽如一夜春风来，千树万树梨花开"（岑参《白雪歌送武判官归京》），"燕山雪花大如席，片片吹落轩辕台"（李白《北风行》）。这里没有色彩学的科学实验或理论认知，告诉我们白色的光谱是什么、色相是什么、性质是什么，有的只是人对白色雪花的审美感知。

面对纷繁芜杂的感性形态，基于人与世界的审美关系，人的感官所能做出的是一种感性的认识。正如桑塔耶纳指出的："形式美特别能引起有审美禀赋的人的共鸣；形式美同生硬的无形刺激，同想入非非的散漫情绪，同推理的思考，都相去甚远。我们的时代喜欢沉溺于善感的深情和观念的暗示，而致牺牲了形式美，这是缺乏真正的（假如不是自称的）修养之特征，反不如蛮族之醉心于华丽斑斓的色彩。"① 桑塔耶纳不仅强调了人的审美能力的重要性，也指出了审美与认识、逻辑的不同。审美是从人的感官接受事物的感性形态的刺激开始的。

二、审美的中介：感官

感官是动物感受外界事物刺激并做出反应的各种器官，人类有眼、耳、鼻、舌、身五大感官，对应着产生视觉（主要体现为对颜色和形状的感知）、听觉（主要体现为对声音的感知）、嗅觉（主要体现为对气味的感知）、味觉（主要体现为对味道的感知）、触觉（主要体现为对事物质料的感知）。一般认为，审美主要依赖于视、听感官。中世纪的神学家托马斯·阿奎那（St. Thomas Aquinas）认为："与美关系最密切的感官是视觉和听觉，都是与认识关系最密切的、为理智服务的感官。我们只说景象美或声音美，却不把美这个形容词加在其他感官（例如味觉和嗅觉）的对象上去。"② 因为视觉和听觉是为理智服务的，而审美是认识活动；其他感官主要是满足动物性的需求，产生的是生理快感。黑格尔也认为，审美只涉及视、听这两个认识性的感官，而嗅觉、味觉、触觉与审美无关。"因为嗅觉、味觉和触觉只涉及单纯的物质和它的可直接用感官接触的性质，例如嗅觉只涉及空气中飞扬的物质，味觉只涉及溶解的物质，触觉只涉及冷热平滑等等性质。"③ 而视觉和听觉与事物之间不只是单纯的感官关系，不是直接使用或享受对象，而是始终保持对象的独立存在，从而形成明确的表象，达到对事物的理性认识。黑格尔进一步指出，听觉高于视觉。因为视觉对象，如颜色、形状、线条等涉及的是事物

---

① 桑塔耶纳．美感．缪灵珠，译．北京：中国社会科学出版社，1982：65.

② 北京大学哲学系美学教研室．西方美学家论美和美感．北京：商务印书馆，1980：67.

③ 黑格尔．美学：第一卷．朱光潜，译．北京：商务印书馆，1979：48－49.

的物质性，而听觉对象，主要是声音，则是观念性的，观念高于物质，因而听觉高于视觉。

知识链接

中国现当代美学理论中的审美器官

后实践美学的代表人物杨春时认为，审美只涉及视、听感官。“人的各种感觉器官中，只有视觉和听觉是审美的器官，因为视觉和听觉可以接收符号，它们具有精神性，而其他器官如味觉和触觉等只具有生理功能，不能接收符号，不具有精神性。它们可以产生生理上的快感，但不能产生精神性的美感，故不能用以审美。”① 但杨春时补充说：“审美虽然运用视觉或听觉两个不同的器官，但审美感觉超出了单一感官的限制，实现了多种感觉的融通、转换，这就是艺术通感。”②

但在英国经验论美学家夏夫兹博里（Shaftesbury）和自命为其学生的哈奇生（Hutcheson）看来，审美依靠的不是通常的感官，而是一种特殊的“内在感官”，后来有人把这种感官称为“第六感官”。夏夫兹博里认为，内在感官是人天生具有的审辨美丑和善恶的能力，虽然不同于外在感官，但在起作用时和视觉辨识形色、听觉辨识声音一样是直接的，不需要经过推理和思考，所以它不是理性的思辨能力，而是一种内在的直观能力。他说：“眼睛一看到形状，耳朵一听到声音，就立刻认识到美、秀雅与和谐。行动一经察觉，人类的感动和情欲一经辨认出（它们大半是一经感觉就可辨认出），也就由一种内在的眼睛分辨出什么是美好端正的、可爱可赏的，什么是丑陋恶劣的、可恶可鄙的。这些分辨既然植根于自然（‘自然’指‘人性’——引者注），那分辨的能力本身也就应该是自然的，而且只能来自自然。”③ 这一“内在的眼睛”就是审美的内在感官，它植根于人的天性，具有直接性和不假思索性。夏夫兹博里的“内在感官说”超越了感性与理性、情感与理智的对立，启发了后来者对审美直觉和审美活动的认识和理解。

哈奇生以夏夫兹博里的“内在感官说”为基础，进一步完善这一概念，建立起更为完整的“内在感官说”。哈奇生指出，人的外在感官只能接受简单的观念，产生较弱的快感；而内在感官却接受复杂的观念，产生较强的快感。他说：“许多哲学家仿佛认为只有一种感官的快感，那就是伴随知觉所产生的简单观念。但是叫作美、整齐、和谐的东西所产生的复杂观念却带有远较强大的快感。……例如就音乐来说，一个优美的乐曲所产生的快感远超过任何一个单音所产生的快感，尽管那个单音也很和婉、完美和洋溢。”④ 虽然哈奇

① 杨春时．美学．北京：高等教育出版社，2004：149.
② 杨春时．美学．北京：高等教育出版社，2004：150.
③ 北京大学哲学系美学教研室．西方美学家论美和美感．北京：商务印书馆，1980：95.
④ 北京大学哲学系美学教研室．西方美学家论美和美感．北京：商务印书馆，1980：99.

生对内在感官和外在感官做了区分，但是他同样认为内在感官与外在感官具有相似的直接性，接受观念、产生快感。他说："把这种较高级的接受观念的能力叫作一种'感官'是恰当的，因为它和其他感官在这一点上相类似：所得到的快感并不起于对有关对象的原则、原因或效用的知识，而是立刻就在我们心中唤起美的观念。"① 哈奇生的"内在感官说"区分了美感和快感，但这一区分仍然是数量上和程度上的，而不是阶段上和性质上的。

在人类的各种感官中，视、听感官具有更多的普遍性和优先性。例如，日常生活中，无论是乘坐公交车、火车，还是乘坐飞机，人们一般倾向于选择靠窗的位置；如果没有了流动的景物，人们则倾向于用耳朵去感知静止的画面，听风声雨声、虫鸣鸟啼。"心理学的实验报告表明，如果失去触觉和味觉而仅靠视、听感觉，会失去对外界对象的确切体察，但是仍可在一种可理解水平上把握对象。但如果失去视、听觉而光有触、味、嗅觉，对象将混沌、不可把握。"② 虽然视、听感官具有相对的普遍性和优先性，但其他感官的作用也不可忽视，否则人类的审美能力就是片面的、不完善的。就像桑塔耶纳所指出的，美的感官不仅有眼、耳，还有鼻、舌、身等，连内脏器官在美感中也起了作用。"人体一切机能都对美感有贡献"，只不过"在贡献的数量和直接性上彼此大不相同"。③ 因此，无论是认知活动还是审美活动，都体现为一种综合的感官感觉。

审美是一件非常奇妙的事情，从事物的感性形态出发，通过感官，却不停留在感官，它推动着我们继续前进，让我们感受更神奇的情感体验。美国的医学博士安简·查特吉试图通过对大脑的研究来解释人的审美体验，却越来越发现美的非逻辑性。"美是不同属性的集合，这些不同的属性分别对应不同的脑区。美能引发不同的反应，而且美因不同的原因发生演变。美能灵活地激活我们的感觉系统、情绪系统及意义系统。虽然美的对象碰巧是有用的，但驱使我们靠近美的原因是快乐。"④

三、审美的初步发生：感受

每一种感官都有感受能力，当它面对事物的感性形态时，会产生感受。朱光潜在《文艺心理学》中指出了一些美学家的误区。"格兰·亚伦（Grant Allen）以为美感限于耳、目两种'高等感官'（higher senses），至于舌、鼻、皮肤、筋肉、内脏等'低等感官'则不能发生美感。他没有说出充足的理由来。如论事实，这种分别实在是很勉强。"⑤ 朱光潜列举了许多有名的诗

---

① 北京大学哲学系美学教研室．西方美学家论美和美感．北京：商务印书馆，1980：99.

② 《美学原理》编写组．美学原理．北京：高等教育出版社，2018：59-60.

③ 桑塔耶纳．美感．缪灵珠，译．北京：中国社会科学出版社，1982：36.

④ 查特吉．审美的脑：从演化角度阐释人类对美与艺术的追求．林旭文，译．杭州：浙江大学出版社，2016：67.

⑤ 朱光潜．文艺心理学//朱光潜美学文集：第一卷．上海：上海文艺出版社，1982：75.

词来说明由嗅觉、味觉、触觉所带来的审美感受。如“暗香浮动月黄昏”（林逋《山园小梅》），“三杯两盏淡酒，怎敌它晚来风急”（李清照《声声慢》），“冰肌玉骨，自清凉无汗”（苏轼《洞仙歌》）。因此朱光潜说：“如果格兰·亚伦的话靠得住，生来就聋盲的人们就不能有美感，但是生来就聋盲的女作家海伦·凯勒（Helen Keller）却以美感锐敏著名。”① 对于审美而言，视、听感官相对敏锐也相对重要些，但其他感官的感受能力不容忽视，人对世界的审美感知应是多样而丰富的。朱良志的《曲院风荷》一书，第一讲以“听香”为题，论述了中国艺术对“香”的体味和护持，并指出：“中国艺术家‘听香’，听的不是外在于我的声音，而是发现自己心灵的真实，托出生命中的香世界，培养自己生命的信心。”② 黑格尔认为，听觉对象是观念性的，而嗅觉对象则是无形无相的。审美依靠的是多种感官的感受能力，而不可能仅仅是某一两个感官感觉。正如朱光潜在《诗论》中谈及诗的境界时所言：“所谓意象，原不必全由视觉产生，各种感觉器官都可以产生意象。不过多数人形成意象，以来自视觉者为最丰富，在欣赏诗或创造诗时，视觉意象也最为重要。”③ 可见，虽然每一种感官都能够感受，但对于人来说，不仅存在着个体审美感受能力的差异，也存在着感官感受的差异。

深度剖析

罗丹的《欧米哀尔》

面对罗丹的《欧米哀尔》，你会产生什么样的感觉？就事物的感性形态而言，大理石材质给大多数人一种冰冷的感觉，而罗丹却能够从中感觉到人体的温热（“触摩这石躯，人几乎要觉出温暖来”④），所以他偏爱大理石，并以此为材质进行创作。就感官感觉而言，我们的眼睛看到的是一个干枯的无力的躯体，一个低垂着头，没有任何美感可言的裸体的老妇人，可能还会产生厌恶之感。那么，问题来了，罗丹为什么要塑造一个如此丑陋的形式呢？罗丹认为：对艺术家来说，一切都是美的，因为对于一切存在、一切事物，他的深刻的眼光都能把握“特征”，也就是把握从形象透露出来的内在的真理。这真理就是美。⑤ 罗丹甚至表示：自然中被认为丑的，往往比被认为美的更能显现它们的“特征”；在艺术中，只是那些没有“特征”的，也就是说不能显示外部的和内在的真实的作品，才是丑的。⑥ 在罗丹眼里，一切都是美的；被认为丑的，反而更能表现美。所以罗丹邀请我们走近作品，细看每一个细节，玩味其中的深意。这样来看《欧米哀尔》，这个丑陋的形式实质是一个“有意味的形式”，可以激发人的怜悯、同情与感动。

① 朱光潜．文艺心理学//朱光潜美学文集：第一卷．上海：上海文艺出版社，1982：75.
② 朱良志．曲院风荷．合肥：安徽教育出版社，2010：15.
③ 朱光潜．诗论//朱光潜美学文集：第二卷．上海：上海文艺出版社，1982：58.
④ 熊秉明．熊秉明美术随笔．北京：人民文学出版社，2008：37.
⑤ 熊秉明．熊秉明美术随笔．北京：人民文学出版社，2008：16.
⑥ 熊秉明．熊秉明美术随笔．北京：人民文学出版社，2008：17.

“有意味的形式”是克莱夫·贝尔（Clive Bell）在《艺术》一书中提出的，用来解释艺术作品的审美价值及其使欣赏者产生的某种特殊的情感体验。贝尔指出：“在各个不同的作品中，线条、色彩以某种特殊方式组成某种形式或形式间的关系，激起我们的审美感情。这种线、色的关系和组合，这些审美地感人的形式，我称之为有意味的形式。”[①] 任何事物都有其感性形式，但只有“有意味的形式”，才可以激发人的感官感觉，唤起某种特殊的情感。正是在人与世界的审美关系中，人们不断地学会发现、创造、欣赏“有意味的形式”，从而不断完善人的审美能力。就像苏轼在《赤壁赋》结尾所发出的感叹：“惟江上之清风，与山间之明月，耳得之而为声，目遇之而成色，取之无禁，用之不竭。是造物者之无尽藏也，而吾与子之所共适。”

四、审美的初步完成：感情

感官感受的结果是感情，英文为 feeling。需要注意的是这个 feeling 是来自 feel 的一个动名词，直接翻译为“感情”是不太准确的，它强调的是在各种感官感受之后所激发出来的感情，所以不同的美学图书会用不同的概念来表述这一感情，如“审美经验”“审美感受”“审美情感”“审美意识”“审美愉悦”等等。这些概念或侧重知性的经验，或侧重感性的情感，或侧重理性的意识，都突出了这一感情的某一方面，却也因此有所忽略、有所局限。

依据人与世界的关系，我们将这一情绪、情感的总和统称为“审美体验”，意在强调人与世界的审美关系。在审美关系中发生的活动的性质，不是对世界的认识，而是对世界的体验。在这一活动中，我们并不是要把握事物的性质是什么，其内在有什么规律或本质，也不是要对事物的价值属性做出判断，是善还是恶，而是通过各种感官感受这个“生活世界”的感性形态，由此激发出人的诸种感情，体验人存在于世界之中时所达到的“天人合一”的整体状态。这一状态，是柳宗元的“美不自美，因人而彰”（柳宗元《邕州柳中丞作马退山茅亭记》），是辛弃疾的“我见青山多妩媚，料青山见我应如是”（辛弃疾《贺新郎》），是王阳明的“你来看此花时，则此花颜色一时明白起来”（王阳明《传习录》），是王夫之的“化”与“心”的“相值而相取”（王夫之《诗广传》），是萨特的“我们存在于世界之上”。

> 我们的每一种感觉都伴随着意识活动，即意识到人的实在是“起揭示作用的”，就是说由于人的实在，才“有”〔万物的〕存在，或者说人是万物借以显示自己的手段；由于我们存在于世界之上，于是便产生了繁复的关系，是我们使这一棵树与这一角天空发生关联；多亏我们，这颗灭寂了几千年的星、这一弯新月和这条阴沉的河流得以在一个统一的

① 贝尔．艺术．周金环，马钟元，译．北京：中国文联出版公司，1984：4.

风景中显示出来；是我们的汽车和我们的飞机的速度把地球的庞大体积组织起来；我们每有所举动，世界便披示出一种新的面貌……这个风景，如果我们弃之不顾，它就失去见证者，停滞在永恒的默默无闻状态之中。至少它将停滞在那里；没有那么疯狂的人会相信它将要消失。将要消失的是我们自己，而大地将停留在麻痹状态中直到有另一个意识来唤醒它。①

因此，审美不是认识，而是体验，体验人与世界融合时的满足感、幸福感。正如伽达默尔所指出的："审美体验不仅是一种与其他体验相并列的体验，而且代表了一般体验的本质类型。……正是因为审美体验并没有与其他体验一起组成某个公开的经验过程的统一体，而是直接地表现了整体，这种体验的意义才成了一种无限的意义。"② 这一"整体"，就是"天人合一"。如果按照认识论模式，那么世界是单调乏味的物质世界，万事万物是符合我们实际需要的功用对象，但是在审美活动中，我们感受到的是世界的丰富多彩，是对生命、生活、生存的意义的体验。"因而我们专门称之为体验的东西，就是意指某种不可忘却、不可替代的东西，这些东西对领悟其意义规定来说，在根本上是不会枯竭的。"③ 生命就是在审美体验中所要表现的东西，是我们要返归的本源。因而审美过程中的 feeling，是一个感情的综合体，是一种超越了思辨理性的审美感性，超越了实用功利的审美直觉，让人在感受生命的意义中与世界一气流通，交融统一。正如有论者所指出的："审美是一种肯定式的、交流性的、以愉悦为目的的感知世界的方式"，"是通过全部感性能力对对象进行感知、直观，并以生命体验为基础，通过交感反思获得反思愉悦的过程"。④ 总而言之，feeling 是在超越主客二分的认识关系、实践关系的基础上形成的人与世界融合的产物。

这一产物，张世英称为"审美意识"，叶朗称为"美感"，并指出美感除了超功利性、愉悦性之外，其最高层次是一种人生感、历史感、宇宙感，具有一种神圣性。"这个层次的美感，是与宇宙神交，是一种庄严感、神秘感和神圣感，是一种谦卑感和敬畏感，是一种灵魂的狂喜。这是深层的美感，最高的美感。"⑤ 由此可知审美感情的复杂性、复合性和多元性。在此意义上，美学史可以说是人类审美感情史。它从事物的感性形态出发，经由感官感觉，达至人们的心灵深处。正如有论者所指出的："一个贯穿整个美学历史的有趣问题：审美既是那么的高雅玄妙，又是那么的'低级粗俗'，既是那么的遥远深邃，又是那么的近在身边。美学问题，就是在压抑我们的所谓低级粗俗的

---

① 萨特．什么是文学?//萨特文学论文集．施康强，等译．合肥：安徽文艺出版社，1998：94-95.

② 伽达默尔．真理与方法．洪汉鼎，译．北京：商务印书馆，2010：105-106.

③ 伽达默尔．真理与方法．洪汉鼎，译．北京：商务印书馆，2010：102.

④ 刘旭光．什么是"审美"：当今时代的回答．首都师范大学学报（社会科学版），2018（3）.

⑤ 叶朗．美学原理．北京：北京大学出版社，2009：136.

感性肉体和心理情感过程中出现的，而美学作为学科又是为了不断争取我们的感性认识和感性存在的合法地位而诞生的。从最深刻内在的哲学意义上讲，美学斗争的历史，就是关于人的感性存在与理性存在的斗争史。人类的理性极力压抑我们的身体和心理中认为低级粗俗的东西，美学则不断地把审美问题作为一种伟大的感性力量把人从理性的统治中解放出来。”[①] 我们强调审美，分析审美过程，重视审美活动，正是要回归美学学科的原初意义：审美不是理性认识，而是感性体验；不是概念的归纳、演绎，而是感官的感知、感受；不是客观对象的本质追问，而是人与世界的交融统一。

本节关键词：

事物的感性形态，审美感官，审美感受

第三节 走向审美学

通过对人与世界三种关系的梳理，可以确认审美关系的重要性；当人和世界发生审美关系时，审美活动也就开始了。通过对审美含义的分析和界定，我们尝试着提出另一种美学观。这一美学观的提出是基于西方美学史上的美的哲学（philosophy of beauty）和艺术哲学（philosophy of art），进而超越这两种美学观，走向一种新的美学观，即审美学。

审美学与感性学是同义词，为什么用审美学而不用感性学呢？因为审美强调的是人与世界的审美关系，而感性体现的则是人与世界的认识关系；审美将世界视为人的审美对象，而感性将世界视为主体的认识客体；审美体现的是人与世界的融合，而感性体现的是人与世界的主客二分。因此，我们提出的理论命题是，超越传统美的哲学和艺术哲学而走向审美学，这样可以更清楚地明确美学的研究对象及其与本体论、认识论的不同。正如德国学者艾希尔所指出的：“当我们追问美学定义的时候，首先要反思的是：是什么使美学和其他哲学学科（或者更确切地说其他一般科学）得以区分；是什么使得美学可以成为一门独立的学科。反思的目的不在于最后能得出一个形式化的结论，而是让我们对要处理什么问题、追寻什么样的答案，以及如何追寻等有一个清晰的认知。”[②]

一、美的哲学

按照现代学科划分，哲学是一级学科，美学是二级学科，美学是哲学的分支学科。追根溯源，在美学成为一门独立学科的欧洲，几乎每个哲学家都

① 李建盛. 美学：为什么与是什么. 北京：中国人民大学出版社，2008：4-5.
② 艾希尔. 哲学美学导论. 李岱巍，译. 福州：福建教育出版社，2020：13.

谈“美”，美学思想是他们哲学思想的重要组成部分，因而形成了“美的哲学”。美的哲学认为，美学就是研究美的，美学最根本的问题是追问并思考美的本质，并在此追问中形成本质论的美学思想。这一理论的形成源于柏拉图的天才追问。

深度剖析

柏拉图的《大希庇阿斯篇》

柏拉图的《大希庇阿斯篇》是一篇专门讨论“美”的对话。在这篇对话中，智者希庇阿斯在大智若愚的苏格拉底的层层诘问下窘态百出，不得不承认自己的无知，由此，柏拉图借苏格拉底之口区分了“什么是美”和“什么是美的”。

苏格拉底问希庇阿斯：什么是美？希庇阿斯却理解成：什么东西是美的？苏格拉底再次强调，他的问题是：什么是美？遗憾的是，希庇阿斯对这两个问题看不出一点分别，他的第一个答案是，美就是一位漂亮的小姐。苏格拉底开玩笑地说：一匹漂亮的母马或一个漂亮的汤罐、竖琴也可以是美的，但这还不是美本身，美本身将其特质传给一件东西，那件东西就成其为美，很显然，一位年轻漂亮的小姐、一匹母马或一个汤罐、竖琴都不能起这样的作用。

在苏格拉底的启发下，希庇阿斯给出了第二个答案：黄金使东西成其为美；任何东西，哪怕是丑的，只要点缀上黄金，就显得美了。苏格拉底反驳：希腊雕刻家菲狄亚斯的雅典娜像，没有用黄金做她的眼或面孔，也没有用黄金做她的手足，用的是象牙，而且她的两个眼珠，用的是云石，由于象牙和云石两者配合得很恰当，所以雕像很美。

由此引出了希庇阿斯关于美的第三个答案：恰当就是美。但在讨论恰当时，希庇阿斯认为恰当就是使一个事物在外表上显得美，例如其貌不扬的人穿起合适的衣服，外表就好看起来了。苏格拉底指出，美本身不是外在的性质，而是事物的内在内容，所以他提出了一些可能的美的定义进行讨论。

这些定义有：美是有用的，美是有益的，美是视觉和听觉所产生的快感。但是讨论来讨论去，最终也没能解决美本身是什么的问题。对话的最后，苏格拉底说，在这场讨论中，他得到了一个益处，那就是更清楚地了解了一句谚语：美是难的。

尽管最后的答案是没有答案，但是这篇对话意义非凡，它的最大贡献就是区分了美本身与具体的美的事物。“我问的是美本身，这美本身，加到任何一件事物上面，就使那件事物成其为美，不管它是一块石头，一块木头，一个人，一个神，一个动作，还是一门学问。”[①] 柏拉图对美本身的追问被称为天才的追问，正是有了这一追问，西方才产生了美的哲学。诚如黑格尔所言：“柏拉图是第一个对哲学研究提出更深刻的要求的人，他要求哲学对于对象

① 柏拉图．柏拉图文艺对话集．朱光潜，译．南京：译林出版社，2020：173.

（事物）应该认识的不是它们的特殊性，而是它们的普遍性，它们的类性，它们的自在自为的本体。”① 朱光潜更是指出，《大希庇阿斯篇》“是西方第一篇系统地讨论美的著作，后来美学上许多重要思潮都伏源于此”②。两千多年来，西方美学家们正是沿着柏拉图的追问，讨论美的本质，以此理解和解释各种审美现象。那么，柏拉图的美本身到底是什么呢？他在《会饮篇》中是这么描写的：“这种美是永恒的，无始无终，不生不灭，不增不减的。它不是在此点美，在另一点丑；在此时美，在另一时不美；在此方面美，在另一方面丑；它也不是随人而异，对某些人美，对另一些人就丑。还不仅此，这种美并不是表现于某一个面孔，某一双手，或是身体的某一其他部分；它也不是存在于某一篇文章，某一种学问，或是任何某一个别物体，例如动物、大地或天空之类；它只是永恒地自存自在，以形式的整一永与它自身同一；一切美的事物都以它为泉源，有了它那一切美的事物才成其为美，但是那些美的事物时而生，时而灭，而它却毫不因之有所增，有所减。”③ 这个神圣的、绝对的、永恒的美本身，就是美的“理念”。它是客观的，先于美的事物而存在；现实世界中的事物因有了美的“理念”而成其为美。

虽然很多人对柏拉图的答案不满意，但其思考问题的方式使美学成为美的哲学：美是物质的还是精神的？是客观的还是主观的？是自然的还是社会的？是形式的还是内容的？我们将西方美学史上对于美的本质问题的回答概括为三类：一是从事物的客观属性和特征出发来讨论美的本质，可称为现象-本质模式；二是从主体心理出发来讨论美的本质，可称为心理-本质模式；三是从客观的精神本体出发来讨论美的本质，可称为精神-本质模式。

第一类，现象-本质模式。最早的代表性学派是古希腊的毕达哥拉斯学派，它也是西方美学史上最早讨论美的本质的学派。其成员大多是数学家、天文学家、音乐家。他们认为，数是万物的本原，事物的性质是由某种数量关系决定的，万物按照一定的数量比例构成宇宙的和谐秩序，由此他们提出“美在数的比例的和谐”。毕达哥拉斯学派侧重于美的形式研究，认为一切平面图形中最美的是圆形，一切立体图形中最美的是球形。据说他们最早发现了“黄金分割”而获得了关于比例的形式美的规律。接下来是亚里士多德。亚里士多德反对柏拉图的理念脱离具体事物而存在的观点，他认为事物的本质就在事物之中，因此美的本质就在美的事物之中。亚里士多德在《诗学》中提出“整一”范畴，认为“美取决于体积和顺序”。“无论是活的动物，还是任何由部分组成的整体，若要显得美，就必须符合以下两个条件，即不仅本体各部分的排列要适当，而且要有一定的、不是得之于偶然的体积，因

① 黑格尔．美学：第一卷．朱光潜，译．北京：商务印书馆，1979：27.
② 柏拉图．柏拉图文艺对话集．朱光潜，译．南京：译林出版社，2020：301.
③ 柏拉图．柏拉图文艺对话集．朱光潜，译．南京：译林出版社，2020：247-248.

为美取决于体积和顺序。因此，动物的个体太小了不美（在极短暂的观看瞬间里，该物的形象会变得模糊不清），太大了也不美（观看者不能将它一览而尽，故而看不到它的整体和全貌——假如观看一个长一千里的动物便会出现这种情况）。”[①] 因此，亚里士多德将美的形式归结为“秩序、匀称、明确”，分别指时间上的整一、空间上的整一和感官上的整一印象。到了 17、18 世纪，英国的经验论美学依然是从事物的客观属性出发来说明美的本质。最有代表性的是伯克（Edmund Burke）。他关于美的讨论主要体现在 1756 年发表的美学长文《论崇高与美两种观念的根源》。“美大半是物体的一种性质，通过感官的中介，在人心上机械地起作用。所以我们应该仔细研究在我们经验中发现为美的那些可用感官察觉的性质，或是引起爱以及相应情感的那些事物究竟是如何安排的。”[②] 伯克列举的美的事物的感性特征有：体积小、光滑、渐次的变化、娇柔、颜色鲜明等。有这些特征的事物必然是美的，不会因为人们的喜爱或不喜爱而发生变化。

第二类，心理-本质模式。这一模式是西方近代认识论哲学在美学上的反映。最有代表性的是休谟和康德。休谟是非常看重美学的。他不仅将美学与哲学区分开来，而且结合主体心理（情感和伦理）来说明美的本质和成因。这对伯克、康德以及后来的许多美学家产生了重要影响。对于美的本质，休谟认为，美不在于事物的客观属性，而在于观赏者的心理。“美并不是事物本身里的一种性质。它只存在于观赏者的心里，每一个人心见出一种不同的美。这个人觉得丑，另一个人可能觉得美。每个人应该默认他自己的感觉，也应该不要求支配旁人的感觉。要想寻求实在的美或实在的丑，就像想要确定实在的甜与实在的苦一样，是一种徒劳无益的探讨。”[③] “美并不是圆的一种性质。……美只是圆形在人心上所产生的效果，这人心的特殊构造使它可感受这种情感。如果你要在这圆上去找美，无论用感官还是用数学推理在这圆的一切属性上去找美，你都是白费力气。”[④] 受休谟的观点影响，康德将美视为鉴赏判断，从审美心理出发研究美学。其美学研究的核心，就是将先验的审美判断力与具体的对象相联系，以此揭示对象能否称为“美的”，也就是《判断力批判》的第一部分“审美判断力批判”。在康德看来，美不是客观事物的属性或某种客观的反映，美是个人情趣和愉悦感受的表现。虽然康德也强调美在和谐，但康德的和谐是多样性，而不是多样性的统一。这一点，在他的《论优美感和崇高感》中体现得尤为明显。康德指出：“我们目前所要考虑的那种较精致的感情，主要地是如下两种：崇高的感情和优美的感情。这两种情操都是令人愉悦的，但却是以非常之不同的方式。”[⑤] 崇高使人感动，优美使人迷恋；

---

① 亚里士多德．诗学．陈中梅，译注．北京：商务印书馆，1996：74.

② 北京大学哲学系美学教研室．西方美学家论美和美感．北京：商务印书馆，1980：121.

③ 北京大学哲学系美学教研室．西方美学家论美和美感．北京：商务印书馆，1980：108.

④ 北京大学哲学系美学教研室．西方美学家论美和美感．北京：商务印书馆，1980：109.

⑤ 康德．论优美感和崇高感．何兆武，译．北京：商务印书馆，2001：2.

崇高是伟大的，优美是渺小的；崇高是纯朴的，优美是刻意打扮和装饰的。很显然，康德对优美感和崇高感的区分，是就它们的道德感情特质而言的。“真正的德行只能是植根于原则之上，这些原则越是普遍，则它们也就越崇高和越高贵。这些原则不是思辨的规律而是一种感觉的意识，它就活在每个人的胸中……我相信，如果我说它就是对人性之美和价值的感觉，那么我就概括了它的全部。前者乃是普遍友好的基础；后者则是普遍敬意的基础。而当这种感觉在一个人的心中达到了最大的完满性的时候……我们的善良动机才能成比例地加以运用，并且会完成成其为德行美的那种高贵的形态。”① 人性的美丽激发了优美感，人性的尊严激发了崇高感，最高的美就是与善相统一的美，即无目的的合目的性。这样的美才是共通的、普遍可传达的。

第三类，精神-本质模式。这里的精神，指的是客观精神，而不是主观精神。之前论述的柏拉图的“理念”、黑格尔的“绝对精神”，在哲学上都属于一种客观存在的精神本体。在柏拉图那里，唯一真实的世界是理念世界，因而“美是理念”。黑格尔认为，世界的本质是绝对精神，美学是绝对精神自我认识的低级阶段，它不同于哲学，不是通过抽象的概念、范畴来认识自己，而是通过感性的形象来显示自己，这就是黑格尔关于美的本质的著名命题：美是理念的感性显现。黑格尔说：“美是理念，即概念和体现概念的实在二者的直接的统一，但是这种统一须直接在感性的实在的显现中存在着，才是美的理念。”② 这体现了黑格尔与柏拉图的不同。柏拉图的理念是抽象的，黑格尔的理念是具体的，是概念与实在的统一。理念一方面具有概念的普遍性，表现为美的内容；另一方面又有实在的具体性，表现为美的外在形态。“正是概念在它的客观存在里与它本身的这种协调一致才形成美的本质。”③ 黑格尔的美学理论，正是在这样的定义下衍生、发展出来的。

西方古典美学探讨的美的本质的三类模式，影响了中国20世纪五六十年代的美学大讨论。可以说，以蔡仪为代表的客观派美学可被视为现象-本质模式，以吕荧、高尔泰为代表的主观派美学可被视为心理-本质模式。蔡仪认为，美在于客观事物本身，研究美学的正确途径是从现实事物出发去把握美的本质；美的本质就是事物的典型性，即个别中显现一般。他举了一个非常有名的例子来说明“美在典型”：“再引宋玉《登徒子好色赋》来说：‘天下之佳人莫若楚国，楚国之丽者莫若臣里，臣里之美者莫若臣东家之子。东家之子，增之一分则太长，减之一分则太短，著粉则太白，施朱则太赤。’在这里很显然的，这位美人的形态颜色，一切都是最标准的，也就是概括了‘臣里’‘楚国’天下的女人最普遍的东西了。由此可知她的美就在于她是典型的。”④

① 康德．论优美感和崇高感．何兆武，译．北京：商务印书馆，2001：14.
② 黑格尔．美学：第一卷．朱光潜，译．北京：商务印书馆，1979：149.
③ 黑格尔．美学：第一卷．朱光潜，译．北京：商务印书馆，1979：143.
④ 蔡仪．美学论著初编：上．上海：上海文艺出版社，1982：238.

吕荧、高尔泰则主张美是主观的，美即美感。吕荧认为：“美是物在人的主观中的反映，是一种观念。”“美是人的一种观念，而任何精神生活的观念，都是以现实生活为基础而形成的，都是社会的产物、社会的观念。”[①] 高尔泰认为：“美，只要人感受到它，它就存在，不被人感到，它就不存在，要想超美感地去研究美，事实上完全不可能。超美感的美是不存在的，任何想要给美以一种客观性的企图都是与科学相违背的。”[②] 高尔泰注重从心理学的角度论证美感的生成。他说：“我们同意贝尔的意见，美是‘有意味的形式’。但是我们认为，形式的意味不来自他所说的‘历史的积淀’，而来自自然科学家们所说的、植根于人的自然基础深处的原始生命力（我们称之为‘感性动力’，因为它是感性的和能动的）。不论来自什么，它都是一种自由的信息。”[③] 虽然吕荧和高尔泰同属主观派，但吕荧侧重从社会生活的角度讨论美学问题，而高尔泰侧重从心理、生命的角度思考美与美感，二者其实有着不同的理论旨趣。

由柏拉图开始的美的追问，可以说是贯穿西方古典美学发展的主线。正如李泽厚的感叹：“柏拉图关于美是什么的问题，不是至今仍然吸引人们的好奇心么？美不是美的小姐，不是美的汤罐……那么‘美本身’，那值得一切艺术以及一切人们去追求、向往、模拟的‘美本身’，究竟是什么呢？也就是说，各种美所应有的共性和理想究竟是什么呢？他尖锐提出的这个问题不是至今仍然没有得到答案，而逼迫着人们去不断寻求么？”[④] 美的哲学没有解决“美本身”的问题，是因为以主客二分的思维模式来认识“美”，研究“美”。“美”不是事物的客观属性，也不是人的主观感受，更不是抽象的定义、概念和范畴，“美”应该从事物的感性形态出发，从人与世界的审美关系中去寻找、发现。

二、艺术哲学

美学的研究对象除了“美”，还有“艺术”，因此在西方美学史上除了美的哲学，还有艺术哲学。一般来说，艺术哲学有两种含义：一是作为“美学”的别称，如在谢林（Friedrich Wilhelm Joseph Schelling）、黑格尔、丹纳（Hippolyte Adolphe Taine）等人那里，美学就是艺术哲学；二是对艺术问题的哲学探讨，这在很多哲学家的思想中有所体现，如亚里士多德的《诗学》、维柯的《新科学》、康德的《判断力批判》等。这两种含义既有联系又有区别，我们这里的讨论侧重第一种含义，以此说明美学不是艺术哲学，而是审

---

① 吕荧．美学问题：兼评蔡仪教授的《新美学》//吕荧全集：著作卷：下．合肥：安徽教育出版社，2021：369.

② 高尔泰．论美．兰州：甘肃人民出版社，1982：4.

③ 高尔泰．美是自由的象征．北京：人民文学出版社，1986：46.

④ 李泽厚．华夏美学·美学四讲．北京：生活·读书·新知三联书店，2008：245.

美学。

提及艺术哲学，最有代表性的美学家莫过于黑格尔。他在《美学》的开篇即指出，美学的研究对象是艺术，只有艺术才美，自然界和现实生活中是没有美的，因此，美学的恰当名称应该是“艺术哲学”，或更确切一点，是“美的艺术的哲学”。如前所述，黑格尔抛弃了柏拉图美的理念的抽象性，而把美确立在具体概念的基础上。他指出：“我们对美这个逻辑理念必须更深刻地更具体地去了解，因为柏拉图式的理念是空洞无内容的，已经不复能满足我们现代心灵的更丰富的哲学要求。不错，我们在艺术哲学里也还是必须从美这个理念出发，但是我们却不应该固执柏拉图式理念的抽象性，因为那只是对美进行哲学研究的开始阶段的方式。”① 不固执于柏拉图式的理念，黑格尔在简单地分析了自然美之后，就进入对艺术美的论述，在艺术美的自我运动中把各种艺术范畴联系起来，形成了一个完整的艺术哲学体系。其中最为我们所熟知的是艺术发展类型论以及由此引申出的“艺术终结论”。

按照美的定义，黑格尔将艺术的发展分为三种类型：象征型（内容溢出形式）、古典型（内容与形式统一）、浪漫型（形式溢出内容）。每一种类型下又有若干种类，如建筑、音乐、诗歌等。在历史发展中，每个阶段都有其独特的艺术类型和艺术种类。随着艺术的发展，形式的因素逐渐下降，精神的因素不断上升，最终导致艺术的解体。到了浪漫型艺术，人已不再满足于通过感性形象认识理念，艺术让位于哲学。“我们尽管可以希望艺术还会蒸蒸日上，日趋于完善，但是艺术的形式已不复是心灵的最高需要了。我们尽管觉得希腊神像还很优美，天父、基督和玛利亚在艺术里也表现得很庄严完美，但是这都是徒然的，我们不再屈膝膜拜了。”② 这里需要注意的是，黑格尔并没有说艺术消失了、没有了，而是说对于人的心灵来讲，艺术不再具有过去的崇高地位了。

为什么浪漫型艺术会出现这种情况呢？从历史发展的角度看，黑格尔解释说，我们现今时代的一般状况不利于艺术的发展，艺术发展需要的是一种生气和活力，而现今时代推崇的是理智和准则，因此导致了艺术观念化。从艺术发展的角度看，喜剧是浪漫型艺术的成熟阶段，但是喜剧割裂了内容与形式、精神与物质的统一，已无法于现实世界显现绝对理念，因而导致了艺术的解体。

在黑格尔看来，艺术不同于宗教、哲学，艺术不是用概念的方式把握绝对真理，而是通过具体的个别的感性的形象显现真理。一切艺术的目的都在于把永恒的神性和绝对真理显现于现实世界。这是黑格尔美学的最终旨归，即通过艺术完成美与真的结合。“我们用哲学的方法把艺术的美和形象的每一

① 黑格尔．美学：第一卷．朱光潜，译．北京：商务印书馆，1979：27－28.

② 黑格尔．美学：第一卷．朱光潜，译．北京：商务印书馆，1979：132.

个本质性的特征编成了一种花环。编织这种花环是一个最有价值的事，它使美学成为一门完整的科学。艺术并不是一种单纯的娱乐、效用或游戏的勾当，而是要把精神从有限世界的内容和形式的束缚中解放出来，要使绝对真理显现和寄托于感性现象，总之，要展现真理。”① 黑格尔在艺术哲学的意义上完成了美学的体系化，但这个体系不是从现实的、经验的艺术创造和鉴赏实践出发，而是从绝对的理念出发，演化出艺术美的感性存在，因而仍是一种认识论的美学观。

除了黑格尔，谢林的美学思想也是对艺术的关注和思考，其美学著作直接命名为《艺术哲学》。但与黑格尔不同的是，谢林的艺术哲学不是单纯对艺术的哲学思考，其实质就是一种哲学。他说：“对于那些了解我的哲学体系的人来说，艺术哲学无非是其在更高级次中的复现。”② 在谢林那里，艺术哲学不是研究美或审美，而是在艺术中的哲学思考，一种在艺术的阐释中走向完善的哲学，因此艺术不是依附于哲学，而是高于哲学。这一哲学就是同一哲学，主观与客观、感性与理性、有限与无限、思维与存在都是“无差别的同一”或“绝对的同一”。这种绝对的同一性，既不能用描述的方法也不能用概念的方法来理解和传达，只有理智直观才能把握，也只有在艺术中才能客观地反映出来，因此艺术哲学是同一哲学的重要环节和最终完成。谢林指出：“哲学的工具总论和整个大厦的拱顶石乃是艺术哲学。”③ 正是在绝对同一的层面上，美与艺术是相通的，都具有客观性。“所谓美，无非是被实际直观的绝对者”④，是主观与客观的同一。艺术就是对这绝对者的美感直观，并在直观中指向无限和绝对，表现为客观性。艺术之所以能居于比哲学还要高的地位，是因为它具有无与伦比的客观性，“我们可以说，如果从艺术中去掉这种客观性，艺术就会不再是艺术，而变成了哲学；如果赋予哲学以这种客观性，哲学就会不再是哲学，而变成了艺术”⑤。因为哲学不是以主观或客观的事物为对象，只是理智直观或纯粹的内在直观，而艺术的美感直观可以将既非主观也非客观的绝对同一变为客观的对象，所以艺术具有比哲学更普遍的可传达性。谢林说：“哲学虽然可以企及最崇高的事物，但仿佛仅仅是引导一少部分人达到这一点；艺术则按照人的本来面貌引导全部的人到达这一境地，即认识最崇高的事物。”⑥ 显然，谢林的艺术哲学是为了实现其同一哲学，虽然强调主观与客观的绝对同一，但其美学思想是先验的、认识论的。

此外，法国的文艺理论家、史学家、实证主义美学的代表人物丹纳的美学思想也是通过其《艺术哲学》体现出来的。丹纳认为，美学的第一个和主

---

① 黑格尔．美学：第三卷：下册．朱光潜，译．北京：商务印书馆，1981：335.

② 谢林．艺术哲学．魏庆征，译．北京：中国社会出版社，1997：16.

③ 谢林．先验唯心论体系．梁志学，石泉，译．北京：商务印书馆，1976：15.

④ 谢林．艺术哲学．魏庆征，译．北京：中国社会出版社，1997：55.

⑤ 谢林．先验唯心论体系．梁志学，石泉，译．北京：商务印书馆，1976：278.

⑥ 谢林．先验唯心论体系．梁志学，石泉，译．北京：商务印书馆，1976：278.

要问题就是艺术的定义。受到孔德的实证主义和达尔文进化论的影响，丹纳将美学研究建立在自然科学的研究方法上，提出了著名的三要素说，即文化艺术的发展取决于种族、环境、时代三个要素，并认为它们是影响宗教、文学、艺术乃至社会和经济的根本要素。由此，丹纳反对古典美学的形而上传统，主张建立一种现代的美学。“我们的美学是现代的，和旧美学不同的地方是从历史出发而不从主义出发，不提出一套法则叫人接受，只是证明一些规律。过去的美学先下一个美的定义，比如说美是道德理想的表现，或者说美是抽象的表现，或者说美是强烈的感情的表现；然后按照定义，像按照法典上的条文一样表示态度：或是宽容，或是批判，或是告诫，或是指导。”① 可见，丹纳认为研究美学不是给美下一个定义，而是能够对各种艺术形式、艺术派别做出科学的解释。丹纳将美学与植物学类比：“植物学用同样的兴趣时而研究橘树和棕树，时而研究松树和桦树。美学的态度也一样。美学本身便是一种实用植物学，不过对象不是植物，而是人的作品。因此，美学跟着目前精神科学与自然科学日益接近的潮流前进。”② 作为译者，傅雷对丹纳的《艺术哲学》推崇备至，认为丹纳的《艺术哲学》不仅对美学提出了科学的见解，而且它是关于艺术史的通论，以渊博精深的知识指出艺术发展的主要潮流。丹纳的实证主义美学确实对后来的美学研究产生了很大的影响，但他将实证的研究方法绝对化，甚至将美学的研究方法与植物学的研究方法等同，即采取纯客观的研究态度，从而忽视了审美活动中的主观性。

由以上三位美学家的艺术哲学思想可知，如果以主客二分的思维方式去研究美学，美学或是形而上的，或是实证的，都属于认识论范畴，无从体现人与世界的审美关系。到了现代西方美学，这一情形得以改观。如尼采《悲剧的诞生》，通过分析古希腊的悲剧文化，提出审美人生的悲剧精神及悲剧世界观；海德格尔后期通过艺术和诗来思考存在的问题；还有美国实用主义美学家杜威的《艺术即经验》，强调从日常生活中的“一个经验”入手来分析艺术的美学理论。杜威认为，艺术的功能就是加强我们的生活经验，而不是提供某种认识。“通过与世界交流中形成的习惯（habit），我们住进（in-habit）世界。它成了一个家园，而家园又是我们每一个经验的一部分。”③ 在杜威那里，世界不是对象，而是与人相互构成的环境，因而艺术也不仅仅是纯粹的艺术作品，而是来自日常生活的具有审美性质的经验。由杜威的艺术理论可知，作为人与世界审美关系的产物，艺术是美学研究的重要内容，但不应是美学研究的全部，艺术也并不等于美。美学应有其更为基础、更为重要的研究对象和研究范畴。

---

① 丹纳．艺术哲学．傅雷，译．北京：生活·读书·新知三联书店，2016：18.

② 丹纳．艺术哲学．傅雷，译．北京：生活·读书·新知三联书店，2016：19.

③ 杜威．艺术即经验．高建平，译．北京：商务印书馆，2005：112－113.

三、审美学

审美学强调美学的研究对象不是“美”和“艺术”，也不是二者的相加，而是“审美”。如果从美和艺术出发，从对美和艺术的本质追问出发，就会循着认识论的理论将美和艺术看作实体，或实体的属性。但是美和艺术不是实体，也不是实体的属性，不能用客观的方法推导出美是什么或艺术是什么，也不能用主观的感觉来说明美和艺术的价值有几何。虽然美和艺术确实满足了我们的情感需要，但是我们没有办法证明什么样的东西具有审美价值或艺术价值。如果从审美出发，问题则会迎刃而解。比如欣赏一朵花，花的感性形态会引起我们的感官感觉，并激发相应的感情（可以是肯定的，也可以是否定的；可以是愉悦的，也可以是感伤的），我们与它融合为一，无法分离。可见，审美包含着审美主体和审美对象，“美”存在于审美活动中，离开了审美活动，“美”不复存在。因此，美的本质问题从属于审美的本质问题，美学研究应从审美出发，这样才能避免美学理论的单一化，让我们直面感性的多样性和情感的多元性。

这里的审美学，英文仍然是 aesthetics，但审美学与感性学是不同的。鲍姆加登第一次使用 aesthetics 来称呼关于感性认识完善的学问，直译就是对感性的科学或感性的科学。因为它来自希腊文 αισθησι，本义是感性、感觉，所以这一词语既可以指事物的感性形态，又可以说明人的感官感觉。在鲍姆加登以前，西方关于美、美感和艺术的思想已经存在两千多年，但是没有人为之命名。鲍姆加登命名之后，美学终于作为一门学科而独立，既不同于研究理性认识和知识本身的逻辑学，也不同于研究人的意志的伦理学，美学学科有其自身的研究对象和理论范畴，因此鲍姆加登被称为“美学之父”，作为美学学科的命名人而载入史册。从哲学上讲，关于感性的学问有很多，如感性认识、感性的认识、感性的认识论等等。因此鲍姆加登强调，他的感性学不是对于感性事物的科学研究，而是对于感性本身的科学研究；不是对感性认识的研究，而是对感性认识能力的研究。鲍姆加登指出：“美学的目的是感性认识本身的完善（完善感性认识）。而这完善也就是美。据此，感性认识的不完善就是丑，这是应当避免的。”① 可见，在鲍姆加登看来，美不仅是感性的，而且是完善的；即使是不完善的事物，也可以通过美的方式去观照。这就是感性学的目的和使命。这里需要注意的是，鲍姆加登的美学研究对象不是“客观的美和美的本质，而是在感性认识范围内考察‘美的认识的本质’和‘获得美的认识的方式方法’。这对康德美学有直接启示”②。

到了康德，他认为鲍姆加登的感性学就是感性认识，与美没有关系。康

---

① 鲍姆嘉滕．美学．简明，王旭晓，译．北京：文化艺术出版社，1987：18.

② 《西方美学史》编写组．西方美学史．北京：高等教育出版社，2018：158.

德指出，美就是一种感受，一种鉴赏判断。鉴赏判断不是认识判断，而是审美判断。“鉴赏是通过不带任何利害的愉悦或不悦而对一个对象或一个表象方式作评判的能力。一个这样的愉悦的对象就叫作美。”[①] 因此，康德强调的是审美，即我们是如何感受到美的。“判断之所以被叫作审美的［感性的］，正是因为它的规定根据不是概念，而是对内心诸能力的游戏中那种一致性的（内感官的）情感，只要这种一致性能被感觉到。”[②] 康德不仅将美学研究提升至哲学高度，同时还强调美学研究的是鉴赏判断，而鉴赏判断是审美的、感性的。所以有人形象地说，鲍姆加登只不过是美学的教父，真正的美学之父是康德。

在西方古典美学中，美侧重于说明事物的客观属性，审美侧重于说明主体的审美经验、审美判断、审美情感等等。按照我们对于审美的理解与界定，审美强调的是过程，是人对于物的一种完善的感性认识能力，是人与世界合一时发生着的审美活动（不是主体对一个静态的现成的审美对象的欣赏）。而鲍姆加登的感性学研究的是感性认识的完善，康德的美学研究的是主体的审美鉴赏判断，因此，审美学与感性学在内涵和外延上有很大的不同。

其实在中国，将“美学”一词译为“审美学”由来已久。据黄兴涛考证，英国来华传教士罗存德在1866年所编的《英华词典》（第一册）中即将aesthetics译为“佳美之理”和“审美之理”；1875年，在中国人谭达轩编辑出版的《英汉辞典》里则将aesthetics译为“审辨美恶之法”；1902年，王国维将此词译为“美学”“审美学”；1903年，汪荣宝和叶澜编辑出版近代中国第一部具有现代学术辞典性质的《新尔雅》，给“美学”下了定义：“离去欲望利害之念，而自然感愉快者，谓之美感。”“研究美之性质及美之要素，不拘在主观客观，引起其感觉者，名曰审美学。”这种尚不完善的定义由于《新尔雅》的多次重版而广泛传播。[③] 聂长顺补证，1926年，樊炳清编纂的《哲学辞典》对“美学”词条的解释中有“或作审美学”；并指出，该辞典是我国第一部哲学专业辞书，标志着aesthetics的汉译名在中国的正式确立——以“美学”为主，以“审美学”为别称。[④] 后来朱光潜虽也沿用“美学”一词，但他在《文艺心理学》第一章的“作者补注”中指出：“西文中的aesthetic，在我早期的论著中，都译作‘美感’，后来改译为‘审美’。后者较妥。”[⑤] 李泽厚也指出：“如用更准确的中文翻译，‘美学’一词应该是‘审美学’……但约定俗成，现在也难以再去‘正名’了。”[⑥]

---

① 康德．判断力批判．邓晓芒，译．杨祖陶，校．北京：人民出版社，2017：35.

② 康德．判断力批判．邓晓芒，译．杨祖陶，校．北京：人民出版社，2017：50.

③ 黄兴涛．“美学”一词及西方美学在中国的最早传播：近代中国新名词源流漫考之三．文史知识，2000（1）.

④ 聂长顺．近代Aesthetics一词的汉译历程．武汉大学学报（人文科学版），2009（6）.

⑤ 朱光潜．文艺心理学//朱光潜美学文集：第一卷．上海：上海文艺出版社，1982：19.

⑥ 李泽厚．华夏美学·美学四讲．北京：生活·读书·新知三联书店，2008：239.

我们强调“审美学”，是基于学科意义上的准确理解，即从人与世界的审美关系出发，以“审美”为核心关键词，由此形成一系列概念家族。在这一章，我们已涉及了三个最重要的关键词，从而形成了审美学的前三大关键词。第一个是审美关系，在康德和黑格尔那里都有论述。在人和世界发生审美关系的时候，具体体现为一个活动过程，即第二个关键词——审美活动或审美过程。在这个活动过程中，人的身体和心灵会有各种各样的体验，体验的总和，我们称为审美体验，即第三个关键词。

由审美学的前三大关键词——审美关系、审美活动、审美体验，可以看出“审美”一词的核心地位，而要想准确理解“审美”，又需要借助它所修饰的其他关键词。这里好像有一种解释学循环，但因为我们之前已经明确了“审美”的含义，所以实际上并没有循环，只是以“审美”为基础，进一步解释了审美关系、审美活动、审美体验，并由此揭示了“审美学”术语间的相互界定关系。这一关系在后面的章节论述中会更清晰地展示出来。正如有的学者指出的那样：“美学术语所包含的内涵不是一种柏拉图式‘本质性’定义，而是维特根斯坦哲学所说的‘关系属性’……一旦我们理解了审美态度、审美属性、审美体验等术语，‘审美’一词的内涵就不难理解了；而一旦我们把握了‘审美’的确切含义，它与‘美’‘艺术’的关系就不难把握了；最终，我们就会更加深切地把握‘美学’作为‘审美学’的确切含义。”① 由此可见，审美学绝不是美的哲学，也不是艺术哲学。审美学的范围要远远大于美的哲学和艺术哲学，在之后的内容中，我们会明确“美”和“艺术”这两个关键词在审美学的整体框架中的位置，随之发现，把美学理解为美的哲学是多么狭窄、多么局限，把美学理解为艺术哲学又有多少重要的问题被忽略掉。

本节关键词：

美的哲学，艺术哲学，审美学

本章小结

美学的第一关键词是美还是审美？通过人与世界三种关系的梳理，我们可以发现，世界对于人而言，不仅是实用的外在对象，也是纯粹的认识对象，更是有限和无限、必然和自由高度统一的审美对象。因此，黑格尔指出，“审美带有令人解放的性质”；朱光潜认为，只有“审美的眼睛才能见到美”。在人与世界的审美关系中，存在于世界之中的人运用感官从事物的感性形态感受意义，进而激发感情的活动，这就是审美的含义。以此为基础，我们尝试着提出一种新的美学观，即基于西方美学史上美的哲学和艺术哲学，进而超越这两种美学观，走向一种新的美学观，即审美学。审美学强调美学的研究对象不是“美”和“艺术”，也不是二者的相加，而是“审美”。正是在审美

① 程相占．朱光潜的鲍姆嘉滕美学观研究之批判反思．学术月刊，2015 (1).

的活动中，我们打破了主客二分的思维模式，实现人与世界的融合。

谈谈你对美学研究对象的认识。

思考题

1. 为什么在人与世界的三种关系中，审美关系尤为重要？

2. 对于审美的含义，你是如何理解的？

3. 结合西方美学史上的美的哲学和艺术哲学，谈谈你对美学研究对象的认识。

拓展阅读

朱光潜．谈美书简 美学拾穗集//朱光潜全集．新编增订本．北京：中华书局，2013.

宗白华．美学散步．上海：上海人民出版社，1981.

高建平．美学核心素养．北京：中国文联出版社，2020.

张法．美学：定义、经典、范围、内容．文艺争鸣，2011（9）.

刘旭光．“审美”的历程与“审美”的重建．学术月刊，2016（1）.

艺术·审美·人生

“世界是物质的”，这是人对世界最基本的认识，但“人”不仅仅是一个物质的存在，人有精神，会思考，在认识世界的过程中，改变着世界，也改变着人自身。正是在这样的双向建构中，人们逐渐认识到，在人与世界的三种关系中，审美关系尤为重要，因为它让我们发现了一个真善美统一的、充满了意味和情趣的生活世界。在这个世界中，我们感受到审美的奇妙：从事物的感性形态出发，通过感官，却不停留在感官，它推动着我们继续前进，让我们感受更神奇的情感体验。因此，审美不是认识，而是体验；审美学也不是单纯的本质追问，而是提升我们的审美能力，丰富我们的审美情感，完善我们的审美人格，从而审美地认识世界，体验人与世界交融统一时的幸福感、满足感、自由感。

第二章

审美的意义

美是一种感性的显现，美在生活中并不远人，所谓“爱美之心，人皆有之”，在日常生活中人们时时与美相遇。在宗白华看来，“自然无往而不美”。在陈炎看来，审美是人类的终极关怀方式之一。[①] 有学者指出：“希腊人在追求美的道路上，不但忠实地模仿美的形象，而且为了追求美的典范性，不惜以理想的美来塑造自己，要求艺术。”[②] 美的现象和美的事物的可人性，使得审美过程令人愉悦，也使得人的感官在审美过程中对外界的感知能力不断增强，人的情感及其表达方式不断丰富，审美心理结构日渐丰满，审美对象和审美领域不断拓展。就美的现象而言，审美的本质不仅包括人的自由，也包括自然中一切生命形式的自由。如人因欣赏艳丽的玫瑰花而感到心情愉快，而玫瑰应着时令开花，有着生物本有的一种生命自由感。无论是自然审美的令人心旷神怡，还是艺术审美的荡涤人们的心灵，抑或是技术审美以其工业力量和信息文明给人带来的精神震撼，乃至日常生活审美给人带来的性情陶冶，都在生成一种积极的向上向善的情感追求，促使人无限趋近全面发展的自由境界。审美活动是一种心旷神怡的心理状态，一种怡然自得的精神境界。本章旨在阐释审美活动的必要性和价值，从理论和实践上回应人为什么需要审美活动。

何为审美的意义（价值、功能）？第一，审美有助于增强人对世界的感知能力。事实上，人类的感官几乎都有对世界的感受能力，审美会促进人对世界感知能力的增强，并使其向着人性化方向发展。第二，审美有助于丰富人的情感世界。由于对外在世界感知能力的增强，人的情感在审美活动中被充分激发，通过审美活动人的情感世界愈加丰富，人的情感表达方式越发多样化。第三，审美有助于提升人的精神境界。审美态度的非功利性，使其跟实用的、实践的态度不一样。当人对天地万物采取审美态度，对生命有一种发自内心的敬畏时，人生追求就会迈向新境界，这是审美对人的精神境界的提升。审美活动是一种意义感生成的活动，它使每个人都可以从生命绽放和人生追求中感受到意义的召唤。

---

① 陈炎．审美也是一种终极关怀．北京：中国人民大学学报，2006（2）．

② 周宪．美学是什么．北京：北京大学出版社，2015：9．

第一节　增强人对世界的感知能力

在黑格尔看来，“审美带有令人解放的性质，它让对象保持它的自由和无限，不把它作为有利于有限需要和意图的工具而起占有欲和加以利用”[①]。说到底，审美活动的要义在于“审”——一种身心一体化的物我互动活动，一种关乎精神愉悦的鉴赏判断。“审”之要义在于感受力的培养和感官的训练，这是审美活动有效性的基础。同时，审美活动可以有效增强人对世界的感知能力，使人进入更加广阔的世界，达到自我心理的释放和精神的陶冶，从而养成一种健康积极的生活方式。

一、审美的意义

畅谈审美的意义必然追问何谓美学，对美学的理解和定位是论及审美的意义的基础。前文已阐明，本书把美学定位为“审美学”，把研究对象界定为“审美活动”，以之为逻辑框架结构全书，凸显的是审美活动的本源性地位，在问题域上对审美对象和审美领域做了极大拓展。

审美对象既体现为物质形态，也体现为精神形态。审美对象的复杂性和多层次性以及审美主体的差异化，使得我们对审美意义的追问首先要回到基本问题域，即审美对人的感觉器官的充分调动及训练，以及促使人对世界感知能力的增强。

审美到底有什么意义？一言以蔽之，它可以让人体验到一种精神自由的愉悦，经由对生命“自由感”的体验，人可以更加从容地感受精神的独立自主，进而迈向更高的精神自由的境界，这种生命“自由感”是审美的一种特性。生态美学研究启示我们，几乎所有的审美活动都令人感受到生命自由的本性，而且在精神和肉体的感官体验中同时感受到无限自由的境界。从先验哲学的构成性来看，康德以其审美四契机理论对这种“自由感”有过深刻阐发。第一个契机涉及审美无利害或超功利思想，第二个契机涉及审美的普遍性思想，第三个契机涉及审美的合目的性思想，第四个契机关乎某种必然性。其实，四个契机的分析及其对“美”的界说无一不是落在审美情感与审美形式的张力上。前两个契机及由此引出的对美的说明，关联着“形式”而强调审美“情感”，所以这“情感”才会是“完全无利害观念的”和“普遍的”，所着眼的是从审美“自由的愉快情感”的消极方面即摆脱限制方面来规定鉴赏力；后两个契机及由此引出的对美的说明，关联着“情感”而着重分析审美“形式”，所以这“形式”被认为是“主观合目的性而无任何目的”和应该唤

① 黑格尔．美学：第一卷．朱光潜，译．北京：商务印书馆，1979：147.

起“必然的愉快”的，是从自由情感的积极方面即形式主义的普遍性方面来规定鉴赏力。“情感”固然是主体的，“形式”似乎是相对于主体的“对象”，但其实这“对象”依然是被当作对象的事物在审美主体这里的“表象”。因此，审美判断在“量”上所要求的“普遍性”是“主观的普遍性”，在“样态”上表现出的“必然性”是“主观的必然性”，在“关系”上表现出的“合目的性”是“主观的合目的性”，在“质”上具有的那种“无利害观念的快感与不快感”是纯然“主观”的。简言之，“审美的规定根据，我们认为它只能是主观的，不可能是别的”①，或所谓“一个客体的表象的美学性质是纯粹主观方面的东西”②。此处“主观”乃是先验（或先天）的主观，即不滞落在经验个体的主观一隅中的那种看起来貌似“客观”的“主观”。总体上看，这四个契机都基于一个共同基础，即通过审美愉悦发现自己是自由的，由此指向人类本性中共同的、普遍性的价值——自由。但此“自由”既非思辨理性中的“先验自由”，也非实践理性中的“实践自由”，而是表现于人的情感中的“经验性的自由”，也就是说它仅仅是一种可以体验到的“自由感”。

回到美学的原初境域，审美学在根本上就是关于审美的理论，其要义落在动势过程中，强调“审”的过程并做出情感愉悦与否的鉴赏判断。基于此，追问审美何为并强化审美活动的本源性地位，关键在于以审美为核心建构审美态度、审美关系、审美认知、审美评价、审美主体、审美客体、审美体验、审美实践等一系列活动场域，或者建构一套追问审美何为的知识体系。这既是一套关于审美活动的知识体系的逻辑展开，也是一种关乎物之感性和人之情感训练与审美感知能力提升的实践活动。因此，审美不仅仅针对美和艺术，还涵括了可以进入审美视域的丰富对象。也可以说，审美是我们与世界打交道、把握世界的一种方式，是感知世界的一种视角和态度，只不过它更贴近物的感性状态和人的心理结构与情感体验，而有其自身的特点与规律。

就审美活动实践而言，审美是一种动势过程，是一种特定时空语境下虚灵的超越性关系的建构。它无关乎现实功利性和对物的占有，是一种自然而然的现身状态和本然的物之为物的敞开。诚如我们对一朵花的理解，可以从科学认知的视角，认为花是植物的生殖器官；可以从实用性的视角，认为花可以入药，是一种治病的药材；还可以从审美的视角，判断这朵花是美的，可以令人赏心悦目。审美乃是人以感官对事物之感性形态所引发的感受或感觉做出情感反应（惠爱或厌恶），这种感觉固然显现为一种情感状态，但它不会止步于肤浅的或表层的情感反应，而会逐步升华为一种趋向理性的审美判断。可见，审美面向所有进入审美关系域的对象，凡是以其感性状态引发的情感反应，我们都可以做出某种审美判断；只是文学艺术能够最为集中鲜明地呈现出激发情感反应的感性状态，从而成为典范性的审美对象，被视为美

① 康德．判断力批判：上卷．宗白华，译．北京：商务印书馆，1964：39.
② 康德．判断力批判：上卷．宗白华，译．北京：商务印书馆，1964：27.

的事物或现象，无怪乎文学艺术审美往往成为审美理论话语体系建构的中心话题。也正是在这个意义上，我们深刻认识到美是一种价值，审美说到底是对美的价值判断。强调当代美学复兴要向着审美学的感性回归，并凸显其对至善的价值祈向，旨在强调奠基于感性学的审美学必然会超越美的哲学或艺术哲学，而面向更为广泛的感性现象和人的情感反应，诉诸一种对精神自由价值的追求。

二、审美活动对感官的充分调动与人性化训练

审美活动的基础是审美主体与审美对象之间建立一种审美关系，由此形成一种与对象互看的非功利性审美态度。因着审美关系的建构，人与世界发生了别样的关联。通常而言，艺术鉴赏和审美活动往往使人变得更加敏感细腻，在一定程度上有助于增强人对世界的感知能力。宗白华指出："艺术的生活就是同情的生活呀！无限的同情对于自然，无限的同情对于人生，无限的同情对于星天云月、鸟语泉鸣，无限的同情对于死生离合、喜笑悲啼。这就是艺术感觉的发生，这也是艺术创造的目的！"① 审美使人全身心地投入物我合一的审美关系域中，并在身心放松的一体化情感波动中敞开世界，获得充分的生命信息的交流和对生命自由感的知觉。在审美过程中，人的各种感觉器官是放松的，并依循物之特点以某种感官与之相呼应，如视觉审美的眼睛、听觉审美的耳朵、触觉审美的四肢等，是人之身心与世界的交融。说到底，审美是一种包含感知觉、想象力、理解力和情感表达力的复杂性综合活动，并显现于对世界的感知能力。在审美实践中，审美眼光的养成是提高审美能力的重要基础，审美能力是开展审美活动的关键要素，其前提恰恰是对人的感受力的训练。有学者指出："审美能力就是以感受力为基础，综合理解力 、想象力和判断力等多种能力而形成的感性能力，其具体形态近似哲学上的'直觉'，近似口语中的'觉得'。"② 实践表明，审美的自由本性有助于呈现物我生命的本真状态，能够增强人的感受力和对世界的感知能力，有助于生命的自由绽放。就物我交融而言，审美感受力是一种与审美需求相适应的感官能力，是主体自身感受能力的一部分，包括丰富的想象力和领悟力。通过审美活动对感官的训练，人的感受力大为增强，在审美心理结构的健全中不断提高想象力、领悟力和创造力，其生活边界亦随之不断拓展，人生意义不断丰富，无限趋近自由全面发展的人生境界。

究其本源性而言，审美活动是一个不断丰富人的感觉体验的过程，它依托人的感觉、情感、想象等，不断增强人对世界的感知能力。而"感性属性"就是能够被人类感官把握的事物的属性，也称感官属性。无论是感性学还是

① 宗白华．美学的散步．合肥：安徽教育出版社，2000：98.

② 程相占．美学基本问题的正本清源．美育学刊，2023（1）.

审美学，其实都离不开对人之感官的训练。审美训练使人的耳朵能够听到和听准更多的声音，使人的眼睛能够看到更加丰富的色彩，使人能够充分调动自己的五种感官更好地感知这个多样化的世界，从而在审美活动中更好地感知审美对象，进而不断增强自己对外在世界的感知能力。

人对外界的感知既包含对形式感的把握，也包括对何以美之为美的鉴赏力。实践表明，感知能力强的人有其天然的禀赋基础，显现为某些特异气质才能的超常发挥，但对普通大众而言更多的是后天训练的结果。审美活动可以有效增强人的感知能力。通常，健全的审美感官是主体有效进行审美活动的物质基础，是与对象建立一种审美关系的关键。正是审美主体立足于健全的感官进行审美，才得以建立一种审美关系，从而进入一种生命自由感的相互生成和敞开的审美过程。

人对外界的感知能力的增强是实践的产物，是对人的片面性发展的扬弃，是人的感官的解放。马克思在对人类文明史的深刻洞察中指出，审美训练能够培养懂得艺术的眼睛和耳朵，促使人向着全面发展的自由境界提升。马克思认为，“人以一种全面的方式，就是说，作为一个完整的人，占有自己的全面的本质”[①]。从而，人能够按人的方式来理解世界，成为人的一种自我享受。究其本质，马克思指出：

> 人对世界的任何一种**人的**关系——视觉、听觉、嗅觉、味觉、触觉、思维、直观、情感、愿望、活动、爱，——总之，他的个体的一切器官，正像在形式上直接是社会的器官的那些器官一样，是通过自己的**对象性**关系，即通过自己**同对象的关系**而对对象的占有，对**人的**现实的占有；这些器官同对象的关系，是**人的现实的实现**（因此，正像人的**本质规定**和**活动**是多种多样的一样，人的现实也是多种多样的），是人的**能动**和人的**受动**，因为按人的方式来理解的受动，是人的一种自我享受。[②]

实践活动促进了人的本质性生成，使感官日益成为人的感官，不断提升了人类社会的文明程度。其中，大量的审美训练是人类改造世界、创造文化的有机构成，可以极大地提高人的审美感受力，增强人对世界的感知能力，通过与世界建构一种非功利性的审美关系，使人类社会向着更高的文明阶段迈进。

在对各种感觉器官的充分调动和训练中，不同审美形态所训练的感官呈现出差异性，使人的审美能力和审美品味日益多样化。即便是艺术审美也绝不是“静态”的，需要诸多感觉器官的充分参与，其中审美感受力和对世界的感知能力发挥着重要作用。自然审美更是需要充分调动感官参与，对此加拿大美学家卡尔松（Allen Carlson）指出：“因为它是我们的周围环境，欣赏

---

① 马克思．1844年经济学哲学手稿．北京：人民出版社，2014：234.

② 马克思．1844年经济学哲学手稿．北京：人民出版社，2014：234－235.

对象亲密冲击我们的所有感官。当我们待在其内或者活动其中，我们眼观，耳闻，身触，鼻嗅，甚至可能舌尝。简言之，审美欣赏一定是由诉诸欣赏的环境对象的经验塑造而成的，这一经验最初是亲密的、总体的和覆盖性的。”① 可见，审美活动特别是自然审美往往需要诸多感官参与其中，需要充分调动诸多感觉能力投入其中，共同促进审美活动的持续深入。经由审美活动，人的诸多感觉器官受到训练，从而不断增强人对世界的感知能力。达·芬奇有一句名言：“绘画教会我们观看。”它意味着绘画训练作为一种审美活动，有助于我们更好地感知周围的事物，让我们更准确、迅速地辨别线条、色彩、形体、空间和运动，更好地理解这些东西之于人的意义和价值。

总之，审美有助于丰富我们对事物的感觉，使我们的感官对外在环境的变化越来越敏感，增强人对世界的感知能力，既使世界呈现出多彩的样态，又不断地丰富人的心性结构。

深度剖析

UGC 打开人类感知世界的新视野

当下中国传播领域中势头渐起的 UGC（User Generated Content）媒介制作模式，就是通过传媒技术深化民众的日常生活审美，敏锐地捕捉到生活的各种变化，通过“耳朵经济”的新时代盈利模式将民众的生活转化为可知、可感的审美化世界，打开了人类感知世界的一个新视野。以一系列 UGC 音频产品为代表的听觉产品的迅猛发展，改变了读图时代视觉中心主义的消费认知范式，经由声音的弥散性与感性特质解放了受众的感官路径依赖。在实践应用中，新媒介技术在“听觉场”的应用加速了人们以听觉方式感知世界并塑造“内部景观”的进程，移动性与互动性并存的数字声景配合着当代听众的“游徙”需要，构筑了一种迥异于传统广播时代的当代听觉景观，再造着一个现实与虚拟叠加、融合与脱离交织的“异质空间”，促使人们在思考和重构审美话语时，需要修正或者重新定义曾专属于描绘视觉图景的景观社会理论。这是经由拓展人对世界的感知能力，从而影响审美话语建构的一个典型案例，也是当代美学范式转换和话语体系重构的生动实践。

三、感知能力与人的本质力量对象化

感知能力来自哪里？它固然有其生理性基础，受制于一定的自然禀赋条件，但在根本上是人的本质力量对象化的产物。马克思指出：“五官感觉的**形成**是迄今为止全部世界历史的产物。”② 究其实质，人的五官是以社会的形式

① 卡尔松．环境美学：自然、艺术与建筑的鉴赏．杨平，译．成都：四川人民出版社，2006：5.

② 马克思．1844 年经济学哲学手稿．北京：人民出版社，2014：237.

成为社会的器官而实现对人的生命的一种占有。“不言而喻，**人的**眼睛与野性的、非人的眼睛得到的享受不同，人的**耳朵**与野性的耳朵得到的享受不同，如此等等。”[①] 作为一种社会性活动的审美活动，是文明的产物。人的感官在社会实践中不断进化并受到社会条件的规范，甚至因着社会异化的存在而片面性发展，从而丧失对世界感知的全面性。为什么忧心忡忡的穷人对美丽的景色没有感觉？为什么经营矿物的商人只看到矿物的商业价值，而看不到矿物的美和独特性？归根结底是源自人对世界感知的片面性，因为缺乏对美的内在感受力，未能与外在对象建立一种审美关系。审美关系的建构不是在真空中而是立足于社会现实。作为人类感知能力构成部分的审美感受力，同样是人类文明的产物，是人类得以全面发展的表征。人往往对春之明媚产生一种欢快的情绪，对秋之寂寥产生一种惆怅的情怀。因而，春天郊游踏青，面对漫山遍野的新绿和四处绽放的鲜花、潺潺流淌的小溪，还有蓝天白云，人自然而然地会产生心旷神怡的美感。同样，在寂静的书房听一首《秋日私语》，在跳动的金色音符中，音乐所营造的氛围会使我们感受到一种秋日的温情，感受秋之成熟的芬芳，同时感受到落叶离场时的惆怅。但并非所有人面对同样的情形都能产生审美感受。可见，人与对象之间能否建立审美关系，取决于感官是否人化，审美感受力是人类社会实践的产物，每一种感官力量的对象化呈现都是社会实践的文明成果。也就是说，审美固然是普遍的，但不是任何条件下任何人都有审美的能力，也不是任何对象都能引起人的审美感受。实践表明，只有经过不断人性化训练的感官遇到与我们构成一种审美关系的对象，才能引发人的审美感受。所谓审美感受，是指处在人与对象建构的审美关系中，在感觉、体味、理解、判断等心理过程中所形成的喜、怒、哀、乐等心理情感体验，是一种基于审美对象性关系而形成的特殊的价值体验和心理状态。其中的关键是感受音乐美的耳朵、领略形式美的眼睛，它们是人的社会实践历史性生成的产物。

马克思指出：

> **眼睛**对对象的感觉不同于**耳朵**，眼睛的对象**是**不同于**耳朵**的对象的。每一种本质力量的独特性，恰好就是这种本质力量的**独特的本质**，因而也是它的对象化的独特方式，是它的**对象性的**、**现实的**、活生生的**存在**的独特方式。因此，人不仅通过思维，而且以**全部**感觉在对象世界中肯定自己。
>
> 另一方面，即从主体方面来看：只有音乐才激起人的音乐感；对于没有音乐感的耳朵来说，最美的音乐也**毫无**意义，**不是**对象，因为我的对象只能是我的一种本质力量的确证，就是说，它只能像我的本质力量作为一种主体能力自为地存在着那样才对我而存在，因为任何一个对象

---

① 马克思．1844年经济学哲学手稿．北京：人民出版社，2014：236.

> 对我的意义（它只是对那个与它相适应的感觉来说才有意义）恰好都以**我的**感觉所及的程度为限。因此，社会的人的**感觉不同于**非社会的人的感觉。只是由于人的本质客观地展开的丰富性，主体的、**人的**感性的丰富性，如有音乐感的耳朵、能感受形式美的眼睛，总之，那些能成为人的享受的感觉，即确证自己是**人的**本质力量的**感觉，才**一部分发展起来，一部分产生出来。①

究其实质，审美活动激发出能够从事人的享受和把自己作为人的本质力量来肯定的各种感觉，也就是说，审美活动成果的积淀丰富和发展了人的感知能力。其结果，"一方面为了使人的**感觉**成为**人的**，另一方面为了创造同人的本质和自然界的本质的全部丰富性相适应的**人的感觉**，无论从理论方面还是从实践方面来说，人的本质的对象化都是必要的"②。

实践表明，对绘画的审美可以增强我们对色彩、线条的感知能力，使我们的眼睛变得更加敏感，从而增强了对世界的感知能力；同样，对音乐的审美可以训练出有音乐感的耳朵，使我们的听觉变得更加敏锐，能够更好地理解声音的旋律及其意义生成。审美对象和审美领域的拓展，使得当代审美体验越来越强调经验的连续性，以及多种感官体验的融合。在具体的审美活动中，真切的审美经验往往难以获得清晰准确的描述，而有着当下瞬时性体验难以传达的朦胧意味。虽然艺术审美所获得的感受和体验具有一定的可描述性，但其体验的真切性同样需要每个审美主体身处其中全身心参与和互动，这就是为什么人们欣赏艺术品时要去美术馆、博物馆和音乐厅等具体场域，来获得一种真切体验的现场感。同时，人们面对一幅画或者一个雕塑品往往会下意识地想去触碰一下，自然审美、技术审美以及日常生活审美更是需要充分调动感官的参与。审美活动对感官的训练日益增强着人对世界的感知能力，并显现于当代艺术表达能力的创新中。对当代新媒介艺术的审美体验极大地丰富了人们的视觉和感性经验，以及大众感知世界的方式，也强化了人的沉浸式审美体验的获得感。在媒介融合语境下，越来越多的当代艺术家开始运用表演性或互动性技术，其艺术创作也越来越依赖受众的参与和反应，各种感觉体验的融合及其对感知能力的依赖越发凸显。审美感受力对艺术创作的影响不仅体现在增强表现力上，还显现于艺术思维层面，使艺术创作与社会及大众的关联日益紧密，艺术创作不再仅仅局限于工作室内，而是在开放空间中不断打破艺术家与大众之间的距离感。此前，艺术家是站在"舞台"上为大众讲故事的"演员"，现在区隔"演员"与大众的"舞台"被解构了，"演员"融入大众之中，讲述大众自己的故事。网络文学的接龙创作、网络电视的角色转换、网络音乐表演的即兴参与，都体现了艺术家在虚拟世界的广泛交流，其背后都有日益增强的审美感受力的支撑。

---

① 马克思．1844年经济学哲学手稿．北京：人民出版社，2014：236－237.

② 马克思．1844年经济学哲学手稿．北京：人民出版社，2014：237.

交互装置艺术的审美，很大程度上依赖各种感觉器官的参与和人对世界感知能力的拓展。作为数字艺术最为重要的一种艺术形态，交互装置是数字艺术美学特征的集中体现。交互装置的核心在于人与技术的对话，装置构造和隐喻了人存在的某种环境或面临的特定境遇，人对装置的有效参与是交互装置艺术的前提条件。交互装置艺术主要在博物馆、美术馆、游乐场和大型购物中心等公共空间进行展出，往往包含能够捕捉人的动作、姿势、视线和表情等信息并提交给中央处理器进行识别、处理和反馈的传感技术，其实时的生成性完全依赖人的感官的有效参与。交互装置艺术既可以融合历史文明元素，也可以融合自然气象元素、人的身体动作和气味等，从而营造出一种强烈的沉浸审美体验感。交互装置艺术正汇入日常生活之中，机场、地铁、商场、公园等公共场所中的大型交互装置艺术尤为吸引眼球。譬如，巴黎夏尔·戴高乐机场展示了由米古厄拉·契弗里埃（Miguel Chevalier）创作的《超自然》，作品被置于候机楼登机长廊的墙壁上，每当乘客走过时，芦苇、野花等虚拟之物就会朝着人行进的方向摇摆，这个数字花园不仅可以和乘客互动，而且所有的植物都是随机生长和死亡的，充满不确定性和新鲜感。此外，交互装置艺术与遗传算法技术、转基因技术等生物科学领域前沿技术相结合，扩大了艺术表现范围，其与 VR（虚拟现实技术）、AR（增强现实技术）的耦合更是创造了独特的艺术景观，其对感官的训练强度更大，人对世界的感知能力也大为增强。

知识链接

媒介融合增强人对世界的感知能力

近年来，很多爆款产品如《长安十二时辰》《王者荣耀》《唐宫夜宴》的破圈，是媒介融合助力下人对世界感知能力增强的结果。2021 年央视春晚采用 8K 超高清技术和 AI（人工智能）＋VR 裸眼 3D（三维）演播室，在全息虚拟场景中，让表演者根据屏幕画面与身边的虚拟元素进行互动，辅之以电影特效技术、分镜头摄影技术、定向克隆技术的运用，与虚拟现实特效实现完美融合。

全息技术使影像与音乐、舞蹈表演相结合，可以使节目的主角时隐时现，一会儿是真实的躯体，一会儿又幻化为星点，在为受众带来新奇独特体验的同时增强了艺术表达效果，媒介融合驱动下文艺新业态的生成极大地增强了人对世界的感知能力。

审美能力的提升表征着人类文明的进步。人对世界感知能力的增强有利于人在实践中按照美的规律来创造和生产，不断提高人的生产生活品位和对美好生活的追求，不断提高社会文明程度。随着社会物质文明的丰富和社会精神文明的发展，人们对审美的要求也越来越高，对内在品味和外在环境的美化意识越来越强烈，技术审美化、日常生活审美化成为当代人的现实语境。因此，以审美训练增强人的审美感受力和对世界的感知能力，不仅有利于当代文学艺术的繁荣发展和艺术想象力、审美创造力、艺术表达力的提升，更有利于提高生产的品质，彰显审美是生产力的先进理念，在促进生活环境、人的审美品位的提升中，不断提高全社会的文明程度。

本节关键词：

审美活动，审美关系，生命“自由感”，审美感受力，感知能力

第二节 丰富人的情感世界

人类文明史表明，审美活动不仅有利于增强人对世界的感知能力、培育人的健全的审美感受力，而且有利于丰富人的情感世界，使人的情感表达更加细腻多彩。

一、审美情感不同于日常情感，普遍性和共享性是其基本特征

审美活动并不神秘，它就在我们的日常生活中，可以说，人们的日常生活处处有着审美活动的踪迹。李泽厚先生指出：

> 人们的现实日常生活，大至社会的劳动生产过程，人与物、人与机器、人与人以及各部门组织之间的协调和消除科技异化等等，小至个体生活的劳逸安排，其中也都包括节奏、韵律、和谐、有机统一等问题，它们与美学无关吗？……把美学仅仅规定为艺术理论（主要又是 fine art 或专供欣赏的艺术），是不是太局限了呢？人们要游历，要观赏自然美，要游玩在大自然中，人们要美化生活，从外表到内心，都希望符合美的要求，美学能不过问吗？①

可见，日常生活中的事物能带给我们超常的审美体验，但审美体验中的情感诉求和情感表达不同于人的自然情感。情感是人之性情的反应，一般也称感情，是人类最常见的现象，所谓喜怒哀乐、七情六欲，是人之性情的抒发或者宣泄。所谓性情是指人的生理欲望和由生理欲望派生出来的感官、肌体感觉，以及在欲望、感觉基础上各种自发产生的情感，通常包含人的个性与情欲，是人的个体感性生活的有机构成，它与人的欲念和理想追求相杂糅。情感是自然的，也是社会性的。作为社会实践中存在的人，因着对外在世界的感知，必然显现出某种情感反应。就此可以说，情感是人与世界沟通、理解世界的一种方式，是人在世界上的一种样态和生存体验。人是感性欲望的个体存在，当感觉进展到复杂的状态时，便会有情感的生成。作为人的一种本性流露，人的性情、情欲、情绪原本具有较强的动物性或自然性，但是经

---

① 李泽厚．美学三书．天津：天津社会科学出版社，2003：415－416.

由劳动实践的历史演化，动物性的情绪人性化了，本能性的反应社会化了，感性欲望受到了理性的约束规范，人的性情受到了文化审美的熏陶。因而，审美情感不同于普通的日常情感的无序，它是一种经过审美化的情感，往往蕴含一定的价值指向。对于这一点，中外美学思想史皆有论述。譬如，中国古典美学始终推崇中和之美、中庸之美，实际上就是强调对情感的某种节制，使之恰到好处。有学者指出，“和”不但是艺术本身的美学要求，更重要的是说艺术表现的情感要受到“礼”的节制。① 其中，人的审美活动在丰富人的情感世界中发挥了积极作用，它使粗糙的、混乱无序的自然情感形式化了，具有了情感普遍性。总体上看，审美活动令人心情愉悦和精神焕发，它既可以使人心态平和舒缓，也可以使人壮怀激烈斗志昂扬。譬如，欣赏喜剧和审丑引发的笑可以驱散郁闷、减轻焦虑，从而缓解紧张的心情。对此，黑格尔认为，审美具有“感发心情和契合心情”的特性。

审美对情感的抒发和宣泄具有某种引导作用，也就是说审美情感往往受到“礼”的节制，因而不同于日常情感的自然宣泄，它趋于某种中和，成为人类情感的一种普遍性表达。这也就是为什么人们愿意欣赏钢琴家的演奏，而不愿意听到婴幼儿号啕大哭，虽然婴幼儿的号啕大哭释放的个人化情感可能更强烈更充沛。可见审美情感的表达是经过审美主体的过滤和判断的，体现了社会性规制。

通常，情感带有强烈的个体主观性色彩，“情人眼里出西施”就说明了情感判断的主观性特点。审美是个体的主观性判断，但审美情感一定蕴含着超越个别性的普遍性，因而能够在审美活动中引发人们的共情。而审美活动中的共情主要源自审美共通感。所谓审美共通感，在康德看来就是“一种共同的感觉的理念”，它解释了审美活动中情感表达何以具有普遍性。究其实质，共通感“是在所有人中存在的一种对于合理事物和公共福利的感觉，而且更多的还是一种通过生活的共同性而获得，并为这种共同性生活的规章制度和目的所限定的感觉”②。可见，正是审美共通感的作用，使审美情感超越了单纯个体性、主观化的情绪，而有着对人类普遍性情感的诉求，使共情成为可能。事实上，审美情感之所以不同于自然情感的表达，是因为它是一种社会性和普遍性的情感表达，也可以说是一种形式化的有距离的情感。如贝多芬的《第五交响曲》或者柴可夫斯基的《悲怆》所释放的震撼心灵的悲剧性情感，完全不是个体自然性的歇斯底里，它超越了个体局限，把思绪引向深刻的人类命运冲突，从中生发出一种升华了的崇高的情感体验。在艺术审美中的情感表达不再单纯是某个人的直接感受，而是在相当程度上体现了一种虚拟性、想象性以及审美共通感。例如，艺术审美中的情感经由某种艺术媒介来传达，一方面以其艺术真实来俘获人心，另一方面这种情感又是形式的有

① 叶朗．中国美学史大纲．上海：上海人民出版社，1985：49.

② 伽达默尔．真理与方法．洪汉鼎，译．北京：商务印书馆，2010：37－38.

距离的（否则舞台上的黄世仁可能被枪毙无数次了）。因而，审美情感有明显的开放性、共享性、普遍性和形式化特征，从而实现了对个人直接情感经验的超越而指向人类情感的普遍性表达。正如卡西尔所言："贝多芬根据席勒的《欢乐颂》而作的乐曲表达了极度的狂喜，但是在听这首乐曲时我们一刻也不会忘掉《第九交响曲》的悲怆音调。所有这些截然对立的东西都必须存在，并且以其全部力量而被我们感受：在我们的审美经验中它们全部结合成一个个别的整体。我们所听到的是人类情感从最低的音调到最高的音调的全音阶；它们是我们整个生命的运动和颤动。"[①] 审美活动中的情感表达不同于日常情感宣泄之处，乃在于审美以其个体性的差异化表现形式，表达的是一种普遍性、共享性情感，这是审美情感的基本特征之一。

审美情感往往有着类意义上的价值普遍性。因此，"你才能在笔走龙蛇的书法中感悟到艺术的人格力量，才能在唐诗宋词中把握到诗人们生生不息的精神脉搏，才能在贝多芬《第九交响曲》中体会到人类完美和谐的博大胸怀，才能在凡·高的《向日葵》里体认到一种生命力的洋溢和激荡"[②]。同样，基于审美情感的普遍性、共享性特征，高尔基认为："我所理解的'美'，是各种材料——也就是声调、色彩和语言的一种结合体，它赋予艺人的创作——制造品——以一种能影响情感和理智的形式，而这种形式就是一种力量，能唤起人对自己的创造才能感到惊奇、自豪和快乐。"[③] 因此，审美情感蕴含的是一种普遍性的类意义上的情感，审美可以激发出鉴赏者强大的情感迸发力，也使蕴含普遍性情感的文学艺术成为民族精神的载体之一。

二、审美经由陶冶性情来丰富人的情感世界

艺术审美可以陶冶心灵，如舒缓的音乐对人的情感的抚慰，高亢的交响曲对人的心灵的震撼；自然审美也可以淘洗心灵、净化情感，如风景如画的草原可以令人获得一种恬静的心态，而狂风暴雨的磅礴气势足以令人生发英雄气概和大无畏精神。亚里士多德在《诗学》中专门论及悲剧对人的心灵的净化或陶冶作用。其在论述悲剧效果时特别强调"净化说"（情感与身心的健康），并将这一要素纳入悲剧的定义中。《诗学》中的"卡塔西斯"被朱光潜先生译为"净化"，他又根据亚里士多德《政治学》中的一段话做了解释："'净化'的要义在于通过音乐或其他艺术，使某种过分强烈的情绪因宣泄而达到平静，因此恢复和保持住心理的健康。"罗念生将"卡塔西斯"译为"陶冶"，但罗念生先生又认为最好不译。"卡塔西斯"的作用是让观众在心理上和生理上保持一种平衡的感情，达到适度。可见，不论是净化还是陶冶，都

---

① 卡西尔．人论．上海：上海译文出版社，1985：191.

② 周宪．美学是什么．北京：北京大学出版社，2015：211.

③ 林焕平．高尔基论文学．南宁：广西人民出版社，1980：321.

是使观众的心理经过悲剧的作用达到一种情感的平和健康状态。其实，在当代美学应用实践中，审美对性情的陶冶被应用于花样繁多的审美治愈（包括音乐疗法、自然疗法等）中。

审美通过陶冶性情丰富人的情感世界，凸显了社会实践中情感教育的重要性。法国思想家卢梭在《爱弥儿》中谈到了情感教育对人成长的重要性，当前受到普遍重视的审美教育的重要内容之一就是情感教育。越来越多的实践表明，审美活动对陶冶性情和丰富人的情感世界尤为重要，甚至被视为推动人全面发展的不可或缺的载体和路径。

在具体审美实践中，审美对性情的陶冶主要在于它展示了一种普遍性情感，使人更容易领悟和追求人生的意义。通常，审美活动始自形式而抵达情感的特性，使审美在促进情感的愉悦中对性情产生影响，体现为对性情的净化与某种引导。因此，审美对性情的陶冶使人变得有节制，有利于形成健康的生活风尚；同时，人的性情因为得到审美情感的润泽，而向着更高的境界发展。如日常生活中对梅、兰、竹、菊等的自然审美，以及对艺术中梅、兰、竹、菊等的审美赏析，无不令人心情愉悦、乐而忘忧，使人体验到生活的美好，甚至进一步探究其象征意义和社会价值。元末诗人、画家王冕的题画诗《墨梅》，没有止步于展示艺术审美的愉悦，还展示了审美主体对理想人格的追求：

吾家洗砚池头树，朵朵花开淡墨痕。
不要人夸好颜色，只留清气满乾坤。

诗中的墨梅卓然不群，既反映了画中梅花的风格，又反映了作者的高尚情趣和淡泊名利的胸襟，表现了他不向世俗献媚的坚贞、纯洁的操守。前两句构思精巧，将画中墨梅与池边梅树合而为一，仿佛画中之梅的淡淡墨晕，为洗砚池边梅花树吸收水中墨色所致。其中“洗砚池”，化用王羲之“临池学书，池水尽黑”的典故。后两句则荡开一笔，赞赏墨梅虽无耀人眼目的色彩，却极富清新高洁之气，以此表达不愿媚俗的独立人格理想。诗人以梅述志，将画格、诗格、人格有机地融为一体，表面上赞誉梅花，实际上是赞赏自己的立身之德。诗人借物抒怀，借梅自喻，其对性情的陶冶始于艺术鉴赏而诉诸对理想人格的追求，极大地丰富了人的情感世界。

审美对性情的陶冶使情感表达指向自身。在审美实践中，审美看起来是审“对象”，其实是由外在对象特别是某种形式感激发，对主体自身心意机能的“快与不快”情感状态进行观审，是一种生命自由感的呈现，也是对生命自由价值的肯定。这使得人们在审美体验中感受到的疏离，是一种与日常职责的疏离，目的是沉浸在体验本身之中，同时在更高的层面结成某种情感共同体。一定意义上，伴随审美体验的性情陶冶本身就是对情感世界的丰富，始于体验终于共情。作为审美活动一个环节的审美体验，始终伴随着对性情的陶冶与价值的祈向。因此，审美体验往往使主体与对象构成一种间性的关系存在，无论是旭日初升、落日熔金，还是美丽的雾凇、壮阔的草原，或是博物馆的画作、精美器具，抑或是一场音乐会、一台话剧，激发的都是内在的情感，徜徉其中的情感表达都是对自由价值的追求。这种情感体验之生成既取决于对象的品质，即落日、草原、绘画、音乐会等都有其引发审美体验的某种形式，又离不开观赏者的情感能力，即“审”的判断力。当然，不同的审美对象所引发的情感体验是迥异的。如“骏马秋风冀北”和“杏花春雨江南”是两种不同的自然审美的情感体验，一个倾向于豪放的崇高风格，一个倾向于婉约的优美风格。再如对旭日东升的审美往往激起壮丽的情怀，对秋风落叶的审美往往引发惆怅和寂寥的情绪。审美体验是在一种张力关系的平衡中存在的，是一种持续的心灵自由状态。

总体上看，审美对性情的陶冶，使人超越了日常生活的无聊和乏味，也打破了加诸人身上的种种限制，使人生的意义在此岸生长出来。审美使人获得精神的愉悦，令人产生共情，还能使人释放一些日常生活中难以释放的情感。审美活动为个体提供了更加广阔的空间，使原本有限的精神阅历和生命体验变得丰富多彩起来。

三、审美通过激发艺术想象力来丰富人的情感表达方式

审美活动对人的情感的丰富，还表现为提供了多样化的情感表达方式。一方面，审美活动积聚和浓缩了大量的情感，丰富了审美主体的情感世界；另一方面，它又提炼和升华了这些情感，使之成为可以观照的对象，并赋予其适宜的表达方式。如个体感受的孤寂、刻骨铭心的相思以及难以抑制的喜悦等，都可以经由审美活动以多样化的艺术表达如诗歌、音乐、舞蹈等方式呈现出来，从而把个体性感受转化为一种人类情感的普遍性诉求，进而引发共情、共鸣。如马致远的《天净沙·秋思》：“枯藤老树昏鸦，小桥流水人家，古道西风瘦马。夕阳西下，断肠人在天涯。”前三句全由名词构成，一共列出九种景物，一气呵成而没有任何堆砌的痕迹，犹如唐人绝句，言简而义丰。全曲语言极为凝练却容量巨大，意蕴深远，结构精巧，以景物来点染“秋意”，来表达“思念”，曲中充满天涯羁旅之情思，被誉为“秋思之祖”。可见，审美活动通过激发艺术想象力丰富了人的情感表达方式，使之成为一种普遍性的情感价值追求。

首先，审美借助艺术想象可以激发强烈的情感，迸发出强大的情感力量。譬如，罗中立创作的油画作品《父亲》，不仅表达了创作者的悲悯情怀，还激起了人们对普通农民的敬意、赞美。可以说，油画《父亲》画出了中国农民不屈的力量，犹如一座纪念碑，其蕴含的情感力量给人以持久的震撼和审美穿透力。再如，在抗日战争期间徐悲鸿创作的《奔马图》，借助昂首奋蹄的骏马抒发了爱国热情。画家着力刻画了奔马风驰电掣的动态，焦墨与湿墨并用，既刻画了奔马的姿态，也凸显了画家饱满的情感。强烈的情感表达带给鉴赏

者巨大的精神冲击，使创作者的情感与鉴赏者的情感形成强烈的共鸣。

其次，审美活动中的艺术想象力可以丰富人的情感表达方式。审美之发生需要想象力的促进，艺术想象力使人超越了庸常现实的局限，形成超常的视野。如辛弃疾的《西江月·遣兴》云："昨夜松边醉倒，问松'我醉何如'。只疑松动要来扶，以手推松曰'去'!"词人描写了自己酒醉的情态，展现了高超的艺术想象力、情感表达力和豁达的人生态度。艺术想象促使人进入审美状态，超越现实生活的无聊、琐碎、单调和乏味，以一种审美的眼光重新打量日常生活，即便是庸常的醉酒状态，也被表达得昂扬和诙谐。可见，审美丰富了人的情感表达方式。当然，审美的非功利性不是让人脱离现实而沉溺于虚幻世界，而是使人摆脱外在的功利束缚，成为一个审美的人，进而在实践中"按照美的规律来造型"。

本节关键词：

审美情感，日常情感，审美共通感，陶冶性情，艺术想象力，情感表达

第三节　提升人的精神境界

人在审美状态中是非功利的，这种超然物外的审美态度把人引向精神自由的天地。"通过美，我们才能达到自由"，这是席勒的名言。康德更是把美视为自由（道德）的象征。审美正是以其非功利性的态度与对自由价值的肯定，引导人和人类文明向着自由境界迈进，从而极大地提升了人的精神境界。

一、追求精神自由，形成高贵品格

无论是自然审美、技术审美、艺术审美还是日常生活审美，人们进入特定的审美状态都会在情感激发中获得一种自由感，感受到一种精神自由的愉悦。黑格尔指出，"审美带有令人解放的性质，它让对象保持它的自由和无限"[①]。人在生活中为各种现实利益所羁绊，甚至会陷入莫名的焦虑和困顿，而审美自由的召唤促使人从狭隘的有限性中脱出，超越功利性的束缚，追求一种精神自由的境界。

就审美价值追求而言，审美不仅有个体性趣味的牵系，更有着审美理想的内在驱动，从而引导人向更高的人生境界迈进。审美理想是指人们在一定的世界观、价值观特别是伦理观念影响下，对审美对象的价值属性的肯定和无限趋近，以及对人类至善价值的肯定和弘扬。作为一种蕴含价值理念的理想，审美理想和其他社会理想一样，都具有时代性、历史性、民族性和阶级

① 黑格尔．美学：第一卷．朱光潜，译．北京：商务印书馆，1979：147.

性。就时代性和历史性而言，既要承认不同历史时期人们有着不同的审美理想，也要看到审美理想在一定条件下的历史传承性。从民族性的视角看，既要看到各民族之间审美理想的共同性，也要洞察各民族因其现实境遇、文化传统和心理结构的不同而导致的审美理想的差异化。从阶级性的视角看，不同的阶级有着不同的审美理想，正所谓“《红楼梦》中贾府的焦大不会爱林妹妹”。在审美理想驱动下，人得以超越现实的功利羁绊，克服有限的私欲和片面性发展，以自由的精神追求一种健全的人格与全面发展的人生境界，这昭示出人类文明的美好愿景。

就现实中人对至善价值的祈向而言，审美有利于促进人格的健全与完善，激发人追求审美化、艺术化人生境界的勇气。通常情况下，审美所激发的道德情感与审美情感具有价值祈向的一致性，二者之间是一种正向度关系。《毛诗序》曰：“故正得失，动天地，感鬼神，莫近于诗。”人生审美化、艺术化，传达的是一种积极的美学价值，说明审美对人生具有重要意义。“什么叫艺术的人生态度？这就是积极地把我们人生的生活，当作一个高尚优美的艺术品似的创造，使他理想化、美化。”① 中国古典美学在论及自然审美时有“比德说”，往往以“比德”的审美观塑造自然物的艺术形象，用以促进人的思想道德境界的提升。最为典型的就是中国画中的梅、兰、竹、菊、松、柏。康德的“美是道德的象征”的著名论断，更是强调了审美之于道德养成与价值祈向的重要意义。宗白华先生认为：“社会生活的真精神在于亲爱精诚的团结，最能发扬和激励团结精神的是音乐！音乐使我们步调整齐，意志集中，团结的行动有力而美。中国人感到宇宙全体是大生命的流行，其本身就是节奏与和谐。人类社会里的礼和乐，是反射着天地的节奏与和谐。一切艺术境界都跟基于此。”② 宗白华论述了音乐对社会的意义，他谈的固然是艺术，但同样适用于对审美意义的理解。

在引领积极向上向善的社会风尚过程中，审美活动发挥着潜移默化的作用。对于个体审美追求而言，审美所蕴含的价值指向，激励其将“小我”融入民族崛起的“大我”的奋斗中。对于民族和社会而言，审美将引导一个民族追求精神的高贵。实现中华民族的伟大复兴，需要以审美的力量激发全民族的奋斗意志，以审美的价值祈向引导人民向着更高的精神境界迈进，为中华民族开创人类文明新形态提供强大的精神力量。

二、在多元化审美追求中树立健康的审美观

首先，一个社会对审美风格的多元化追求与主导性审美观念的引领要相统一。审美有其个体性和差异性，需要包容多元化审美追求。但是，任何一

---

① 宗白华．新人生观问题的我见//宗白华全集：第一卷．合肥：安徽教育出版社，2008：207.

② 宗白华．美学的散步．合肥：安徽教育出版社，2000：97.

个时代都有其主导性审美观念，这种审美观念往往是时代精神的某种折射。譬如，中国古典美学中的两种审美观念和审美风格——“错彩镂金”和“初发芙蓉”，在不同时期各领风骚，成为一个时代社会主导价值观的某种折射。在李泽厚先生看来，先秦时期追求“错彩镂金”之美，一方面与当时生产力的提高有极大的关系，另一方面与奴隶主阶级的审美趣味有关。[①] 而在魏晋时期回归自然成为时代风尚，“初发芙蓉”成为主导性审美观念。一个健康、开放、自信的时代，一定有着多样化的艺术表现形态和多元化的审美追求，其社会呈现出充满活力、包容万千的气象，同时也是一个多元化审美风格流行并为主导性审美观念所引领的时代。

其次，既要鼓励审美风格的多元化，又要以审美规制倡导正确的审美观。在社会实践中，审美观作为价值观在审美领域的体现，确实有健康与否、正确与否的问题，某些畸形的审美观不仅妨碍人生境界的提升，而且会对社会风尚形成不良影响。习近平同志寄语广大文艺工作者：“倡导健康文化风尚，摒弃畸形审美倾向，用思想深刻、清新质朴、刚健有力的优秀作品滋养人民的审美观价值观，使人民在精神生活上更加充盈起来。”[②] 健康的审美观有利于促进人的思想境界的提升；相反，畸形的审美观往往会引向思想的歧途，导致精神境界的矮化。畸形审美的出现，表面看是因为一些文娱行业从业人员缺失“文化自觉”、丧失审美自信，归根结底是缺乏文化自信视域下的正确审美观和文明价值追求。新时代的文艺应充分展示中国人的精神追求和健康文明的审美观。

一定意义上，审美是时代的文化镜像之一。一个时代有一个时代的文化使命，审美观自信是新时代的文化使命之一。审美趣味无论如何多元，都有着人们普遍认可的审美观念、审美标准。习近平同志指出：“只有把美的价值注入美的艺术之中，作品才有灵魂，思想和艺术才能相得益彰，作品才能传之久远。”[③] 在中华民族迈入强起来新征程的新时代，习近平总书记寄语广大文艺工作者：“从时代之变、中国之进、人民之呼中提炼主题、萃取题材，展现中华历史之美、山河之美、文化之美，抒写中国人民奋斗之志、创造之力、发展之果，全方位全景式展现新时代的精神气象。”[④] 以健康的审美观和高尚的精神追求，充分发挥和彰显审美的价值是时代之需。文艺工作者应自觉摒弃畸形审美倾向，以文艺精品和积极向上向善的大众文化滋养人民的审美情趣。在全社会大力弘扬健康的审美观，促使全社会高度重视审美的意义，是广大教育工作者和文艺工作者的使命。“要挖掘中华优秀传统文化的思想观

---

① 李泽厚．美的历程．北京：文物出版社，1981：61－62.

② 习近平．在中国文联十一大、中国作协十大开幕式上的讲话．北京：人民出版社，2021：10.

③ 习近平．在中国文联十一大、中国作协十大开幕式上的讲话．北京：人民出版社，2021：10.

④ 习近平．在中国文联十一大、中国作协十大开幕式上的讲话．北京：人民出版社，2021：7.

念、人文精神、道德规范，把艺术创造力和中华文化价值融合起来，把中华美学精神和当代审美追求结合起来，激活中华文化生命力。”①

在新时代新征程中，审美自信非常重要，是从容自信的大国文明心态的表征之一。在坚定文化自信的当下，我们要坚持审美的自主性，既不依附于西方审美观，也不迎合西方文化设计的审美标准；培养审美自信，立足中国大众审美经验建构中华民族的审美参照系，并在全球文化传播体系中弘扬中华美学精神和当代中国人的审美追求，在文化平视中不断提升中华民族的审美话语权。

本节关键词：

审美理想，审美观，审美价值，审美自信

本章小结

以审美活动为研究对象，追问审美的意义（价值、功能），则可见出：审美有助于增强人对世界的感知能力；审美有助于丰富人的情感世界；审美有助于提升人的精神境界。可见，审美活动是一种意义感生成的活动，它使我们从世界万物的生命绽放和人生追求中感受到意义的召唤。

思考题

1. 如何理解“审美”?

2. 在印刷、录音、录像等技术如此发达的今天，为什么人们还要去现场（如美术馆、音乐厅等）欣赏艺术作品?

3. 审美情感与日常情感有何不同?

4. 请从时代性、历史性、民族性和阶级性视角阐释“审美理想”。

拓展阅读

朱光潜．西方美学史．南京：江苏凤凰文艺出版社，2020.

张法．西方当代美学史：现代、后现代、全球化的交响演进：1900至今．北京：北京师范大学出版社，2020.

叶朗．中国美学史大纲．上海：上海人民出版社，1985.

宗白华．美学的散步．合肥：安徽教育出版社，2000.

周宪．美学是什么．北京：北京大学出版社，2015.

① 习近平．在中国文联十一大、中国作协十大开幕式上的讲话．北京：人民出版社，2021：11.

艺术·审美·人生

审美是对人的片面性发展的扬弃，是一种对人的感官的解放，促使人向着全面发展的自由境界提升。故而，当代大学生在学习之余，不妨多去美术馆、博物馆、音乐厅等地进行有意识的自我审美训练，从而增强自身的审美感受力以及对世界的感知能力，进而提升自身的想象力、创造力、理解力、表达力，向着自我全面发展的方向迈进。

当代大学生要在审美活动中体认审美情感与道德情感的价值祈向的一致性，促进自身思想道德境界的提升、人格发展的健全与完善。大学生在尝试审美化、艺术化自己的人生时，应勿忘将“小我”融入中华民族崛起的“大我”的奋斗中，合力开创人类文明新形态。

一个健康、开放、自信的时代，一定有着多样化的艺术表现形态和多元化的审美追求，其社会一定呈现出充满活力、包容万千的气象。当代大学生应在多元化审美追求中树立健康的审美观，坚持审美自主性，在全球文化传播体系中弘扬中华美学精神和当代中国人的审美追求。

第三章
审美过程

审美活动并不是主体对作为固定实体的审美特性的瞬时认识，而是由审美对象在主体精神领域引发的持续过程。在其中，不仅对象的审美价值被认识和呈现，主体也获得了审美愉悦与审美能力的提升。同时，审美活动的发生并非一个割裂、孤立的过程，而是需要主客体条件为其提供支撑，审美活动还会引发一系列审美效应。因此，审美活动并不局限于审美欣赏发生的特定时间，而是呈现出一种动态累积与向前绵延的态势，因此对审美过程的研究能够更为深入地理解审美的前设条件、发生机制以及多元影响，从而以动态、开放的视角把握审美的特性。

第一节　审美发生的准备过程

审美活动作为主客体交融生成的动态过程，是在特定主客体条件的支撑下，由特定的审美因素激发的。例如，克莱夫·贝尔将艺术的本质视为“有意味的形式”，这种形式是纯粹的线条与色彩的关系和组合。在贝尔这里，形式与内容是截然区分的，他认为“有意味的形式”才能激发审美情感，而内容激发的则是与审美无关的或对审美有害的生活情感。除了审美特性的特定性，茵加登认为审美过程“取决于审美经验始于的艺术品的形成，取决于产生这种经验的人的心理类型，即他的审美能力、他的感性和理智类型、他的一般文化素养和美学素养等等”①。由此，我们将审美活动的过程向前延展，关注审美活动得以发生的条件。

一、客观条件

审美活动的客观条件中最为基础的便是存在一个可以被主体欣赏的客体对象。这就意味着在审美活动中始终存在着一个能够面向的对象，这一对象之上的审美特性与审美价值被主体体验，并在主体思维的作用下生成审美愉悦。虽然审美对象成其自身并不在于它的物质实在特性，而在于其特殊的审

① 李普曼．当代美学．邓鹏，译．北京：光明日报出版社，1986：308.

美特性，即克莱夫·贝尔所说的“有意味的形式”，但仍然需要有具体客体作为审美形式的依托，从而将审美特性呈现给主体。正如雕塑需要金属、岩石等材料，绘画需要颜料与纸张，音乐需要旋律等，审美特性需要通过具体、客观的形式得以呈现。而在审美研究中，有很多理论从形而上的角度直接探求美的根源，将多样的审美形式抽象为美的本质。例如，柏拉图将包括美在内的世界本源归结为理念。奥古斯丁将美的根源归结为“和谐”，认为“观察大地与天空，可以发现快感仅生于美，而取决于形状；形状取决于比例，比例又取决于数”[①]。黑格尔将美看作理念的感性显现，同样遵循了自古希腊以来的形而上学之路。受西方哲学形而上学传统的影响，这种对美的本源的探究较为普遍。虽然这一传统追求抽象的审美特性，但也重视美的本体在客体事物中的显现，肯定了审美的物质基础。与此相对，在美学发展中也存在着将审美活动的决定权完全归于主体的观点，例如同样受基督教思想影响的普罗提诺便认为“美在心灵”，而不在于外在的具体事物。休谟在讨论审美趣味的同时，提出“美不是物自身里的性质，它只存在于观照事物的人心之中，每个人在心中感受到的美是彼此不同的”[②]。这些观点将审美的支撑条件归结为主体的精神活动，在一定程度上将审美活动与人类的其他实践活动相分离，否定了审美特性得以存在的物质基础。但无论是形而上学的审美传统，还是主观主义的审美观点，都无法真正舍弃审美活动中的实在的客体对象。无论是抽象的美的理念，还是有意味的形式，脱离了实在的客体对象都将成为无源之水、无本之木，失去了展示多样性的可能。但需要注意的是，虽然审美活动需要实在的审美对象提供客观性依托，但这并不意味着只有具有实体性、物质性的对象才能成为审美对象。在艺术审美和自然审美之中，不以实体形式展现但客观存在的联系、功能、特质等因素也能够成为审美对象。例如艺术审美中艺术作品背后的故事、意蕴，自然审美中自然整体的有机统一性等，这些联系、功能、特质等虽然没有具体的物质实体，但也是审美对象所呈现的客观审美性质，同样为审美活动的发生提供了推力。在研究审美活动的过程中，需要坚持实在论的原则，从而为审美活动找到切实的客观根基。同时，也需要跳脱实体性和形式主义的思维，关注非实体的联系、特质，从而拓展审美活动的视野。

客观实在的对象存在仅仅为主客关系的发生提供了最为基本的条件，针对这一实在对象并不一定衍生出审美活动。审美活动的客观条件并不局限于对象的客观实在性，还建基于审美对象的审美特性之上。在艺术作品的审美欣赏中，美学传统往往更加关注作品的形式特性，并将其作为审美的关键。正如康德所言，“鉴赏判断除掉以一对象的（或它的表象样式）合目的性的形

① 塔塔科维兹．中世纪美学．褚朔维，等译．北京：中国社会科学出版社，1991：75.

② 休谟．人性的高贵与卑劣：休谟散文集．杨适，等译．上海：上海三联书店，1988：114.

式作为根据外没有别的"[1]。这种对审美对象形式特性的关注在美学中演变为"形式主义审美范式"。形式主义审美范式崇尚古典的和谐之美，强调形式的对称与和谐，因此审美对象线条的对称、流畅，色彩的和谐、端庄都可以作为其审美特性激起主体的审美愉悦。形式主义审美范式虽然将审美活动局限在对固化形式的关注之上，但也在一定程度上说明了对象的客观审美特性在审美中的决定性作用，而这也是审美对象成为审美对象而非其他对象的关键所在。正如当代俄国形式主义学者从"形式"与"材料"的角度对文学艺术成分的划分，审美活动对材料的关注也在其审美形式的框架之中，"任何艺术都使用取自自然界的某种材料。艺术用其特有的程序对这一材料进行特殊的加工；结果是自然事实（材料）被提升到审美事实的地位，形成艺术作品"[2]。由此可见，作为审美特性的抽象集结，审美形式成为审美对象生成中的点睛之笔，也是主体审美注意得以投向对象的关键所在。无论是主体的审美注意的凝聚，还是日常状态向审美状态的转变，都需要契合主体审美需求的审美特性的激发和引导。主体精神与客体特性在审美感知中走向融合，对象的审美特性使主体审美感知有的放矢，从而生成审美体验，主客体条件缺一不可，而主体的审美特性则是客观条件的坚实基础。

除了审美对象的客观审美特性外，主客体所处的历史语境、文化氛围等同样是影响审美活动发生的重要客观条件。以安迪·沃霍尔的《布里洛盒子》为例，该作品一经问世便引发了艺术界的一场争论：这个作品能否算艺术品？沃霍尔用木板仿制了一批商场中常见的肥皂包装盒，将其单独或多个放置进行展览。这些盒子在外观上与日常用品无异，也就将艺术和日常生活的界限模糊化，引发了艺术界的讨论。如果按照以往主体体验的视角来欣赏《布里洛盒子》，其给人带来的美感体验与日常生活无异，因此难以将其作为艺术作品对待。对此，阿瑟·丹托提出"艺术界"的理论，从审美活动发生的艺术背景出发，认为"最终在布里洛盒子和由布里洛盒子组成的艺术品之间做出区别的是某种艺术理论。是理论使其成为艺术世界中的一员，没有理论的支撑人们不可能将其视作艺术品"[3]。此处，一件作品能被作为艺术品看待，并非出于人的主观审美感受，而是由于其在艺术背景和艺术理论话语的相互关系中占有一席之地。在艺术与日常生活的边界逐渐模糊的语境中，这样看待和评价艺术品的视角越来越多地被使用。由此可见，外部审美语境能够影响审美特性的转化与生成，对审美活动的发生有着重要作用。

如果说丹托提出的"艺术界"更关注对审美对象的区分与界定，那么审美对象自带或后期营造的"光晕"则偏重在凝神观照中增强主体对对象的审美体验。本雅明认为，传统艺术品之所以具有恒久的魅力，是因为环绕其上

---

① 康德．判断力批判：上卷．宗白华，译．北京：商务印书馆，1964：58.

② 什克洛夫斯基，等．俄国形式主义文论选．方珊，等译．北京：生活·读书·新知三联书店，1989：213.

③ DANTO A. The artworld. The journal of philosophy，1964，61（19）.

的“光晕”使艺术品与人之间始终进行着平等和谐的情感交流与共鸣，欣赏者在欣赏艺术品时进入一个新的精神境界。在欣赏者凝视艺术品的过程中，艺术品的“光晕”与欣赏者的目光形成了一个“互动场”，这就使得艺术品具有不断使欣赏者“回头凝望”的魅力。[①] 人们欣赏艺术品与参加宗教活动的心理感受有着相似之处，艺术品作为权威和本真的象征被“供奉”起来，使人油然而生虔诚和敬畏之感，而这种心理体验又会进一步增强欣赏者的审美感受。审美对象因其本真性自带“光晕”，能够推动主体在凝视沉思中走向深层的审美体验。在日常生活审美化盛行的当下，“光晕”也为大众产业所借用，在明星包装、产品营销的过程中，“光晕”转而成为品牌、人设等商业符号，给人带来瞬时的审美体验。通过对“艺术界”与“光晕”的分析可以看出，不仅内在于客体对象的审美特性至关重要，主客体所处的历史语境、时代状况与现实情境等都能在特定情况下交织形成审美氛围，推动审美活动的发生。因此，除了审美对象的客观特性外，外部的审美情境同样为审美活动的发生提供了有力的客观条件。

二、主观条件

审美活动是一个主客体双向融合的过程，二者缺一不可。除了客观条件外，审美活动的发生也对审美主体提出了要求。审美活动并不像进食、休息等活动那样，是人类的本能，而是在人类漫长的发展过程中培养生成的。因此不同的审美主体，审美感受力往往不同，这使不同个体对同一审美对象产生不同的审美体验。可见，审美体验的生成需要主体的主观审美条件作为支撑，引导主体的精神朝着审美的方向思考与探索。

1. 审美需求

价值生成于客体对象对主体需求的满足和意义的生成之中。因此，审美对象本然所具有的客观特性，需要满足主体的审美需求才能转变为审美价值为人所肯定。这一方面说明了主客体适恰性对价值生成的重要作用，另一方面也说明了审美需求作为一种欲求能力对审美活动产生推动与引导作用。正因为主体在切近对象的过程中具有审美需求，而非认识需求或功利需求等其他需求，所以他才能自动地带着审美的眼光感受对象的客观特性。朱光潜在《谈美》中所举的木材商人、植物学家、画家看同一棵古松有不同的视角：木材商人看到的是用于售卖的木料，植物学家看到的是叶为针状、果为球状、四季常青的显花植物，而画家则仅仅从审美的角度看到了一棵苍劲挺拔的古松。这个例子展示了不同需求导致的视角的差异，由此可见审美需求在审美活动准备与生成阶段的重要作用。那么，人类的审美需求具有怎样的特点？

---

① 本雅明．发达资本主义时代的抒情诗人．张旭东，魏文生，译．北京：生活·读书·新知三联书店，2007：168.

对审美活动具有怎样的引导？

首先，审美需求是在本能需求满足的基础上，人类本真特性的一种升华式体现。马斯洛将需求视作人类行为活动的内驱力，统摄人类整体的活动，并将人类的需求从低到高分为生理需求、安全需求、爱与归属的需求、尊重的需求和自我实现的需求五个层次。其中，生理需求是人类最为基础的需求，也是人类其他层级需求产生和满足的基础，而审美需求则是生理、安全等需求满足后产生的高级精神需求。这种对审美需求的认识与我国“仓廪实而知礼节，衣食足而知荣辱”的认识相一致。可见，审美需求是人类的本能需求的高级体现。在马克思看来，审美是人类区别于动物的本性显现，“动物只是按照它所属的那个种的尺度和需要来构造，而人却懂得按照任何一个种的尺度来进行生产，并且懂得处处都把固有的尺度运用于对象；因此，人也按照美的规律来构造”①。动物只会在本能需求的引导下进行实践，因此对对象形成一种占有关系。而人类不仅会进行本能的实践，而且会将人性的内在尺度运用到实践之中，按照美的规律进行建造。这样，人与客体对象不仅形成物质的占有关系，更会产生审美关系。马克思认为资本主义剥削下的工人劳动并非进行美的劳动，因为工人是被规训而从事着机械劳动，这是一种异化劳动的体现。审美需求必然是出自自由的人性，而非为外部因素所驱使。新石器时期的仰韶文化遗址出土的彩陶上便绘制了精美的图案，可见在满足自身的生存需求的同时，人类产生了审美需求，正是这种审美需求指引人类创造了审美作品并进行审美。审美需求是人类本真特性的升华式体现，同时推动了人类进行审美创造和审美欣赏。在美学研究中，将审美需求与人类的本真特性联系在一起的观点比比皆是：柏拉图将艺术创作视作人类对灵魂本真的短暂回忆，尼采将悲剧的诞生部分归因于彰显人类狂放生命力的酒神精神，弗洛伊德将艺术创作视作被压抑的性欲的变形释放。这在一定程度上反映出美学理论对审美需求反映人类本真特性的认识，而这种源自人性的需求为审美体验的生成与强化，以及审美的超越性功能提供了坚实的主观依据。

其次，审美需求还是一种超越性的需求，为审美活动的人性价值提供了坚实的基础。虽然马斯洛将人类的需求分为五个层次，但人类的需求仍是一个有机统一的整体，审美需求体现了人类对实践困境的精神层面的超越。面对无限的实践情况，人类有限的能力难免遇到无法解决的问题，投射到人生之上便显现为困顿与挫折，精神由此陷入不平衡的状态。面对这一情况，主体产生超越现实功利性的审美需求，从而为实现精神的内在平衡与愉悦寻找路径。中国古代文艺理论中有“发愤著书说”“不平则鸣说”等，用以说明审美需求对精神的纾解与平衡作用。亚里士多德认为诗歌在用感性方式打动观众的同时，也使人类的灵魂得到了“净化”。席勒认为审美艺术活动能够推动

① 马克思．1844年经济学哲学手稿．北京：人民出版社，2014：53.

“人性的完满实现”[1]。这些都能说明审美需求源自人性完善与平衡的诉求。此外，审美需求同样体现了人类对有限生命的超越。欣赏雕塑断臂维纳斯，人们可以领会数千年前古希腊人对和谐之美的渴求；欣赏《命运交响曲》，人们可以感受贝多芬抵抗挫折的不屈精神；欣赏华山迎客松，人们能在勃勃生机之中领会自然造化之美。由此可见，审美需求能够推动人类在审美中不断超越自身的有限性，获得灵魂的解放与自由。

源自本真特性与超越性诉求的审美需求为审美活动的发生提供了坚实的主观条件。如果没有审美需求，那么外在对象所具有的客观审美特性将失去针对主体的契合口，难以引发审美关注，更无法深化审美体验。此外，缺乏审美需求的引领，主体即使产生对对象的关注，也会被外在功利因素干扰，无法达到超越现实的审美状态，难以推动审美活动的进行。审美需求是主体进入审美体验的开端，是审美活动开始的必要主观条件。

2. 审美能力

正如上文所述，审美需求能够推动主体关注审美对象的客观特性，并且激发主体的审美兴趣，使其以审美的方式思索客观审美特性。但无论是对审美特性的感知还是对审美意蕴的领会，都需要主体的审美能力作为支撑。在美学最初的构建时期，审美便与认知、感性等主体能力密不可分。随着美学的发展，人们从更为多元的视角认识审美这一复杂过程，不再单纯将审美能力归结为主体的感性能力，而是将多种能力引入审美分析之中。对这些主体审美能力进行逐一分析，不仅能够使我们更加深入地理解审美发生的主观条件，而且能够使我们从主体方面对审美过程有连续的理解。

（1）审美感知能力。

捕捉和组织对象的审美特性，对其进行审美感知，是审美过程的开端。因此，审美感知能力首先表现为对对象的外在感官经验，这为审美过程的进行提供了丰厚的感性基础与主客体交融的可能。以朱光潜提到的对古松的不同态度为例，无论是木材商人、植物学家还是画家，在以古松为对象进行深入思考，进而产生不同认识之前，都需要能够感知到这棵古松——通过视觉看到古松的样态，通过触觉感受到古松的纹路，通过嗅觉获得古松的气味等。无论是面对古松还是面对其他的对象，人类开展审美、认知等活动时都需要以对它们的感官经验作为根据。而审美相较于认知等活动，更加强调对对象感官特征的关注。由于“感觉是我们进入审美经验的门户，而且它又是整个结构所依靠的基础”[2]，因此，包含感觉能力的审美感知能力是审美活动发生的必不可少的主观条件。

同时，审美感知能力也是精神与身体、感性与理性、主体直观与客体特性的统一的综合表现。审美感知依托于外在感官刺激，但并不止步于此。客

① 席勒．审美教育书简．冯至，范大灿，译．北京：北京大学出版社，1985：78.

② 帕克．美学原理．张今，译．北京：商务印书馆，1965：50.

观特性带给人的生理反应能够在人类思维的作用下形成对事物的初步直观，为审美活动的开展提供知性基础。这种初步直观虽然看似是人类最为本能的感官反应，却在人类文明的发展中积淀，最终成为体现于审美过程中的集体无意识。例如，古希腊雕塑崇尚身体的健康与优美，这与原始人类在与自然斗争中所产生的对健康身体的需求密切相关。马克思说："艺术对象创造出懂得艺术和具有审美能力的大众，——任何其他产品也都是这样。因此，生产不仅为主体生产对象，而且也为对象生产主体。"① 由此形成了蕴含于审美潜意识中的集体审美图式，这一审美感知背后的内在机制既具有共通性，又因文化发展的差异呈现出多样性。而这种内在机制实则与康德哲学中的人类先天认知机制具有一致性。康德的三大批判属于先验哲学，先验哲学并非意在建立一种哲学学说，而在于审查人能够认识实在（真理）的先天认识能力——出自自身先天原则的纯粹理性。按照康德的构想，其先验哲学是为其哲学学说奠基的。因为我们的哲学"知识"或"认识"取决于我们的纯粹理性能力，认识的对象必须由先天认识能力（纯粹理性）先验赋形。邓晓芒认为："立足于哲学人类学立场来剖析康德《判断力批判》的各种关联（内部或外部的），这是我们在读这部著作之前首先应当明确的主要之点。"② 在康德看来，人类感官接收到的是有关事物显现出的杂乱表象，在先天认知形式的组织下构建出对事物的认识，而审美活动是以认识活动为基础的。审美活动具有内在于主体的先验根据。审美感知能力在初期虽然呈现为人类本能的感官经验，但其背后蕴含着人类文明积淀中形成的先验形式。

这种先验审美形式除了表现在对感官经验的组织和架构上，也体现为对审美特性的直观能力上。夏夫兹博里提出了"内在的眼睛"的观点，他认为，眼睛一见到形象，耳朵一听到声音，美的结果就立刻产生了，优雅与和谐就被人知晓并承认。行为一被观察到，人类的感情和情感一被觉察到（它们大多数一被觉察到也就被感受到），一只内在的眼睛就立刻分辨出来，并看到美丽和标致、可亲和可赞，与丑陋、愚蠢、可憎或可鄙截然不同。③ 夏夫兹博里将审美感知能力视为人类的一种先天能力，在他看来，美的根源并不在于主体精神与客体特性的碰撞和统一，而完全在于心灵之中，"美、漂亮、标致，都绝不是在物质中，而是在艺术和设计中；绝不是在物体自身中，而是在形式和赋予形式的能力中"④，他将审美感知能力更多地归结为精神领域的一种"内在感官"。在此基础上，哈奇生进一步对精神领域的"内在感官"与身体领域的"外在感官"进行二元区分，认为美是"内在感官"在"外在感官"

① 马克思．资本论．节选本．北京：人民出版社，1998：10.

② 邓晓芒．冥河的摆渡者：康德的《判断力批判》．昆明：云南人民出版社，1997：6.

③ SHAFTESBURY. Characteristiks of men，manner，opinions，times. Birmingham：John Baskerville，1773：111.

④ SHAFTESBURY. Characteristiks of men，manner，opinions，times. Birmingham：John Baskerville，1773：226.

所提供的各种材料基础上的“多样统一”[①]。这种更多从精神层面解读主体审美感知能力的倾向，实则是西方哲学心灵-肉体二元论的反映，虽然有力地说明了人类内在审美感知能力的重要作用，但忽视了对审美过程中身体体验的关注。

需要注意的是，审美感知实则是一种身心融合为一的过程。美的感受建立在视觉、听觉、嗅觉、味觉、触觉的基础上。伯林特提出，这五种感官是彼此联系的，不能孤立地看待，在环境审美活动中，通常是“通感”的，这五种感官在我们的物质身体上互相融合。他进一步指出，我们的审美体验不仅受生理感官的影响，还受文化“感官”的影响。人类生活在社会中，而社会就是一种文化环境，因此我们的环境审美体验必然会被打上深刻的文化烙印。由此可见，审美感知能力是在人类文明发展过程中逐步形成并完善，具体存在于人类的身体感官与精神思索的统一中的感知能力，是人类对客体特性的识别与组织。审美感知能力是审美过程中必不可少的主观能力，同时也是其他审美能力得以产生的基础。

（2）审美想象力。

审美并非对对象特性的一比一直观反映，而是还需要主体对审美意象做出个性化的处理与加工，因此“一千个读者眼中有一千个哈姆雷特”。这就需要主体在审美感知能力之上具备审美想象力，从而在对审美意象的构造与品味中，将主体的感性与理性调和到和谐的程度，在审美情感的作用下达到超越性的审美愉悦。审美感知更多的是将抽象的特性在主体精神中加以审美的识别和呈现，而审美想象则是将表象内化成主体能够进一步心领神会的意象，它对审美情感的生成而言不可或缺。

康德在美的分析中细致地分析了想象力对于调节知性与理性能力的重要作用。他指出，为了分辨某物是美还是不美，我们不是把表象通过知性联系客体来认识，而是通过想象力而与主体及其愉快或不愉快的情感相联系。康德首先将审美判断与知识的逻辑判断区分开来，将审美判断的本质归为主观的心意机能即想象力与知性的协调运动。想象力与知性在这里是一种表象能力，而不是一种构造能力，从而区别于在认知中两者的构造能力。知性与想象力结合形成的表象能力也就是人在审美判断时的心意机能。那么在这种表象能力中，想象力与知性又是怎样结合的呢？康德指出，由审美表象激发的诸认识能力在审美判断里处于自由的游戏中，审美表象所牵涉的各种认识能力之所以得到自由活动的空间，是因为没有任何确定的概念把它局限于特殊的认识规律之中，审美表象因而获得了自由的形式，想象力因而不受知性概念的制约而自由驰骋着。知性与想象力自由和谐地游戏，是审美判断产生的基础。想象力和知性联系的是愉快的和不愉快的情感，这既不是认识论中的

---

① HUTCHESON F. An essay on the nature and conduct of the passions and affections, with illustrations on the moral sense. Indianapolis: Liberty Fund, 2002: 16.

范畴概念，也不是实践理性中的道德律令，在这二者中想象力都是不自由的。所以，一方面，知性作为想象力的促进者而非限制者，激荡着想象力；另一方面，想象力为知性提供丰富的感性直观，使知性得以自由充分地运作，不是指向一个确定的概念，而是指向任何一个不确定的概念。

从美是形式的合目的性以及无目的的合目的性来看，想象力与知性主体的认识能力的协调，必然要求客体的表象形式与主体之间的协调。想象力与知性被康德纳入了无目的的合目的性中，在这个先验原则下两者和谐游戏。也就是说，想象力在这里构造了主观合目的性的自然的审美表象，而知性在这里只是一种非规定性的应用。无利害、无概念的审美表象适应、契合了主体心意状态。这种适应与契合和想象力与知性等认识能力自由和谐并因此而产生的愉快具有一种内在的因果性，这种因果性对于审美判断来说具有内在一致性，从而确保了这种自由和谐状态的普遍可传达性。

从审美表象构造来看，在审美活动中想象力是自由的，而知性并没有发挥认知的作用，所以在构造审美表象时，想象力就显得非常重要。康德认为，既然在鉴赏判断里想象力必须在其自由中被考察，那么它一开始就不是被看作再生的，而是被看作生产性的和自身主动的。在鉴赏判断中，想象力不是再现了外在事物，而是生产性、自发性地构造表象，想象力联系主体情感随意创造的纯形式构造了主体的审美表象。在对这种纯形式的审美表象的自由体验中，想象力与知性自由游戏而感受到自由的愉悦。

从康德的观点中我们可以发现，在审美判断中，想象力起到联结知性与理性的作用，从而使二者在合适的比例下实现和谐游戏，这使审美感知获得的审美形式经过主体的内化形成了更具包容性和创造性的审美意象。在这一过程中，审美想象力对审美发挥着重要的推动作用。首先，审美想象力能够突破审美感知能力的时空的限制，唤醒以往积淀于主体精神中的审美记忆，从而在审美感知所获得的材料的基础上创造出更加奇幻生动的联想，获得更加深刻的审美愉悦。例如，仅依靠审美感知能力对毕加索的《格尔尼卡》进行欣赏，主体只能获得一系列的审美形式，审美想象力则在此基础上将残酷的战争场面、立体主义的绘画风格等融入审美意象的构建之中，使主体在多重思想语境下获得更为立体的审美感受，提升审美愉悦。其次，审美想象力能够更好地推动审美情感的产生。而不同的审美形式对应着不同的情感，说明审美想象力虽然能够带人突破思维束缚，但仍具有相应的原则。这既是主体思想内在的审美图式决定的，也是理性调节的结果。可见，审美想象力在为审美意象增添多样情感维度的同时，也使审美活动朝着一定的逻辑发展，避免审美沦为杂乱无章的幻想。这既说明了审美想象力的内在规则性，又说明了各种审美能力内在的和谐一致性。

（3）审美情感。

审美活动最终需要走向对主体情感的观照，从而使审美表达与审美欣赏有的放矢。中外审美理论都对审美情感的重要作用有着深刻的认识。克莱夫·贝尔将艺术作品的产生根源与艺术家的情感相联系，将艺术作品视作艺术家“特殊情感的物化”[①]，艺术家的审美情感体现于艺术作品的形式之上，由此成为“有意味的形式”的根源之一。因此，艺术作品可以看作审美情感的抽象再现。科林伍德同样将艺术作品视作审美情感的表现，审美情感借助想象力的传达表现自身，“通过为自己创造一种想象性经验或想象性活动以表现自己的情感，这就是我们所说的艺术”[②]。苏珊·朗格将审美情感视为审美创作的内在动力，“艺术品本质上就是一种表现情感的形式，它们所表现的正是人类情感的本质”[③]，同时，她将审美情感从创作者个体层面提升到人类层面进行探讨。中国古代文艺理论中对审美情感的重要作用也有探讨。《礼记》云：“凡音之起，由人心生也。人心之动，物使之然也。感于物而动，故形于声。声相应，故生变；变成方，谓之音。比音而乐之，及干、戚、羽、旄，谓之乐。”这是将外部客体世界、内在主体情感与作为艺术形式的音乐作品相联系了。刘勰在《文心雕龙》中多有关于审美情感重要作用的论述，在论述创作时，刘勰以“夫情动而言形，理发而文见，盖沿隐以至显，因内而符外者也”来说明审美情感与文章形式的紧密联系。中外审美理论普遍认可审美情感在审美过程中的重要作用，审美情感既是审美需求的内在动力，同时也是审美活动的必然导向。

夏夫兹博里将情感引入审美活动研究之中，认为以欲望为根源的情感并不能引导人类走向道德及精神的愉悦，只有排除功利考虑、出自人类本性的情感才能真正使人类走向道德伦理。在这一认识基础上，他认为所谓无功利的情感是一种审美情感。由夏夫兹博里开创的无功利的审美情感说产生了深远的影响，哈奇生将这种无功利的审美情感称为“内在感”，与道德感分离。艾迪生则进一步将审美情感与道德感分离，他认为审美时主体的情感状态“既不需要较大的工作所需要的沉思默想，而同时也不会让你的心灵沉湎于疏忽懒散之中而容易耽于欲乐”[④]，将审美情感从道德情感与感官快感中抽离出来，强调其无功利的特性。这种对无功利的审美情感的探讨深刻影响了康德的审美理论，他在《判断力批判》中分析了审美情感与道德感、快感的区别。康德认为，从总体上来看，快感和道德感都与对象的实际存在有关，而只有审美情感是无关对象的实际存在的，只与对象的形式相互关联，在这三种愉悦方式中，唯有对美的鉴赏的愉悦是一种无利害的和自由的愉悦，既没有感官的利害也没有理性的利害来对赞许加以强迫。因而康德将审美情感称为“无利害感”。这一思想对审美状态的理解产生了重要的影响。

与无功利的审美情感学说不同，也有审美理论重点从审美情感与自然情

---

① 贝尔．艺术．周金环，马钟元，译．北京：中国文联出版公司，1984：34.

② 科林伍德．艺术原理．王至元，陈华中，译．北京：中国社会科学出版社，1985：156.

③ 朗格．艺术问题．滕守尧，朱疆源，译．北京：中国社会科学出版社，1983：7.

④ 缪灵珠．缪灵珠美学译文集：第二卷．北京：中国人民大学出版社，1998：37.

感的联系出发，探讨审美活动的发生条件。虽然主体在审美状态中的情感体验与其在日常生活中的自然情感不同，相较于自然情感，审美情感更超脱功利性思考，同时也具有形式性与对象性的特点，但二者绝非完全割裂的。主体日常生活中所感受到的愉快、哀愁、同情、愤怒等情感虽然不能直接转化为由形式激发的审美情感，但仍是审美情感的基础。没有日常生活中自然情感的生成机制，审美情感也难以在审美状态中生成。审美情感可以视作自然情感的转化与升华，二者背后实则具有相同的主体精神基础。杜威将情感视作经验的产物，艺术作品是在原初经验的基础上对材料的重新制作，在这一过程中，原初情感也随原初经验的改变而改变，最终随着艺术品的产生而生成。在杜威看来，无论是审美创造还是审美情感，都脱胎于原初的日常经验，因而无法真正做到完全的无功利性。同时，脱胎于自然情感的审美情感能够向主体揭示为日常经验所遮蔽的对象特性，使自然情感进一步深化，从而达成审美愉悦，这一点无论是对创作者还是对欣赏者来说都是必要的。对创作者而言，审美情感能够将其饱满的自然情感转化为创作的动力，从而达到“迷狂”的状态，进行审美创造。而对欣赏者而言，审美情感则能够使欣赏者暂时超脱日常功利性，仅关注审美特性，从而达成审美体验。由此可见，审美情感不仅是自然情感的升华与超越，更起到一种范导作用，推动日常经验朝着审美活动转化。

综合而言，审美情感是基于功利性而又超越功利性的情感，是审美活动发生的基本动力，同时也能够为审美创造与审美体验提供表现内容与精神语境，是审美活动无法割舍的条件。

（4）领悟能力。

领悟能力是审美主体透过现象看本质，感受审美对象的意味的一种审美能力，其中体现了审美主体对审美客体美的形式所蕴含的美的本质、美的境界、美的意蕴等的感受、理解和深刻思考。领悟能力综合了我们既往的审美经验而作用于审美能力。如古希腊雕塑作品《拉奥孔》虽然表现为静态的物质实体，但我们可以从拉奥孔紧绷的肌肉与扭曲的肢体动作中感受到他痛苦的挣扎与其悲剧性的命运。对拉奥孔痛苦的领会不仅来自日常生活经验，还来自审美主体在古希腊神话中的文化积淀。再如中国古代书论中提到，点“如高峰坠石，磕磕然实如崩也”，竖“如万岁枯藤”。当我们品鉴笔法奥妙时，需要结合既往的生活经验，联系高峰坠石和万岁枯藤的形貌来帮助理解，但仅有理解尚不能完全得其精妙，需要悟到遒劲之形，才算真正领悟了前人书法论之精妙。

领悟能力是一种综合的感受、理解和感悟能力，它将来自方方面面的信息进行初步加工、整合、提取，从而得出妙悟。“悟”既体现为“众里寻他千百度，蓦然回首，那人却在灯火阑珊处”的恍悟，也体现为思绪的突然释放与升华。审美活动中所获得的信息在领悟能力作用下进一步加工整合，进而达到对审美体验、审美境界的升华，收获了认知和精神上的愉悦。

（5）综合调控能力。

审美不是单一能力的运作，而是多元能力的协作，我们将这种审美协作能力称为综合调控能力。综合不是各项审美能力的拼凑、组合，而是吸收多项审美能力综合为一项全新、有效、有序、系统的调控能力，所以审美综合调控能力不是其他各项能力的相加，而是利用其能力特性融会贯通进行新的系统性整合。

审美活动中的综合调控能力表现为对审美客体的整体性把握。这种整体性把握突出表现在审美主体对客体某一审美属性的直接认知与判断上，就像康德在审美意义上称为“精神”的东西：“一首诗可以很可喜和优雅，但它没有精神。一个故事很精确和整齐，但没有精神。一个庄严的演说是深刻又修饰，但没有精神。”[①] 人们对“精神”的直接领悟，即是在综合调控能力整合下对审美对象所蕴含审美属性的直接反应。对物体整体风貌的把握看似简单直接，却是主体在综合运用审美能力并不断与对象互动的过程中习得的。维柯的“诗性智慧”可以视作综合调控能力的一种形式。“诗性智慧”是维柯对原始人类认知思维方式的统称。在探寻原始人类是如何思维的时，维柯发现“人类的心灵还有一个特点：人对辽远的未知的事物，都根据自己熟悉的近在手边的事物去进行判断”[②]。也就是从自身出发，以己度物来感知和体验事物，在此基础上如若不能理解事物产生的原因，便会将自己的本性移加于物，从而“移情”式理解对象。此外，这种诗性智慧的思维模式分外仰仗想象力，诗性智慧是“一种感觉到的想象出的玄学……这些原始人没有推理能力，却浑身是强旺的感觉力和生动的想象力”[③]。维柯强调了感官、认知与想象的嵌套与交融，这印证了审美能力并不是孤立存在的，而是不同能力的综合。从维柯的“诗性智慧”中我们可以发现综合调控能力有机调动的特点。综合调控能力并不是调动所有审美能力，而是根据审美活动的需要对审美能力进行有机整合，从而更为有序、有效地解决审美问题。

审美的综合调控能力，突破了先前提及的审美能力的单一性质，打破了感知与想象、认知与领悟等能力之间的界限，强调了各种能力的相互渗透。多种能力的协作，将带来审美能力的充实、发展与完善，进而形成对审美能力的整体性认识。

本节关键词：

主客观条件，审美需求，审美能力

---

① 康德．判断力批判：上卷．宗白华，译．北京：商务印书馆，1964：159.

② 维柯．新科学．朱光潜，译．北京：人民文学出版社，1986：83.

③ 维柯．新科学．朱光潜，译．北京：人民文学出版社，1986：161-162.

第二节 审美状态的过渡

一、审美态度的生成

审美主体开展审美活动，首先需要特定的审美态度。审美态度与日常生活态度存在根本性区别，审美态度不致力于解决理论和实践中的任何问题，不涉及任何概念性的思维和意识，其本质特性为非功利性。“非功利性”即人们从事艺术审美活动、面对审美对象时持有非功利的心理和态度，审美对象的审美特质能否为审美主体所发现和欣赏，取决于审美主体所采取的态度。[①]也就是说审美主体的态度功利与否，直接决定着审美体验能否成功开展。

审美态度非功利性的思想由来已久。夏夫兹博里认为人在接触客体形式的时候，心灵直接感受到美或丑，并产生赞赏或厌恶的情感，这种情感主要是一种源于直觉的和谐感，不带有任何欲望色彩，不涉及利害，具有高度的独立自主性。因此，以情感为根据的审美活动不涉及利害因素，只与人的本性相关。“审美无利害”这一命题在康德美学中得到进一步完善。康德认为美是主观的、无利害的快感，判断事物美与不美，是借助想象力从情感上做出判断，当一个事物能够引起主体的快感，这个事物就是美的。例如，在“这朵花是红色的”这个逻辑判断之中，“花”和“红色”都属于概念，在认知层面为主体提供知识。但是在“这朵花是美的”这一审美判断中，“花”不再是一个概念，不涉及内容意义，而只是一个通过主体的想象力与“美”联系起来的单纯的形式；同时“美”也并非花的属性和内容，而是主体的一种快感。单纯的形式和主体的快感共同组成了人的鉴赏判断，因此说明审美并非认知活动，也不是逻辑判断，从审美活动中我们所得到的只是主体的快感而已。康德为了进一步说明这一快感，即美感的特殊性，区分了三种不同的快感：感官得到满足之后生理上的快感，道德上得到赞许或尊重引起的善或道德感，审美活动中的美感。康德指出：“在这三种愉快里只有对于美的欣赏的愉快是唯一无利害关系的和自由的愉快；因为既没有官能方面的利害感，也没有理性方面的利害感来强迫我们去赞许。”[②] 美感不涉及欲望的满足，不关心对象的存在，只是对审美对象的纯粹欣赏。虽然康德把“美”看作纯主观的东西，与客体的存在无关，但他认为“美”具有无利害性的观点以及他对美感和其他快感的区分，使得“审美无利害”成为美学界的基本认识，审美态度也成为区分审美体验活动与日常活动的重要标准。

那么审美态度是如何生成的呢？最根本的条件是排除功利性因素的干扰，

① 朱立元．美学大辞典．上海：上海辞书出版社，2014：439.

② 康德．判断力批判：上卷．宗白华，译．北京：商务印书馆，1964：46.

对事物的存在和内容意义保持超脱静观的态度。康德认为，关于美的判断，只要掺杂了极少的利害计较，就会是偏私的，而不是纯粹的鉴赏判断。英国学者布洛高度重视艺术品观赏活动中的心理效应并提出“心理距离说”，从“距离”的角度来阐述审美活动对功利性因素的排除。他认为只有人在心理层面与观赏客体保持距离，才能够转换日常生活的观察眼光，对眼前的事物产生陌生化体验，从而在欣赏活动中保持非实用的态度。同时布洛还认为，在艺术创作和欣赏领域存在着一个最佳距离，即既保持一定距离同时又不过分远离，在这个距离之下主体才能够保持审美态度，不至于相距过远而无法感知对象。例如当一位植物学家在观察一朵花的时候，他首先注意到的是这朵花的颜色、花瓣排列方式、叶脉纹路，并将接收到的信息与记忆里储存的学科知识相匹配，对这朵花进行物种归类或生存状态的判断等。植物学家观察花的视角以及思考的内容高度匹配于他的学科专业，服务于他的知识系统，目的在于帮助他进行科学判断。虽然科学家也与花朵保持了距离，并没有从实用的角度来看待花朵，但因为他站在一个极度“客观”的立场上，完全处于“不切身”的状态，物与我完全隔离开来，所以他的行为并不属于审美活动。在审美过程中，审美主体与审美客体之间虽然保持着距离，但仍存在情感上的交流，审美主体的审美情感处于“切身”状态，审美主体对花朵的形态、色彩的搭配、花朵与整个环境的协调等内容的关注，能够在审美情感的协调下得到合适的表达。

二、审美注意的引发

审美活动的开展需要多种因素的协调配合。审美主体被审美对象的属性或特质（例如颜色、形状、结构等）吸引，中断了日常经验和活动的状态，而把注意力倾注于审美对象之上，并在主体内部唤起了特殊的情绪，促使主体从实用态度转向了审美态度，审美活动随即展开。审美注意的引发是整个审美活动得以进行的前提。

那么，在怎样的条件下审美注意才能被引发呢？不难发现，相比于餐厅、酒吧以及地铁这类充满生活气息的场所，人们更容易在美术馆、艺术馆、音乐厅这些被艺术作品环绕的空间里进行纯粹的审美欣赏活动。似乎这些空间存在着能让人沉浸于审美活动的空气，我们不妨将这种特殊的空间感觉称为“审美氛围”。而在审美氛围之外，过多的无关因素会干扰主体的审美活动。审美主体需要与审美对象保持适当的距离，为审美注意的引发营造适宜的氛围，以便暂时摒除日常生活实用性的想法和情绪，进入一个自由和谐的境界，保证在审美过程中采取的审美态度是非实用性的、非功利的。这使审美主体在日常状态下被抑制的情绪、情感、想象等心理机制得以解放，审美主体进入愉悦的欣赏活动之中。当前，思维的高度社会化不断抑制人们的感受能力，人们的感官被冗杂的网络信息绑架，功利性、实用性的想法充斥在生活之中，麻木似乎成了最常见的生活状态，纯粹的审美活动成了一件困难的事情。如果想重拾审美体验，那么与客观对象保持“距离”以营造审美氛围，就成为一件必要的事情。

除了人们日常生活中自主营造的审美氛围之外，主客体所处的历史语境、文化环境同样属于审美氛围。前文提到，丹托认为安迪·沃霍尔的《布里洛盒子》成为艺术馆中的展览品，是在波普艺术的语境之下才实现的，而同样的盒子在超市中只能作为商品来摆放。丹托的“艺术界”理论跳出以往美学理论关注审美内在属性的传统，注意到在审美活动发生过程中艺术背景的重要性。艺术背景和理论语境作为审美氛围，在日常生活与艺术界限日渐模糊的现代社会，为新的艺术品进入审美体验提供了条件。所以审美氛围的营造，不仅能够保证审美注意排除其他一切无关因素的干扰，同时也能推动审美特性的转化与生成，不断容纳新的审美对象进入审美活动，扩大审美对象的范围，丰富审美体验。

审美氛围为审美活动提供了前提条件，但是直接触发审美注意的则是审美对象的客观审美特性。审美特性依托审美形式而呈现，与审美主体进行交流。而人们之所以能够在审美中获取愉悦感，是因为其感知到的审美形式符合主体自身的审美需求和目的性。抛开任何带有指引性的目的，主体能够知觉到的形式就是美。只有客体自身具有能够为主体所关注到的特性，并通过形式呈现出来，它才能够引起主体的关注，进而引发审美注意。例如，当人们在餐厅吃饭的时候，一张平平无奇的纸巾难以引起人们的关注，但是一张天鹅造型的纸巾却能够吸引人们的注意力，并让人发出美的感叹。显而易见，天鹅造型的纸巾比普通的纸巾在形式上更符合人们的审美需求，能够让人感到愉悦和美好。正是天鹅造型中断了审美主体的日常思维，将主体意识导向新的观照对象。在这一过程中主体从日常思维中跳脱出来，调动之前分散的注意力，将之倾注在审美对象上，转向审美态度，展开对天鹅造型纸巾的审美欣赏活动。

根据审美注意引发的过程，以审美氛围为前提，以审美对象的客体特性为直接刺激，可以总结出审美注意的基本特征：排斥一切功利性目的，以审美对象的审美特性为基础。但需要注意的是，审美注意并不是在任何条件下都能同步形成。审美主体不同，审美注意的形成会有极大的差别，具体表现在审美注意的强度、长度以及建立审美注意的具体方式等方面。因此，审美注意的形成需要根据主客体的实际情况来确定具体的条件。

三、审美状态的效应

主体进入审美状态是在多种因素的作用下实现的。同时，审美状态的产生也为审美主体带来了多种效应，具体表现为三点。

首先是对日常状态的完全隔绝。当主体开展审美欣赏活动，进入审美状态之后，日常状态会被完全抑制，以保证审美体验的独立性和审美愉悦的纯粹性。当人在欣赏艺术品的时候，考虑的并不是自身生存所需要的衣食住行这类基础性需求，而是眼前审美对象的形式特征，关注的是自我精神层面的愉悦享受，追求的是更高层次的自由。人往往能在与艺术作品的共鸣中感受到其精神治愈功效。叔本华关注到了这一点并提出人生的痛苦根源在于人的“生命意志”，也就是一种原始的求生存、温饱的欲求和盲目的、非理性的本能冲动。生命意志主宰着人生，而生命意志的需要在现实生活中是难以满足的，人为了摆脱欲望的奴役而挣扎，挣扎于是有了烦恼痛苦。而在人为生命意志所累的时候，投入艺术欣赏活动之中，审美态度的介入能够让审美主体和客体摆脱日常生活的束缚进入无意志的审美静观境界之中，主客体之间不存在任何功利关系，主体得以无欲无求地凝神静观，获得身心上的轻松与愉悦享受。日常状态下大多数人难以进行纯然客观的静观活动，对对象的观察和探索是为了满足生命意志的需要。人在这种状态下，即使身处艺术馆之中也难以感受到艺术的魅力，反而只觉得陌生、空洞。而审美状态能够为审美主体营造一个“真空”环境，保证主体不被日常状态裹挟，而陶醉在审美快感之中。

其次是审美快感的获取。审美快感是审美状态为主体带来的最直观感受，也是激励主体不断进行审美活动的动力之一。休谟将快乐看作美的本质所在，他认为“美是一些部分的那样一种秩序和结构，它们由于我们天性的原始组织，或是由于习惯，或是由于爱好，适于使灵魂发生快乐和满意。这就是美的特征，并构成美与丑的全部差异，丑的自然倾向乃是产生不快。因此快乐和痛苦不但是美和丑的必然伴随物，而且还构成它们的本质”[①]。虽然休谟混淆了美、美感和快感之间的区别，但他关注到了主体的主观感受在审美活动中的重要意义。比尔兹利认为“如果仅且在一段时间内，通过把注意力集中在一个感觉上呈现的或想象上预期的对象的形式和属性上，他的大部分精神活动是统一的并且是使人愉快的”[②]。审美体验中的情绪反应决定了审美快感的获取不是一个短期的、单一化的活动。例如初见《蒙娜丽莎》的观者被画面的和谐吸引，感受到画中人笑容的恬静美好，主体在这一审美体验中感受到的愉悦，虽然短暂且基础，但仍然是欣赏活动的正向反馈。而这一简单的愉悦感会作为下一阶段审美体验的动力推动着主体继续探索客体的审美特性，主动了解作品的作者、艺术手法，以及作品背后的丰富内涵。

最后是主体在审美实践里审美能力得到不断强化，审美体验得到不断丰富。在专注欣赏的审美状态之中，审美能力实现提升，主体能够对同一部作品有深层次的理解，获得更高层次的审美愉悦，同时主体能够扩大审美范围，

① 休谟．人性论：下册．关文运，译．北京：商务印书馆，1980：334.
② 莱迪．平凡中的非凡：日常生活美学．周维山，译．郑州：河南大学出版社，2018：47.

为不同风格的审美对象选择各自的最佳审美方式，从而获得丰富的审美体验。例如，长期处于单一审美环境中的人，在日常生活状态中接触到艺术风格相差很大的艺术作品之时，很难领会该作品的艺术价值。但当主体在审美状态中接触到新风格的艺术作品时，高度集中的注意力会协助调动主体所储存的艺术知识，展开欣赏活动。例如，相比于中国传统水墨画的沉稳与低调，西方波普艺术倾向于使用大胆的色彩和笔触来表现对象。那么对于一个初次接触波普绘画作品的观者来说，水墨画的欣赏技巧就不再适用，虽然主体一开始可能会感到茫然、疑惑，但审美状态却让主体排除日常状态的干扰，专注于作品特性，由鲜亮的色彩切入，慢慢感受波普艺术作品的价值。经过深入了解和学习，主体便能选择适当的审美方式进行欣赏活动，实现极致的审美愉悦。

本节关键词：

审美状态，非功利性，审美注意

第三节 审美过程的发生

在审美状态的过渡阶段结束之后，紧接着进入审美过程的发生阶段。这一阶段在整个审美过程中占据重要地位，对于主体的审美体验有较为直接的影响。审美过程的发生可分为审美对象的生成、审美愉悦的产生和审美价值的评估三个环节。

一、审美对象的生成

审美对象的生成是审美过程发生的奠基性环节，因此有必要对审美对象的生成机制进行了解。那么审美对象是如何生成的？可以结合朱光潜的“物甲物乙说”来探究。朱光潜提出，审美对象是在主体和客体相互作用下产生的，其中“物”即物甲仅是自然物，“物的形象”即物乙为自然物的客观条件同人的主观条件相结合得到的产物；美感的对象即所谓的“物的形象”，是“物”在人既定的主观条件（如意识形态、情趣等）影响下反映于意识的结果。[①] 朱光潜主张的“美是主客观的统一”揭示了审美对象的本质，作为审美发生起点的审美对象实际上是主客体交融的生成物。

审美主体拥有知觉能力，能够对客体具有的多种客观审美特性进行感知，从而使客体进入内心呈现为审美表象。我们在这种感官表象的基础上，凭借知觉能力对其进行综合，形成了客观有序的形象。这种形象作为主客体联结的中介，反映了客体的审美特征，也激起了主体的感性情感与理性反思。此

① 朱光潜．朱光潜全集：第五卷．合肥：安徽教育出版社，1989：43.

时想象力被唤醒，介入审美活动中，让情感和反思处于和谐状态，从而形成审美形象，即审美对象。马克思说："我的对象只能是我的一种本质力量的确证，就是说，它只能像我的本质力量作为一种主体能力自为地存在着那样才对我而存在，因为任何一个对象对我的意义（它只是对那个与它相适应的感觉来说才有意义）恰好都以**我的**感觉所及的程度为限。"[①]在审美对象的生成过程中，主体的知觉和想象力尤为重要，前者形成了有序形象，后者构成了审美对象，客体的审美特征虽然是审美对象形成的基础，但最终还需要凭借主体自身的能力才能进入意识中，参与审美发生。

审美对象的生成过程也是主客体交融的过程。主体凭借知觉能力对客体的特征进行把握和综合形成客观有序的形象，继而主体凭借想象力使由客观形象引起的感性情感与理性反思处于和谐的状态之中，生成了审美对象。审美对象的生成是审美过程发生的初始环节，此环节结束之后，进入审美愉悦的产生环节。

二、审美愉悦的产生

审美过程中愉悦感的产生是复杂而又特殊的。亚里士多德已经意识到在审美鉴赏的同时会伴随愉悦感的自然流露，"所以这些意在消除困惘的祭颂音节，实际上都给予我们大家以纯真无邪的快乐"[②]。许多美学家关注到审美活动过程中内心情感状态所发生的变化，捕捉到审美愉悦并对其进行分析和讨论。审美愉悦感主要包括三种类型——感知愉悦、反思性愉悦和超越性愉悦，它们各自对应着不同的特征和发生机制。

1. 感知愉悦的产生

感知愉悦即对象审美形式符合人的感官需求从而引起的感官上的愉悦。审美形式为何能唤起愉悦？李泽厚提到了"形式感"概念，他认为："对象的形式和人的形式感都远非纯自然的东西。两个方面的自然（对象的形式与人的形式感），无论是色、声、线、体态、质料以及对称、均衡、节奏、韵律、秩序、规律等等（形式），也无论是对它们的感受、把握、领会等等（形式感），由于在长期的历史实践中与人类社会生活结了不解之缘，便都'人化'了。"[③]这种形式感作为具有理性内容的感性形式，随着历史的演进沉淀在人们的潜意识之中，当审美形式满足了感官的需求，形式感被唤起，所谓的审美感知愉悦便产生了。

感知愉悦的首要特征为直观性。在审美过程中客体审美特征直接触发了

---

① 马克思．1844年经济学哲学手稿．北京：人民出版社，2014：83-84.

② 亚里士多德．政治学．吴寿彭，译．北京：商务印书馆，2009：437.

③ 李泽厚．审美与形式感．文艺报，1981（6）.

主体感官感觉，朱光潜将感知愉悦的产生描述为“美感经验就是形象的直觉”[①]，并且“在美感经验中我们聚精会神于一个孤立绝缘的意象上面”[②]。他强调了感知愉悦的直观特点，它不需要其他能力作为中介，主体在凝神关注的状态下可自发地直接把握单个审美对象，从而获得感官上的适意。直观性作为感知愉悦的特征，一方面说明了感知愉悦涌现得较为迅速，另一方面证明了感知愉悦具有伴随性特点，当审美活动中主体调动感官感知客体的时候，感知愉悦就已不自觉地产生。我们已得知感知愉悦的形成过程，那么感知愉悦缘何产生？这就涉及感知愉悦的生理性基础了。

生理上的符合性为感知愉悦的第二特征。“全部人类历史的第一个前提无疑是有生命的个人的存在。因此，第一个需要确认的事实就是这些个人的肉体组织以及由此产生的个人对其他自然的关系。”[③]生理性是人的本能属性，感知愉悦同感官紧密联结，可视为一种生理效应。美学家意识到感知愉悦具有生理基础，并尝试对这种生理反应的发生机制进行描述。斯宾诺莎认为：“譬如，外物接于眼帘，触动我们的神经，能使我们得舒适之感，我们便称该物为美。”[④]审美对象的形式符合我们的感官期待，触动了神经回路，这种生理性反应便呈现为舒适感。当代美学理论对这种生理上的符合性做了更为精细化和科学化的解释。新兴的神经美学对审美愉悦感做了生物学上的阐释，查特吉（Chatterjee）和瓦尔塔尼扬（Vartanian）主张的审美三元模式理论专门建立了情感-评价系统，对情感生成所涉的脑区进行说明。还有学者综合多种理论认为，在感知活动发生后，大脑中枢进行调节活动，将审美经验从无意识状态中唤醒，感官感知到的内容同化或顺应了审美经验，达到物与我的同形同构，感知愉悦由此产生。[⑤]值得注意的是，感知愉悦不仅离不开审美主体的生理活动基础，还会激起生理活动，就如休谟所言：“美引起生理的追求。”此外，美并不能为全部感官所感知，感知愉悦的来源有范围限制。狄德罗说：“美不是全部感官的物件，就嗅觉和味觉来说，就既无美也无丑。”[⑥]

当我们的感官感知到审美对象的时候，愉悦就已涌现并被明显地感受到。然而，感知愉悦在本质上是刺激-反应生理活动的结果，并非人所特有，对审美对象的特征和实存具有一定程度的依赖性，难以同动物性的情感区分开来。而审美活动触发的另外两种愉悦即反思性愉悦和超越性愉悦，它们是人类审美活动发生的标志性特征。

2. 反思性愉悦的产生

反思性愉悦是审美活动发生的根本特征。与直观的感知愉悦不同，反思

---

① 朱光潜．谈美 文艺心理学．北京：中华书局，2012：124.

② 朱光潜．谈美 文艺心理学．北京：中华书局，2012：36.

③ 马克思，恩格斯．德意志意识形态：节选本．北京：人民出版社，2018：11.

④ 斯宾诺莎．伦理学．贺麟，译．北京：商务印书馆，1983：42.

⑤ 杜东枝，等．美・艺术・审美：实践美学原理．昆明：云南大学出版社，2015：179.

⑥ 中国社会科学院文学研究所．文艺理论译丛 ：上．北京：知识产权出版社，2010：36.

性愉悦是内心活动运作的结果，具有间接性特点。康德创造性地提出了这种特殊的愉悦感，指出它不能从概念出发被认为与一个对象的表象必然结合，而应被认为仅仅通过反思的知觉与表象相联结，因而与一切经验性判断一样，不能预示任何客观必然性，不能要求先天有效性。一方面，反思性愉悦不涉及客体的实存，区别于由刺激-反应产生的感知愉悦；另一方面，它不是凭借概念而获得的，因此不具有客观必然性和先天有效性。康德认为反思性愉悦具有非概念性特征，仅在主观意义上呈现出普遍性和必然性。

康德指出，反思性愉悦的普遍性和必然性是反思性判断力遵循合目的性原则而实现的，合目的性是审美活动的先天依据。所谓反思性判断力，即在没有普遍原则的情况下，一种将特殊联结于普遍的能力。它可将直观能力（即想象力）归摄于概念能力（即知性）之下。反思性判断力的先天原则是合目的性，在审美活动中并不先行存在某种客观目的，主体在反思过程中偶然地符合了自身的主观目的，即知性和想象力的协调一致。就整个反思性愉悦的发生机制而言，主体由审美对象的形式感受到了审美愉悦，又凭借反思性判断力反思到知性和想象力的自由游戏活动，知性和想象力处于协调一致的状态时符合了主观目的。这种反思性愉悦能让自由游戏不断协调下去产生新的愉悦，如此循环往复使得自由游戏持续进行，反思性愉悦成为自身维持下去的原因。

反思性愉悦虽不及感知愉悦来得直观，但它仍是自明的、可感知的。它凭借反思性判断力与合目的性原则将经验的反思性愉悦与先验的认识能力（即知性和想象力）相联结。康德用理性因素保证感性体验，凸显了审美愉悦的独特性。虽然反思性愉悦和感知愉悦都是感性的，但前者具有理性的结构和原则，说明审美不仅是生理性的感官享受，还调动了我们的认识能力展开内心活动。感知愉悦是感官对于各类型的刺激进行无差别感受，获得的愉悦是同质的，发生的过程是被动的；而反思性愉悦能够对所接受的感觉进行再感觉，即对所获感觉进行辨识和评价，发挥了主体的能动性。康德提出的反思性愉悦在不同程度上被美学家采纳，席勒的“游戏说”就受其影响，主张“人的想象力也有自己的自由运动和物质游戏，在这种游戏中它与形象不发生关系，只是为有自主性和不受束缚而快乐……想象力试用一种自由形式的时候，特质性的游戏就最终飞跃到审美游戏了”①。反思性愉悦对于美学史而言是一次重大的突破，康德由此对美的本质重新厘定②，美感不再像鲍姆加登所言是模糊的类理性之物，它是清晰的、涉及理性要素又同理性异质的特殊情感，因此可以作为审美活动发生的主要依据。

3. 超越性愉悦的发生

审美活动的进行过程中，在反思性愉悦之外还生发出一种超越性愉悦。这种超越性愉悦由审美静观产生，当人们专注于审美活动，全情投入地体悟

---

① 席勒．审美教育书简．冯至，范大灿，译．北京：北京大学出版社，1985：147.

② 倪胜．论 Aesthetik 在康德第三批判里的译法．世界哲学，2004（6）.

审美对象之美时，便会获得精神上的自由。无利害是超越性愉悦的第一特征。超越性愉悦不同于感知愉悦，它不涉及审美对象的实存，也不依赖于审美对象的特征，仅在内心体悟和品味审美对象的形式，进行精神活动；它也不同于善的愉悦，它是非概念的，也不受法则的束缚，它产生于自由的精神活动。

主客统一性为超越性愉悦的第二特征。当愉悦发生时，主体的情感与审美对象相交互，发生移情这一心理活动。立普斯阐述道："在审美过程中，主体必须将主观的情感赋予客体，使之客观化、形式化；客体必须以充盈着主体情感的主观化了的形式呈现出来。这样，审美观照时，只有对象的形式凸出来，它的意义和效用及与其他事物的联系暂时隐退到意识阈限之外，物我由两忘进而同一，最后进入浑然一体的物我交感状态。"①当审美主体和对象的情感融为一体时，主体摆脱了现实的束缚，达到精神上的自由，超越性愉悦就从内心自然生发。中国古典美学中也有对物我交融这一心理现象的相关描述，例如庄子的"子非鱼，安知鱼之乐"。

超越性愉悦还具有教育性特征。教育活动会伴随超越性愉悦的发生而展开，审美主体在感受愉悦的同时也净化了心灵。王国维在《论教育之宗旨》中提出美育的主张："独美之为物，使人忘一己之利害而入高尚纯洁之域，此最纯粹之快乐也。"② 由于超越性愉悦是自由的、情感性的，因此可以培育人的情感以达完美。蔡元培在《以美育代宗教说》中提出，可以西方理论为用，发展人的情感，健全人的品格，在道德方面发挥积极作用。超越性愉悦的发生意味着教育性活动的开展。

超越性愉悦的无利害性、主客统一性和教育性特征使它成为审美活动发生的重要标志，它同感知愉悦以及反思性愉悦共同呈现出审美愉悦的多样性和特殊性。

三、审美价值的评估

在审美过程中，我们对审美特性进行说明，实际上是在评估审美对象的价值。马克思说："经营矿物的商人只看到矿物的商业价值，而看不到矿物的美和独特性。"③ 审美价值区别于一般的商业价值，不以有用性作为唯一标准。休谟说："美不是事物本身的属性，它只存在于观赏者的心里。"④ 其实，审美价值具有客观性和主观性两方面特征。在客观性方面，审美对象自身的属性是审美价值的基础，它的客观审美特征主导了我们的审美体验，我们从这些客观的特征中把握对象，领悟审美对象之于我们的意义。在主观性方面，审美价值与精神价值相联系，它是感受性的、个体性的，无法进行量的估算

① 北京大学哲学系美学教研室．西方美学家论美和美感．北京：商务印书馆，1980：274.

② 王国维．王国维文集：下．北京：中国文史出版社，2007：33.

③ 马克思．1844年经济学哲学手稿．北京：人民出版社，2014：84.

④ 北京大学哲学系美学教研室．西方美学家论美和美感．北京：商务印书馆，1980：108.

和比较，因此审美价值相较于其他价值更为复杂和抽象。

从历史发展的角度来看，审美价值的评估源自以往审美理想的积淀。李泽厚认为："当在改造客观世界中达到自己的目的，合规律性与合目的性在感性结构（劳动活动本身）中得到统一时，其中虽已包含着朦胧的理解、想象和意向，但它首先却表现为一种感知状态，表现为感觉、知觉，它可说是人类精神世界的史前史，这即是'原始积淀'。"①过往的审美活动促进了审美主体对美的理解和感知，初步形成了审美理想，随着时间的推移这种审美理想沉淀在人们的潜意识中成为审美期待，作为审美价值评估的一个维度。

审美价值评估是审美过程发生的最后一个环节，在前面的环节中主体需要凭借想象力把握审美对象的具体特征，想象力的发动意味着认知能力已被激活，之后在与诸认识能力的游戏中知性也被调动起来。因此审美的过程也是思维的过程，我们在判断审美对象是否美的时候，也在确认审美对象是否符合我们的审美期待，实质上是在对审美对象的价值进行评估。由于它紧接在审美愉悦的发生环节之后，因此审美愉悦会给评估带来直接的影响，主体倾向于不同的审美愉悦类型，会造成评估的差异。这种评估一方面制约着人对事物的审美态度和人的审美意志行为，另一方面推动人根据自己的情感、理想去创造美，克服丑，从而改造世界。② 可以认为，审美价值的评估作为审美过程发生的最后一环，充分发挥了人的主观能动性，对审美对象和审美愉悦进行反思，同时也有助于审美效应的引发。

本节关键词：

审美对象，审美愉悦，审美价值

第四节　审美效应的引发

审美效应是在审美鉴赏过程中对鉴赏者所产生的审美效果。审美效应的引发主要指审美主体在审美活动中培养、发展、创造出审美素质，如审美理想的积淀、创造与升华，审美能力的规范、发展与提升，审美需求的充实、丰富与强化。这些审美效应会进一步反哺主体的审美过程，使审美主体实现更高级的审美体验。

一、审美理想的积淀

审美理想是在一定审美综合活动中不断形成的关于美的完善的理念形态。审美主体在审美活动中，通过感性形式、情感体验和认知判断等深入审美体

① 李泽厚．从美感两重性到情本体：李泽厚美学文录．济南：山东文艺出版社，2019：92.

② 朱立元．艺术美学辞典．上海：上海辞书出版社，2012：144.

验的脉络，从中归纳形成了对审美客体的判断标准和价值导向，逐渐形成了较为完善的审美理念，即审美理想。审美理想主要有以下两方面的特点。首先，审美理想是在一定的社会历史条件下形成的，不同的时代、不同的阶级有不同的审美理想。如中国历史上，梅、兰、竹、菊分别代表了人们对傲、幽、坚、淡品质的审美理想，对后世影响深远。再如东晋诗人陶渊明，他不满当时的门阀制度和等级森严的社会，做官不久毅然离去，回归田园，隐逸山水之间。陶渊明创作了大量的山水田园诗，从中可以体会到他对污浊现实的厌恶和对恬静、闲适的田园生活的热爱，以及对“采菊东篱下，悠然见南山”“黄发垂髫，并怡然自乐”等田园质朴生活的向往。其次，审美理想不同于其他理想，审美理想主要通过审美的、艺术的形式表现出来。像古希腊神话中的爱神维纳斯，就代表了人们关于人体美的理想。在不同雕刻家的手下，维纳斯呈现出不同的审美形态，如遵循黄金分割比的断臂维纳斯等，这体现了艺术家们不同的审美理想。

审美理想不是凭空显现的，它是人们从审美活动中历练出来的。每一审美理想的出现，都需要一定的社会实践和审美活动的积累。不同时代、不同阶级对维纳斯形象的推崇与赞美，就表现了审美理想的产生、积淀、发展与延续过程。再如中国古代有“羊大为美”的说法：一是由于“羊大”则肥美好吃；二是由于一些原始部落在巫术仪式中，往往有戴上羊头或插上羊角跳舞的环节，先民认为这是美的。这种对美的形态的认识是由当下的生产力发展水平等社会实践因素决定的。同时，在审美活动中，审美体验过程往往伴随审美愉悦等情感体验。其中，审美活动中所涌现的审美情感本身就带有一定的价值导向，影响着主体的审美态度，指引着主体去判定哪些对象是美的、何以美，以及探寻与界定美的最高形态。像庄子的人格理想在“逍遥游”式审美态度的指引下建立并被生动描绘：“藐姑射之山，有神人居焉，肌肤若冰雪，绰约若处子，不食五谷，吸风饮露。乘云气，御飞龙，而游乎四海之外。”（《庄子·逍遥游》）这种人格理想是在天地自然的无垠下呈现的，体现了庄子对天地之大美的审美理想的追求。总之，审美理想的不断积淀，于美学而言，能在一定程度上揭示审美规律，指导审美实践；于审美主体而言，能丰富主体的精神世界，提高主体的审美境界，以及丰富主体的审美体验。

二、审美能力的提升

审美能力是指主体能够调动主观经验和心理结构对对象进行审美鉴赏活动的能力，包含感官能力、认知能力等在内的多元、多层次的能力架构。审美能力，是相当复杂的整体，却又在不同事物、不同表征中呈现为特殊性，也即呈现出多元性与多层次性。在美学构建初期，审美就与认知、感性等能力密不可分，在后期发展中又将认知能力、想象力等引入审美分析之中。人类一切审美活动的展开都需要审美能力的支撑。审美能力更多地充当了人们开展审美活动的工具系统。在品味诗句时，如“红杏枝头春意闹”，用一“闹”字而境界全出，“闹”字在这里虽然是模糊性语言，但主体调动自己既往的感受、体验、想象力便能体会到这一活灵活现的场景，这便是典型的对审美能力的调动。审美能力的提升呈综合的螺旋式上升的态势，在审美的综合调控能力下，感知为想象积累了素材，想象进一步为认知奠基，认知进而导向领悟，综合调控能力则为审美能力插上翅膀，使其能够振翅翱翔，而这一切都需要在审美过程中不断历练和提升。

审美能力的彰显乃是我们与审美对象对接的常用方式，可视为开展审美活动的“利刃”。审美能力往往以审美对象为目标，在主体的审美素质引领下，按照不同能力特性，对审美对象进行感性感受与理性思考，进而得出一定的审美判断或结论。发展审美能力，是审美教育的主要任务。审美能力的提升对美育颇有助益，这主要体现为以下两个方面。一是帮助主体更好地欣赏对象和创造艺术作品。如老师带领学生欣赏艺术作品，通过详解相关学科知识如质料、形式等，以及讲解理论上的知识和范畴，让学生更好地欣赏艺术作品，并为学生进行创造活动打下良好的认知与能力基础。二是帮助主体塑造完善的人格状态。完善的审美能力促使主体深入体验审美生活，获得更为丰富的人生体验。这与叶朗先生所认为的美育的目的相契合：“美育的根本目的是使人去追求人性的完满，也就是学会体验人生，使自己感受到一个有意味的、有情趣的人生，对人生产生无限的爱恋、无限的喜悦，从而使自己的精神境界得到升华。”① 审美能力便是人们进行美育教育、追求人性完满、实现全面发展的重要工具。

三、审美需求的强化

审美需求是一种人类所特有的进行审美活动的欲望和要求，是具备审美素质的主体对美、对审美愉悦的期盼。首先就需求本身来看，人不仅有物质方面的需求，还有精神方面的需求。审美需求作为在人类生理、安全等本能需求满足基础上的高级精神需求，是人类本能需求的高级体现，是人类本真特性的一种升华，是自由的心灵对自由的美的追求。在这一过程中，抛却一切功利需求，审美主体带着审美的眼光去观照对象的客观特性。审美需求作为一种超越性的需求，不仅为审美活动的人性价值提供了坚实的基础，而且是人们对精神需求、对席勒式“人性完满实现”的高级需求。这在孔子的“游于艺”“成于乐”中有生动体现。古代的“艺”虽然与现在的含义不同，但也包含了艺术。我们不能把“游于艺”单单看成技艺的熟练，李泽厚指出：“它不仅标志着对客观技艺、事物规律的物质实践性的熟练掌握和运用自如，

① 叶朗．美学原理．北京：北京大学出版社，2009：406.

而且标志着一个由于掌握了规律而获得自由从而具有实践力量的人格的完成。”[①]“游于艺”真正精妙之处在于“游”，“游”是在对客观世界驾驭和掌控中所呈现出来的自由的力量感，所以席勒说：“只有当人充分是人的时候，他才游戏；只有当人游戏的时候，他才完全是人。”[②]“成于乐”则“更多直接讲内在心理的自由塑造”[③]。看似让主体乐在其中的“成于乐”，却包含了“乐”对人的性情与心灵的感染、熏陶与塑造作用，即“乐所以成性”。人们在艺术等审美活动中体验自由游戏的乐趣，诉诸主体心灵的发展与完善，进一步驱动主体对“乐”的需求。在这一回环中，新一轮的始于“乐”的审美需求，为更自由而有力量的人格需求奠基。

其次，从审美需求发挥的作用来看，审美需求是主体主动与审美对象的审美特性契合，在审美需求的推动下，产生审美关注，深化审美体验。同时，具备审美素质的审美主体，总是渴求带有某些审美属性的客体。这更像是刘旭光所说的“惠爱式的感知”，“惠爱式的感知就是在感知对象之前，预设了被感知之物都含有‘可惠爱之处’，并以这一预设为出发点来欣赏对象”[④]。在这里审美是一种有意图地去寻找精神愉快的行为，认为一切对象中都有可探索的愉悦之处的惠爱式感知本身就是一种高级的审美需求。审美需求是审美活动展开的先机。

由审美需求导入的审美体验活动，为主体带来沉浸式、自由式的对审美客体的审美特性的观照，让人们得到审美的满足与愉悦，感受到高级审美需求所带来的“灵魂的香气”。这些完善的活动效应又会反哺主体，产生新的审美需求，从而强化人们的审美需求，进一步实现主体对本真和自由发展的追求。

本节关键词：

审美理想，审美能力，审美需求

本章小结

审美过程涉及了审美发生的准备过程、审美状态的过渡、审美过程的发生与审美效应的引发四部分。审美发生为审美活动积累了主客观条件，审美状态引发了审美态度、审美注意、审美状态的效应，审美过程包含了审美对象的生成、审美愉悦的产生与审美价值的评估，审美效应引发了审美理想、审美能力、审美需求的变化。这一章从审美过程的前涉条件、发生机制以及多元效应等方面详细介绍了审美的动态发生。审美作为一个主客体共同发挥作用的过程，是在多种因素综合作用下完成的。

在审美发生的准备过程之中，需要注意审美发生的主观条件，这涉及审

① 李泽厚．华夏美学．武汉：长江文艺出版社，2021：73.
② 朱光潜．西方美学史：下卷．北京：人民文学出版社，1964：108.
③ 李泽厚．华夏美学．武汉：长江文艺出版社，2021：75－76.
④ 刘旭光．论“审美”的运作机制．社会科学，2023（1）.

美主体的审美需求与审美能力的作用。主体的审美能力不是单一的能力，而是多元能力的合力协作。在审美状态的过渡阶段，聚焦审美态度、审美注意与审美效应的引发，能让我们对审美主体所进行的审美活动过程有一个良好的理论认识。在审美过程的发生中，不仅要关注到审美对象与审美价值，而且要发掘审美愉悦的发生机制，分别讨论感知愉悦、反思性愉悦和超越性愉悦各自不同的特征和发生机制，这有利于我们更好地认识审美愉悦这一重要审美范畴。在审美效应的引发中，要关注审美鉴赏活动引发的一系列审美效应，对审美理想、审美能力、审美需求等的探究，有助于当代青年的美育教育与实践。

思考题

1. 审美活动中的主客观条件是如何协调发挥作用的？
2. 审美能力包含哪几方面，其各自的属性特征是怎样的？
3. 审美愉悦是怎样发生的？
4. 结合当代文化背景与审美过程理论，谈谈如何进行美育。

拓展阅读

席勒．审美教育书简．北京：北京大学出版社，1985.

朱光潜．谈美 文艺心理学．北京：中华书局，2012.

李泽厚．华夏美学．武汉：长江文艺出版社，2021.

DANTO A. The artworld. The journal of philosophy，1964，61（19).

BULLOUGH E. “Psychical distance” as a factor in art and an aesthetic principle. British journal of psychology，1912，5（2).

艺术·审美·人生

大学时期是青年学子审美观念成熟的关键时期，良好的审美观念、审美态度能助益青年收获有意味且有情趣的人生。良好审美观的形成需要良好的审美引导。对审美过程的梳理、审美能力的探寻、审美发生机制的阐发，能让审美认识更为明晰、审美体验更加深入、审美需求更加正向，为青年学子的审美生活提供有益疏导。审美作为人的高级精神需求，以其独特的精神疗愈与愉悦功能感化人。审美发生的准备过程、审美状态的过渡、审美过程的发生以及审美效应的引发，贯穿了审美教育中感受美、发现美、创造美这三个关键要素。同时，美的历史也是人类文明发展的历史，探寻美、剖析美、了解美，能够让我们更加深入美的核心，体味美的厚重与丰盛。

第四章
审美范畴

美在审美经验中实际存在着，美和审美经验凭借人的在场经验而达于实存。从存在论的角度看，美或审美经验的实际存在作为一种相关于在场的特定“存在状态”必定表现出对特定“存在规定”的遵从，从而使自身得以在一些基本的显现构造中呈现，并成为存在。这些所谓的“存在规定”在美学领域中就是所谓的美的范畴或审美范畴，后者构成了美学的一个基本组成部分，归属其中的基本术语为优美、崇高、悲剧、喜剧和丑等。

第一节　审美范畴的内涵及外延

一、审美的含义

审美范畴也被称为美学范畴，二者的关联可以通过 aesthetic category 加以说明。aesthetic 一词兼有“审美”和“美学”二义，因此我们在对 aesthetic category 进行翻译的时候，就有审美范畴和美学范畴两种译法，由此生成了两个相关术语。审美范畴和美学范畴严格地说都是作为美学术语而存在的，然而相对来看，美学范畴这一名称更侧重于美学层面的表述。从字面上看，美学范畴所表述的是美学领域中存在的范畴，具有一定的不确定性和空洞性。美学中的范畴既可意指美学领域的概念范畴，也可意指美或者审美活动的现身在场在“存在状态”上表现出来的基本构造或基本规定。而美学范畴的确定内涵正在于审美范畴，亦即从美学思考或美学研究的角度来体验、把握和表述美或者审美活动发生的“存在论”规定性。因此，大多数通行的美学教材将美学范畴/审美范畴所称的美学区域固定为“审美范畴”这一术语。

同时，在对审美范畴的内涵的探究中，我们应该考虑到美和审美的本质性关联。在当今的美学语境中，美和审美乃是思考和研究“美的本质及其现身”的两种不同的路径和话语形态。前者是先行地把美学的研究对象把握为美及其现身，审美则是人对这一“对象”的经验、体验[①]；后者是把美学的

---

① 杜卫．“审美”范畴研究评析．哲学动态，1999 (2).

研究对象置于审美活动之中，因为美只有在审美活动中才能成其本身。我们必须明辨这种区分，但是我们更应该看到二者的本质性关联。从根本性的意义上说，美和审美是共属一体的。美的本质性现身需要人的当前在场，必须在人的审美参与或审美活动中成其本身，“因为事物能引起美感经验才能算是美，我们必先知道怎样的经验是美感的，然后才能决定怎样的事物所引起的经验是美感的”[①]。审美的本质乃在于对美的经验，审美经验绝非审美主体对审美对象的主动的体验，而是我们将自身移入美的自身敞开之中，我们的自我意识、自身意识在此既是主动的也是被动的。“被动的”意指我们的审美行为受美的自身敞开的协调、约束和规定。鉴于上述的共属一体性，审美范畴和美的范畴二者是相通约的，因此，有学者把审美范畴称为美的范畴。在上述意义上，我们把美学范畴/审美范畴/美的范畴这一研究专题命名为审美范畴。

二、范畴的含义

中国美学界对审美范畴中“范畴”一词的通行解释是种类或类型，即审美范畴乃是美在审美活动中呈现出的种类或类型。王德胜把审美范畴称为审美类型，认为“审美类型与美的存在既相联系又不相同。不同审美类型的形成当然离不开特定美的存在，但美的存在是一种客体的性质，审美类型则是主体在审美活动中所产生的感受形态”[②]。张法也认为审美范畴即审美类型，他认为英文词 category 既是范畴，又是类型，“在汉语里，范畴是观念的，类型是实在的，说成类型也许比说成范畴更加符合所说的内容和汉语的习惯”[③]。审美范畴作为类型其实质乃是一种分类，分类的对象乃是审美活动本身。董锋指出：“审美范畴也被称为美的范畴或美的形态，也就是美的类别或美的类型。对审美范畴的划分就是对美的类型或形态的划分，亦即将作为一个整体的美分成几个部分或方面，就像人分男女，形分方圆，色分红蓝等同样道理。”[④] 作为对审美活动的类型的划分，其依据乃是审美主客体之间的不同的关系与审美过程显现出的特性。但是，考虑到人的审美经验或审美实践活动总是与美或者审美对象的现身的本质性相关，审美范畴在意指审美活动的类型的同时，也意指美的对象或者美本身的分类。因此，审美范畴的内涵在一定意义上包含了美的呈现类型，学界有时候也把审美范畴表述为美的范畴或者美的形态。例如，王朝闻的《美学概论》就认为美的形态按照不同的性质可分为现实美、艺术美；而依照现实美和艺术美的不同的显现形态、样

---

① 朱光潜．朱光潜美学文集：第一卷．上海：上海文艺出版社，1982：9.

② 王德胜．美学原理．北京：高等教育出版社，2012：116.

③ 张法．美学导论．2 版．北京：中国人民大学出版社，2004：86.

④ 董锋．关于审美范畴的划分．沈阳师范大学学报（社会科学版），2006（6）.

貌和特征，则可以把美的形态划分为优美、崇高、悲剧、喜剧（滑稽）。[①]

从类型、分类的意义上解释范畴所形成的一个结果是，审美范畴有时候被学者称为审美形态，陈望衡的《当代美学原理》就把美、崇高、悲剧、喜剧、丑等这些审美范畴称为“审美形态”。[②] 在我们看来，美的形态或者审美形态更倾向于从美的对象的角度刻画审美的类型或者分类，而审美范畴则侧重于从人的审美活动的视角对审美主客体之间的审美关系进行分类。因此，我们把优美、崇高等美学范畴归入审美范畴；而从审美对象的角度对审美活动所做的分类，我们称之为审美形态，也就是说艺术美、自然美、技术美等都归入审美形态的主题之下。

康德是在先验的（transzendental）的意义上思考范畴的，先验意指对经验可能的对象之对象性的先行筹划，也就是说，某物能够作为某物存在着意味着它能够作为一个对象出现在经验中，而要作为一个对象被经验感知到则必须符合对象自身的规定性，此即所谓的对象之对象性。而这个对象性是由经验的主体先行筹划的，因此有人为自然（即可能的经验之对象）立法之说。在康德那里，范畴就是对象之对象性的规定性，也就是说事物之存在（状态）的存在论规定性。虽然范畴指涉的是事物存在的规定要素，但其中的指导性引线却是人（主体）的表象（思想）活动，事物能否以及如何作为对象与主体对面而立地照面，并因此而存在着，这取决于主体的表象。因此，对范畴的洞察和界定要以人的表象为引线，并从人的感知和陈述行为中来把握和规定范畴。我们在这里把范畴解释为事物存在的规定性，即事物的存在状态必然遵从和呈现的基本存在规定；同时，基于思想（表象）在西方形而上学中对存在的支配性指导作用，范畴从根本上意指人的思想的基本构造，即人对事物的存在进行的知觉活动（通过这种知觉活动事物才得以现身在场）的基本构造要素。

三、审美范畴的含义

审美活动并非认识或思想活动，其本己特征在于对存在的感性觉知，对被直接给予感官感知的存在的领受。从审美对象角度着眼，审美活动乃是存在向作为审美者的人的直接敞开，即存在向人的感性觉知显示自身。从美学角度来说，审美中的范畴是美（或者美的对象）借以显示自身、达于在场而成为存在着的“存在规定性”，也就是说唯有通过这种规定着“存在状态”的范畴的先行赋形作用，美（或美的对象）才能成为现实存在的美，从而在审美经验中显示自身。我们把审美范畴解释为审美活动的基本构造，其实质是存在论层面的关于审美活动的存在规定。这些存在规定包含了几种基本的范

① 王朝闻．美学概论．北京：人民出版社，2002：39.

② 陈望衡．当代美学原理．武汉：武汉大学出版社，2007：168.

畴，而其他范畴则可以视为这些基本范畴的变式或者衍生形式。也正是在这个意义上，审美范畴才会被视为一种对审美活动的分类或审美活动的类型，具有不同审美特性的审美对象引发了审美主体的不同的审美感受，这界定了审美经验及其类型，但是从先验（即存在论）的层面说，正是审美范畴的先验赋形作用或者先行构造才使各种审美经验得以现实地发生，使审美主体和审美对象经由审美经验而从可能的变为现实存在着的。

最基本的并且广为接受的审美范畴有优美、崇高、悲剧、喜剧和丑五种。这几个基本范畴之间存在着的奇特的关联，比如，优美与崇高、悲剧与喜剧、优美与丑之间的某种对立，以及崇高和悲剧、喜剧和丑之间的某种可类比之处。我们把审美范畴的外延表述为优美、崇高、悲剧、喜剧、丑。考虑到这五种基本范畴之间的关联，我们将依循优美与崇高、悲剧与喜剧、丑这样一种顺序来展开具体探讨。

本节关键词：

范畴，审美范畴

第二节　优美与崇高

一、探讨诸审美范畴的指导线索

在一种历史性的美学思想看来，审美的本质在当前崭露为生态审美的形态和特征。关于生态审美，曾繁仁认为："新的生态审美观力主一种灌注着蓬勃生命力的美学理念，是一种绿色的生命的美学、使人获得诗意栖居的美学。"[①] 生态审美观揭示了审美的以下确定本质：其一，审美致力于并彰显一种存在的自由之境，灌注"生命力"所指涉的正是那种存在的理想之境——生命、生长、涌现（自然）的境况和样态；其二，审美的本质关涉于参与和守护万物自由存在的人文理想，"绿色"既表达了生态和环境保护上的关切，又说出了基于人与万物一体、和谐共存的本然的人文主义观念，这种生态人文主义强调人对万物自由存在的忧心和看护，而后者正是人之自由的本真含义和本己规定；其三，审美揭示了人之存在的最高理想，所表达的是人与自身、人与自然、人与社会的和谐共在的理想之境。按照上述的见解，我们应该把生态审美观的本质界定为对美学现代性的首要问题——主体性——的反思和克服，人并非作为万物的实体而成为世界的统治者，本真的人之自我认知体现于当代的生态人文主义观念。按照这种观念，人的最高尊严在于参与并守护人与天地万物的和谐共在，中国传统文化中的"民胞物与""赞天地之化育""生生之为德"等思想都在曾经在场的意义上表述了这一生态智慧。在

① 曾繁仁. 发现人的生态审美本性与新的生态审美观建设. 社会科学辑刊，2008（6）.

上述意义上来理解，生态审美观乃是一种旨在反思和解构现代美学的后现代美学观念。鉴于此，程相占认为“生态审美学属于后现代美学，是对于现代美学的批判超越”，“这里的‘后’字不仅是时间意义上的‘之后’，而且是‘后来居上’意义上的‘超越’之意，其学术立意和目标是：针对 20 世纪 60 年代以来全球范围内日趋加剧的生态危机，反思与批判造成生态危机的思想文化根源，特别是其现代美学根源，针对现代美学的非生态乃至反生态取向，构建能够回应生态危机、拯救生态危机的生态审美学”。[①] 程相占进一步论述了生态审美的四个本质维度：“彻底摈弃那种基于人与世界对立、主客二分的传统审美模式，代之以人与世界融合为一的‘审美交融’模式”；“生态审美是以生态伦理学为思想基础的审美活动，是对于传统美学理论中审美与伦理关系的生态改造与强化，生态意识是生态审美的必要前提条件”；“生态审美必须借助自然科学知识特别是生态学知识来引起好奇心和联想，进而激发想象和情感；没有基本的生态知识就无法进行生态审美”；“指导生态审美的生态价值准则是生物多样性和生态平衡，必须超越人类中心主义的价值判断标准和‘人类审美偏好’，反思和批判人类中心主义的审美天性和习性”。[②]

生态审美观倡导一种人与万物平等、人与万物和谐共在的存在愿景，并把审美的本质界定为生态的审美，后者既意味着从审美的层面诠释一种后现代的生态人文主义观念，又强调通过生态人文主义来重新把握和揭示审美的本质。这种对生态审美的本质的阐释把我们引向一种存在论美学的观念。审美揭示了众生一体的存在境遇，而人与万物一体是说人与万物先天、先行地就置身于一体性的存在之中，海德格尔把这种存在论层面的先行奠基称为此在（人）“在世界之中存在”[③]。作为以此在的方式存在的存在者，人的存在的基本构造就是所谓的在世界之中存在，人和他的世界在存在论上是先行合一的，这种存在论上的保证确保了人与万物一体性的和谐共在。这种存在之真相在审美中得到了明显的展示，这一现象自从人类有了审美意识之后就一直在人的审美经验中闪现着。只是美学对审美的这一本质维度的明确理解和把握比较滞后，生态审美观才在美学思想上对此做了专题性把握和揭示。在这个意义上，我们应该把生态审美观乃至生态美学解释为存在论美学的一种形态，正如曾繁仁的“生态存在论美学”的提法所标示的，本真地揭示了生态审美或审美的生态本质的生态审美观，实质上是一种生态存在论美学的观念。同时，考虑到在此探究的课题（美学/审美范畴）的美学存在论性质，我们对审美范畴的讨论应该在存在论的层面上展开。海德格尔“基础存在论”中的“此在的现身情态”[④] 可以作为指导性的线索。其缘由在于：其一，审美作为一种情感活动，从存在论上看其本质受规定于此在现身的展开状态之

① 程相占．生态审美学与审美理论的知识的有效增长．学术研究，2019（2）．

② 程相占．论生态审美的四个要点．天津社会科学，2013（5）．

③ 海德格尔．存在与时间．陈嘉映，王庆节，合译．北京：生活·读书·新知三联书店，2006：62．

④ 海德格尔．存在与时间．陈嘉映，王庆节，合译．北京：生活·读书·新知三联书店，2006：156．

中；其二，此在的现身情态奠定并贯通了人的情感的本质，而（按照现代以来的美学观念来看）审美的本质特性就在于情感特征；其三，审美范畴作为美的显身，其最为具体的个体化发生于人的审美经验活动之中，在存在论层面上，我们可以把美在审美经验中的显身阐释为美（在审美活动中）的“此在”。

二、对优美的存在论阐释

在诸审美范畴中，优美是一个别具一格的范畴。其别具一格之处在于，优美被普遍地称为“美”，即狭义的美。而从美之现身的角度看，所有的审美范畴都应该被视为美之现身的不同存在样态的存在论规定性，在这个意义上的广义的美涵盖了优美、崇高、悲剧、喜剧等审美范畴。

既然优美作为狭义的美竟然能够使用美这个词，这至少从表述的角度揭示了优美在美的诸多存在样态中的与众不同之处，即优美在一定程度和意义上能够代表广义的美的现身存在。这是一个值得注意的实情。在日常的非专业性的言谈之中，我们说到美的时候往往更多意指优美这一审美范畴。因此，从分析的角度看，无论是从“审美对象”方面呈现出来的美的现身，还是从“审美主体”方面表露出来的审美活动或审美经验的特征，优美都在一定程度上显示了美的现身的某些本质性面向，以至于这一审美范畴竟然能够典范地显示美本身的存在实情。

对优美这一审美范畴的内涵的界定，学界通常是从审美主体、审美客体以及审美主客体的关系三个向度来进行的。根据流行的美学观念，美现身于审美活动中，而审美活动的结构则可以被“标画”为审美主体、审美客体以及二者的审美关系三个要素。审美主体就是从事审美活动的人，从这一向度着眼，作为美的一种现身样态的优美应该从审美主体中去寻求根据，并由此而得到特征上的标画，康德美学就是从这个角度入手来解释优美的。康德从主体自身的一种先验原则出发来解释美的本质，将（审美）对象的主观的或形式的合目的性对主体判断力的这一先验原则的契合所产生的愉快情感解释为美感，这种合目的感就是自然的合目的性的审美表象。[①] 基于上述美学观念，康德从审美主体的角度把优美这一审美范畴的特征标画为主体中诸认识能力（想象力和知性）的和谐游戏。我们在此援引他在“鉴赏判断的演绎部分”的论述做进一步说明。

> 既然判断力就评判的形式规则而言，撇开一切质料（无论是感官感觉还是概念），只能是针对一般判断力（它既不被限制在特殊的感官方式上，也不被限制在一个特殊的知性概念上）的应用的主观条件的，因而是针对我们在所有人身上都（作为一般的可能知识所要求的）可以预设

---

① 康德．判断力批判．注释本．李秋零，译注．北京：中国人民大学出版社，2011：21.

的主观的东西的，所以，一个表象与判断力的这些条件的一致就必须能够被先天地假定为对每个人都有效的。也就是说，在对一个一般感性对象的评判中愉快或者表象对诸认识能力的关系的主观合目的性，将是能够有理由向每个人都要求的。[①]

从审美主体这一向度出发，优美的主要内涵和特征就被标画为主体的美感表现和美感特性。比如优美具有一种令人直接愉悦的美感特点，"美具有悦情性"，它是始终令人愉悦的[②]，优美具有令人和谐愉悦、令人喜爱等审美体验上的特性。实际上，从审美主体着眼洞察优美的内涵和特征，必然离不开审美客体的维度。根据康德的见解，优美表现于审美主体的诸认识能力和谐游戏的美感体验，然而其根据却在于审美客体在形式上与审美主体的应和。也就是说，我们在从审美主体角度出发探讨优美这一范畴的时候，总离不开审美客体的规定性，正是审美客体身上的某些特定的审美属性应和或引发了审美主体的优美体验。张法认为，优美在于这种对象（客体）的特征，具体是"形象可感性""客体具有物的完善性""形式和内容的完美统一"，以及"美的对象符合人的尺度，与人有由历史实践活动而来的内在同一性"。[③] 从审美客体的角度着眼，优美体现于那些具有特定属性或审美特性的客体身上，这些属性或审美特性包括：无害性、柔和、形式和谐、光滑、弱小等等。张法对具有优美特征的审美客体的感性特征做了比较完备的论述，他认为优美的对象的外在特征表现为：空间形体上的小，运动速度的慢，力量上的弱性，性质上的柔和。[④]

上面我们说到，一旦言及审美主体就必定同时言及审美客体，反之亦然。因为审美主体和审美客体在审美活动中是共属一体的，这样一种结构环节就是所谓的审美主客体的关系。事实上，审美主体和审美客体正是通过二者的审美关系才各成其所是的，而且此二者唯有通过审美关系的中介作用才能使优美这种审美活动样式（或者美的现身样态）成为可能。因此，审美主客体的关系维度也是洞察和解释优美范畴的一个重要维度，从这一维度来看，优美的内涵和特征就呈现为审美活动中的审美主客体关系上的事态规定性。在这个方面，优美主要表现为审美客体对审美主体的无威胁性，这使得审美主体在客体面前处于一种安然无碍的状态。基于这种基本状况，审美主体进而会对优美的客体表现出喜欢和爱的关联性行为，如伯克所认为的，"优美是无私欲的爱"[⑤]。从上述的基本事实和特征出发，我们可以把优美的内涵和特征界说为审美主客体在这种审美范畴中表现出的直接和持续的和谐、统一和平

---

① 康德．判断力批判．注释本．李秋零，译注．北京：中国人民大学出版社，2011：115.
② 陈望衡．当代美学原理．武汉：武汉大学出版社，2007：172.
③ 张法．美学导论．2版．北京：中国人民大学出版社，2004：104－105.
④ 张法．美学导论．2版．北京：中国人民大学出版社，2004：106－107.
⑤ 北京大学哲学系美学教研室．西方美学家论美和美感．北京：商务印书馆，1980：118.

衡的关系状态。“在优美中，主客体是统一的、平衡的、和谐的。”[①] 王朝闻则从辩证的角度对之做了更深入的说明：“优美作为美的一般形态，侧重于展示客体与主体在实践中经由矛盾对立达到统一、平衡、和谐的状态。”[②]

从审美主体、审美客体和审美主客体关系三个向度对优美这一审美范畴的内涵和特征的揭示，为我们展示了美通过优美这一范畴（存在样式）而现身的充足而完善的事态和事实，然而其缺憾则在于割裂了优美现象的整体性。鉴于这种缺憾，上述三个向度的探讨中的任何一个乃至它们的综合都无法把握优美范畴的本真实情，然而它们在对优美范畴的探索中仍然具有积极的意义。它们不仅从细节处揭示了优美范畴的事实性和结构性要素，而且端现了如下未经言明的状况：我们正是凭借对优美范畴的本真实情的先行洞见和先行具有才得以展开这些分析性的研究，分析性的研究唯有活动在优美范畴的整体性现象实情的视野之内才得以展开自身。对优美范畴的整体现象的确定和把握只能在存在论层次上进行，在这里我们尝试用生态审美观来把握和阐释优美这一审美范畴的整体现象。

生态审美观是从存在论的角度阐释美或审美现象的。存在论所专注的课题是事物之存在或者事情本身的显现方式。以审美范畴为例，存在论层次的研究所关注和探究的是美的事物如何在审美经验中显示自身（即其在审美经验中的存在状态问题），或者美在审美活动中的现身及其现身样态。在生态审美观看来，审美范畴的本质就是审美经验的展开状态，正是通过优美、崇高、悲剧等基本的展开状态的样式，美的事物的存在或者美的现身才能够获得现象上的揭示或自我展示。正如杜夫海纳所说，“审美世界只有通过先验情感范畴才能向我们显现出来，而对于人的审美来说，唯有经由先验情感范畴的先天赋形作用我们才能进入美的显现中”[③]。根据彭锋的理解，杜夫海纳所说的“先验情感范畴”就是美学中所谈论的审美范畴。[④] 从存在论上说，审美经验或先验的情感的本质规定性必定溯源到“此在”（dasein），这个词意指人这种存在者的别具一格的存在规定性，正是因为具有此在的存在方式，人才能是人，并成为如其所能是的人。把此在引入我们的讨论中，意在指明如下几个方面的实情。其一，审美经验并非只是作为审美主体的人所做出的行为，按照此在一词的含义，审美经验乃是借助人这种存在者的生存活动而把美的现身带向此，在当下、当前（此）的展开状态中使美得以现实地生成或发生，在其中才有所谓的美的事物的照面，进而才有人通过对这种照面的劳作而把自身带向自身（所谓的自我直观就包含着这层意思）。其二，根据此在这种存在规定性，人先行地已经“在世界中存在”了，世界既是我的世界，也是我活动和寓居其中的敞开域，这就消解了所谓的主客二分观念，这比较符合审

① 李勇．美学原理．北京：中央编译出版社，2015：304.
② 王朝闻．美学概论．北京：人民出版社，1998：50.
③ 彭锋．美学导论．上海：复旦大学出版社，2011：266.
④ 彭锋．美学导论．上海：复旦大学出版社，2011：270.

美经验中的主客不分、物我合一的实情。其三，此在意味着人入于此（da）的展开状态而生存的现身情态，从人的存在根基处来说，此在的现身情态正是情绪、情感的本源。[1] 从此在的现身情态角度解释审美经验的情感特征为我们提供了这样一种阐释审美或者美的视角——美的现身或者审美活动的发生乃是美的事物（审美对象）与人（审美者）进入一种本真的敞开之境的在"此"发生。

据此，我们把优美这种范畴的内涵和特征解释如下：优美是一种审美经验的先验的存在样态，在这一存在样态的展开状态中，美、审美者、审美对象入于其中而现身在场，共同在此"存在"；这一审美经验的先验样态的本己规定性在于，它先行地奠基了一种和谐、直接愉悦、平和的美的现身"架构"，这一"先验架构"预置了那些以优美的存在样态前来照面的美的事物，同时也把审美者预先置入一种直接的、持续的和谐愉悦的审美体验中，并把审美者与审美对象的关联先行设定为无私的爱、和谐统一、融洽恬静之类的审美关系。

深度剖析

乔尔乔内的《沉睡的维纳斯》

在我们的当前在场中——确切地说在我们的审美参与中——此画自行敞开，显示为一个美现身在场的敞开域。而我们则好像被置入这一敞开域之中，我们领会着其中的真理，并在这一真理之光的照耀下与其中的事物照面，这一敞开域中的事物与我们共同在此，在此我们本真地此在着。在这种审美的关注中，关于《沉睡的维纳斯》的审美经验现身在场着，在此现实地发生着。从美学上讲，这一审美经验是在优美这一存在样式下展开的，这一审美经验的存在状态上的存在规定性乃是优美。在这一审美范畴的先天赋形作用下，人之此在的现实在场以优美的情调向此一艺术品敞开，而这幅画作中所敞开的东西则在优美的情绪、情感中现身。在优美的审美范畴之下，人与《沉睡的维纳斯》的艺术世界处于一种直接的、始终和谐的存在关联中，人的情感经验始终是愉悦、合目的和充满喜爱的，《沉睡的维纳斯》的艺术世界中的事物显现为优雅、柔和、宁静等特征。

三、对崇高的存在论阐释

依循生态审美观的原则性指导，我们在此先行地从形式上对崇高这一审美范畴做出如下界说：从存在论上讲，崇高乃是一种审美经验在此（当下、当前）发生和显现的样式，这样一种审美经验的存在样式同时也是美在当前现实地发生和存在的一种样态；凡是以这样一种存在方式或存在样态前来照面的审美主体的审美体验或者美的事物，都可以被称为崇高。崇高的审美对

① 海德格尔．存在与时间．陈嘉映，王庆节，合译．北京：生活·读书·新知三联书店，2006：156.

象或审美者的审美体验必然在崇高范畴的存在样式与存在特性中显示出来才能成其本身。关于崇高这一审美范畴的存在特性，我们在此也可以先行地加以标画，崇高经验为我们呈现了这样一种审美现象：审美者在对审美对象的经验中首先获得一种不适（压抑、受挫、抵抗、痛苦等反愉悦）的体验，而后经由审美者自身的自我提高和升华，将之前的不适体验提升、扩展为一种更高强度和层次的审美愉悦。下面我们将依循上述先行标画的指引，来从事实内容的层面对崇高范畴进行更为具体和充分的分析，以揭示这一范畴的内涵和特征。

由崇高这一审美范畴标识的审美经验的存在样态，展示了美在此现身的一种展开方式。在其中，崇高的事物作为审美对象通过在审美者的此在面前的照面而生成现实的美的事物。我们可以在此把崇高这一范畴理解为一种对美的事物的揭示方式，通过这种存在论上的奠基，那些被称为崇高的审美对象得以在审美经验中现身在场。从崇高所揭示的美的事物的存在特性来看，崇高的事物在感性经验上往往具有体积和力量（威力）巨大的特征，这里所说的巨大并不是仅仅从计量上讲的，其本质的规定性是由相对审美者“主体”的某种绝对的尺度衡量的。所以崇高的事物在感性经验上的“大”绝非在比较中获得的，因为在这种比较的相对性的轨道上只有更大，而没有被绝对判定的“大”。崇高的事物的这种“大”从根本上说是相对于审美者而来并由审美者判定的，狮子、老虎抑或毒蛇可以作为崇高的对象现身，并非由于它们的体型或力量巨大，而在于它们相对于作为审美者的人来说具有超过“主体”的特征，这些相对于审美者的体型与力量上的“超出”使其被判定为“绝对大”。从这种“大”的规定性中衍生出许多相关的变式，在审美者的感性经验中表现为不同的形态，比如无形式、粗糙、不和谐、不规则、多变、崎岖等等。以其中的无形式特征为例，崇高的事物展现出了不可表现性特征，利奥塔在分析先锋艺术的基础上，从后现代思想观念出发，对崇高做出了著名的阐释，他认为崇高是“对不可呈现的呈现”①。

崇高的事物的存在特性还表现为崇高的审美对象与审美者的存在关联，这一存在关联必须具有对抗的性质，即崇高的审美对象对于审美者的此在本身来说具有施加压制、威胁、逼迫等作用。上面所谈到的作为崇高的审美对象的感性规定性的“大”，在审美者与崇高的事物的存在关联中能够得到充分的洞察和解释，正是因为崇高的事物具有那些所谓的“大”的存在特性，它才能在审美中及在与审美者的存在关联中产生出对抗的存在性质，二者的勾连展示了崇高这一审美范畴在审美对象层面的现象构造。另外，审美本身具有形象、形式展示的本己规定性（康德曾将其提升并规定为“无利害”这一概念），鉴于此，崇高的事物虽然在其存在中必然要对审美者发生对抗性质的存在关联，但这种关联并非完全指向实存的。也就是说，这些威胁性的存在关联并不是实在的，审美者并没有完全被投置在现实性的威胁中，否则就不

① 王琦．论让·吕克-南希对崇高概念的重释．文艺理论研究，2020（6）.

能进入真正的审美经验中，所余下的就只有实存性的抗争、逃避了。这一限制性的说明对于崇高经验来说是十分必要的。如果一定要准确对崇高中的审美者与崇高的审美对象的存在关联进行界定的话，我们必须指出二者之间构造的是一种形式性的、非实存性的对抗这样一种存在关联。但即便对崇高现象中的审美主客体关系做出形式化的界说，二者的存在关联的特性在崇高经验中仍是本质性的，哪怕其只是一种根本无害的危险。也正是这样一种存在关联决定了崇高经验的一个突出的特征，即审美者在通达崇高对象的时候首先体验到的那种标识性的经验特征，我们一般将其标画为痛苦，崇高乃是“以痛感为基础”的。①

鉴于崇高的事物的上述存在规定性，崇高现象往往表现出一种“总是对形式美法则的破坏”② 的特征，即崇高往往表现为对事物的形式和谐亦即审美主客体的和谐关系这一“形式美法则”的违背。然而，这只是崇高现象的初始特征，完整的崇高现象还包括在审美者与审美对象初始的存在关联的基础上的转变，陈望衡对其进行了准确描述：崇高表现为“主客体的对立，趋冲突状态”③。从存在论上说，崇高经验中的审美主客体的存在关联的转变是这样发生的：崇高的事物以其在感性经验中体现出的“大”的特征，在向审美者的此在照面的时候展开为对抗性、压制“主体”的情形；审美者首先在这种存在关联中表现出崇高经验所特有的那种令人不适的痛感，而后凭借某种此在之中的更高的力量扭转了这一局势，使审美者将自身提升至与崇高对象同等甚至超越崇高对象的此在境界，这一扭转才产生本质性的崇高经验。由此来看，崇高现象所展示的无非就是审美者的此在在崇高经验中的自身拔高和提升，所谓的崇高就是这样被“提高”的，也正是凭借得到这样理解的崇高，崇高的事物才在此在的崇高性的展开状态中前来照面，并被审美经验揭示和辨识为崇高的审美对象。

然而上述那样一种存在关联的扭转是如何发生的呢？崇高的事物是在与审美者的相关中才成为崇高的，而崇高经验产生的根基则在于审美者自身的一种转变，正是这种转变促成了审美者与崇高的事物存在关联的转变。实际上，就崇高现象本身的实情来看，崇高的本源绝不在于崇高的事物，而在审美者自身中，从存在论上说审美者就是实行着审美经验的此在，而这个此在向来就是我自己的存在，审美经验、审美事物、审美主体以及其中纷繁的存在关联都被聚集和固定在这个我自己的“自身”之上。正是基于这个向来“我属”的此在的自身性，才有所谓的主体或审美主体的观念。因此，崇高现象的根本性阐释必然是反思性的，反思即反归、回溯于此在自身之中。朗吉努斯清楚地为我们指明了这个方向。在《论崇高》中，朗

① 北京大学哲学系美学教研室．西方美学家论美和美感．北京：商务印书馆，1980：123.
② 陈望衡．当代美学原理．武汉：武汉大学出版社，2007：217.
③ 陈望衡．当代美学原理．武汉：武汉大学出版社，2007：219.

吉努斯认为崇高的来源有以下五个："第一而且最重要的是庄严伟大的思想"，"第二是强烈而激动的情感"，"第三是运用藻饰的技术"，"第四是高雅的措辞"，"崇高的第五个原因包括全部上述的四个，就是整个结构的堂皇卓越"。[1] 在这五个来源中，首要的因素在于前两者，"庄严伟大的思想"和"强烈而激动的情感"所言及的乃是伟大的灵魂，因此，在特定的意义上，我们可以说崇高是伟大的灵魂的回音。伟大的灵魂所指向的就是被误解为"主体"（的人）的此在自身的深度和广度。伯克也是顺着这一方向寻找揭示崇高现象的根据的，他从人自身的生存本能的角度着眼，把崇高的基础归于人的自我保护的激情。康德则是沿着这个方向从人的道德实践的角度解释崇高现象，他认为人的理性、尊严、道德上的自由是崇高感产生的基础，正是凭借这一根基，作为审美者的人将自身无限提升和拔高，最终克服和战胜了崇高的事物的压制和胁迫，并且释放和见证了审美者"主体"内部的理性基底及其力量。

综上，我们在此把崇高现象中审美者与崇高的事物之间的存在关联的扭转原因解释如下：这一扭转基于审美的此在凭借自身的一种自我提高，在崇高的事物的感性层面的压制的刺激下，处于审美经验中的此在在其抵抗中激发了对本真和本己的自身的领会，这一领会向着其本有的深度、广度和高度展开自身，最终把审美的此在提升入一种"崇高"的展开或现身之境中。

深度剖析

对珠穆朗玛峰的审美经验

对壮丽的珠穆朗玛峰的审美经验在崇高这一审美范畴中展开，或者说，珠穆朗玛峰的"美"在此以崇高这一存在状态上的存在规定性显现出来。在这一崇高范畴之下的审美经验中，珠穆朗玛峰在此前来照面，以其本身的"绝对大"（高度以及体积）的特征显现自身；而作为审美者的人的此在则是在其崇高的情感样式下发现自身（即现身情态）。一方面，作为审美者的人以崇高的情绪、情感面向珠穆朗玛峰而现身在此；另一方面，审美者以及珠穆朗玛峰的共同在此的这个"此"（da）本身就敞开为崇高的审美情调。在这个如此实存的"此"之中，人在珠穆朗玛峰压制下被无限地拔高和提升，提升至具有无限特征的浩瀚之境中。因此，根本性地具有崇高情调的倒不是人（更不是珠穆朗玛峰），而是"此"之在，"此"在人的自身性（我性）中、在珠穆朗玛峰的当前在场中达乎存在。当这一到达着的在场状态以崇高的样态现身的时候，必然要求此在着的人越过存在者而跳跃向存在自身的敞开状态，而其中就需要这样一个契机。在本案例中承担这种契机的即是珠穆朗玛峰，它以其"绝对大"的感性特征向人施压，并将后者指引向"此"之在的建基，人在其中获得了跳跃的方向，并在跳跃中领会和见证了自己对"此"之在的归属，这一使命在对人之此在的提升和拔高中将崇高的现身情态带给当下在场的审美者。

---

① 伍蠡甫，胡经之．西方文艺理论名著选编：上．北京：北京大学出版社，1985：119.

四、优美与崇高的关系

在审美范畴的研究领域中，一个值得注意的现象是优美与崇高的并置问题，这一并置关系绝不是人们任意或者刻意地设置出来的形式架构，而是这两种范畴本身如其所是地展现出来的并存关系。优美和崇高并置的确切含义是二者的基本对立，是既本质性地相互关联又根本性地相对立的情形。这里的对立从逻辑上来说乃是相互反对的关系，而并非所谓的矛盾关系。从优美和崇高两种范畴的存在论规定性来看，凡是在界定其中一个范畴的存在特性的时候，都必然会关涉到另一个，以至于我们对两种范畴进行的把握和界说不得不以相互对照的方式进行。这一现象上的事实既揭示了优美与崇高的本质性关联，也展现了二者的相互反对的存在关联。关于后者我们可以稍加列举来说明：从审美对象的感性特征来看，优美的事物的突出规定性是“小”，而崇高的事物则在这方面凸显了“大”；从审美者与审美对象的关系来看，优美的规定性是和谐，崇高的规定性则是不和谐；从审美经验的过程性特征来看，优美表现为始终一致的愉悦感，崇高则表现为动态的不平衡（从对象压制审美者到审美者克服这种压制，其中始终保持的是一种不平衡的状态）；从情感经验的强度来看，优美是舒缓平和的，而崇高则是激荡强烈的；从审美欣赏的难易程度来看，优美是轻易的，崇高则是艰难的，前者只需要普通的审美感受能力就行，后者则需要具备高层次的精神涵养以及一定程度的审美训练。

本节关键词：

优美，崇高，存在论，此在

第三节 悲剧与喜剧

一、悲剧的含义

在美学领域，“悲剧”一词主要包含以下四种含义：审美视域下的现实中或艺术中人物的不幸遭遇的悲剧，作为戏剧艺术中的一个种类的悲剧（在文学的范围内也意指作为戏剧文学或者剧本文学的悲剧），作为审美范畴的悲剧，悲剧审美范畴之下的审美现象具有的悲剧特征（也称悲剧性）。这四种含义既相互区分，又有本质性关联，当我们试图从美学角度探索作为审美范畴的悲剧的时候，必须从此四者的相互区分和关联出发，才能对作为审美范畴的悲剧做出充分的分析。

在日常生活中，我们称某人遭遇了灾难或者不幸为悲剧，这种现实意义上的悲剧只有在审美观照的范围内才能与悲剧这一审美范畴相关联；同时，在审美范围内出现的上述意义上的悲剧还包括艺术中人物的不幸遭遇。这一初始层级上的悲剧含义在突出的现象特征方面关涉到作为审美范畴的悲剧，后者最突出的一个现象标识就是人物所遭受的痛苦、苦难、不幸、毁灭、厄运等等。除了悲剧艺术，现实中也存在着悲剧这种审美现象，当我们以审美的方式通达现实中的悲剧经验的时候，这一经验同样能够成为悲剧审美，从而被归入悲剧这一审美范畴之下。然而，相对来说，悲剧审美最集中、最典范的现象存在于艺术领域，尤其存在于悲剧艺术之中。在这个意义上，我们在强调作为戏剧艺术种类之一的悲剧是由悲剧这一审美范畴所规定的同时，必须要承认作为审美范畴的悲剧的最高和最典型的显现集中于悲剧这一戏剧艺术之中。现实和艺术中的悲剧审美的审美规定性乃是所谓的悲剧性，毋庸置疑的是，这一悲剧性在审美经验中的显现领域乃是由悲剧这一审美范畴划定界限的，悲剧性的本质规定性也是从悲剧范畴中取得的。悲剧性揭示了在悲剧范畴的界划下的审美经验领域的本质规定性，我们对悲剧范畴的本质的洞察和界说必定要从审美的悲剧性这里获得指示线索与实情上的支撑。

二、对悲剧的存在论阐释

我们把作为审美范畴的悲剧把握和解释为美在审美的此在之经验中现身存在的存在论规定性，这一规定性为我们界划了悲剧这一美的现身类型或者审美经验的存在样态。从这种理解出发，我们对悲剧范畴的分析应该首先集中于悲剧经验的存在论规定性上，也就是说首先要探讨的是悲剧范畴之下的审美经验究竟具有何种本己的存在方式。这一问题的结构本身又可以划分为如下两个层面：悲剧范畴下的审美者和审美对象具有何种本己的存在特性，在悲剧范畴下展开的审美经验所具有的本质性的存在规定（即其在审美经验的进程上具有何种先验的构造特征）。

从悲剧范畴的审美对象的存在特性来看，能够在悲剧这一审美范畴中现身在场的“对象”只能是人，这一点与优美和崇高不同，优美和崇高的审美对象包含了人以及人之外的事物。悲剧审美范畴中的审美对象仅限于人，这说的是能够成为悲剧经验的审美对象的只有人及其人生遭遇。亚里士多德研究古希腊悲剧艺术得出以下结论：悲剧的模仿对象确定为人的行动。他所强调的就是这一事实特征。鉴于人独特的存在方式与存在规定性，人是在其生存在世中才作为他所是的人而存在的，因此，我们在对人这种存在者进行把握和言说的时候，一定要突出其本己的存在特性，简要来说就是，人是在其此在（向其存在可能性而去存在）中的人，其存在就是人的生存（行动）。人的存在即其生存，而生存的本质是人按照被抛入其中的诸多存在可能性而选择、决断和筹划的存在。同时，由于人的存在从根基处就必然与世界和他人相关联，所以人生同时意味着生存着与世界打交道、与他人相处共在。上述两个方面规定了人生存的存在结构和经验事实性，其最终的实现就是所谓的人生或者人的命运。因此，对于人来说，人生一方面的实情是一种被抛的能在，即在不能自由选择是否以及如何存在的境况下自由地按照其被托付的本己可能性去存在；另一方面的实情则是，这种自由选择、决断和实行的行动必定要对所谓的现实（世界、他人）施加影响，并由人最终承受这种决断和行动的后果，此即人必须为自己的行动负责。

基于上述说明，我们现在进一步分析悲剧范畴的审美对象的存在特性，以求揭示能够作为悲剧范畴下的审美经验对象的人或人生的本己规定性。悲剧的这一称呼、通常的悲剧审美经验以及相关的悲剧审美理论，很准确地把握了悲剧范畴的审美对象的本己特征，此即所谓现实意义上的悲剧。这一含义下的悲剧所揭示和刻画的就是悲剧的标志性特征，此即悲剧人物的不幸、罹难、痛苦、死亡、（已有存在及其支撑的）毁灭，这就是鲁迅所说的，“悲剧将人生的有价值的东西毁灭给人看”。鲁迅的观点不仅明确地揭示了悲剧审美对象遭受的厄运、不幸等人生命运与境况，也为我们指明了悲剧人物的另一规定性，这正是“有价值的东西”之所指。从人物的道德评价层面来看，“有价值”所强调的是人物的正面性特征：要么就如亚里士多德所说，悲剧主人公必得是好人（比一般人好，但也不是十足的完人）；要么就如黑格尔所理解的那样，悲剧人物应该具有行动上的伦理正义性（即便是片面的正义）。从伦理层面来看，“有价值”所指涉的是人对其行动的选择、决断和实行是自由地按照其生存可能性来进行的，这种行动具有正当的合法属性，是在其主要方面符合人之人性的应当的行为。然而，即便有这些正当、正义、善良等方面的规定性，悲剧人物还是由于诸多不能由其自身把握的原因（不确定的命运、强大的历史反动力量、其他伦理力量等）而遭受了必然的失败、毁灭或厄运等，也就是说必然地遭遇了悲剧。这种悲剧的必然性对于悲剧范畴来说是十分重要和深刻的，在一定意义上触及了悲剧范畴的本质内核。善良的悲剧主人公的正当、正义的行为竟然必然地遭受了所谓的悲剧，这既揭示了在悲剧范畴下所展示的人物的存在的本质性境遇，也揭示了人生存的某种本质性的存在建构，也正是在这种必然性和普遍性的意义上，亚里士多德认为悲剧事关人生的严肃问题。

悲剧审美对象参与建构了悲剧审美经验，从一定的角度标示悲剧范畴的现象特征，以至于我们往往从审美对象的角度来界说悲剧这一范畴。而这可能会遮蔽悲剧现象和悲剧审美经验的整体实情。从整体实情来看，悲剧范畴下的审美对象乃是在审美者的此在中照面的事物，这一事物的存在一方面是由它在审美者的对面而立来规定的，这就是所谓的对象一词的确切含义——在审美者的对面站立起来。“对象性”只是审美对象在审美经验中存在的一个规定维度而已，相对来说，审美对象原初的存在规定性乃是在审美者此在中的照面，这一照面一方面是由审美者的审美活动指向和开启的，另一方面则是由审美对象在此在寓居其中的世界来指引和开展的。对于后者来说，什么样的人生遭遇是悲剧的、崇高的、优美的，先行地由世界这一意义整体的意蕴来界划和规定，审美者在这一意义指引下以相关的行为举止（审美活动）朝向并揭示审美对象，从而将某某对象展开并归属于悲剧的范畴之下。审美者对悲剧范畴之下的审美对象的揭示和展开就是所谓的悲剧审美经验，审美者在这一经验中同时领会着自身，即审美者把自身的此在向着审美对象而展开。这被通行的美学理论把握和解释为悲剧心理，通行的解释把审美者理解为一个审美主体，这一主体通过审美活动而关联于作为客体的悲剧审美对象，基于悲剧审美对象的本己规定性，审美者作为主体产生了来自其内部的诸多情感反应，比如说怜悯、恐惧、悲伤、痛苦等情感体验。

深度剖析

索福克勒斯的《俄狄浦斯王》

《俄狄浦斯王》给我们的审美经验在悲剧这一存在样态中显现出来，俄狄浦斯王及其命运在审美中显示给审美者，审美的此在与该剧主人公照面而在其存在中展开自身。审美者在审美活动中的在场同时也是对自身之此在的展开状态的筹划，我们在审美地经验《俄狄浦斯王》的同时也在与自身照面，我们就在这种审美经验中现身在场，在这种形式的在场中发现并领会自身的存在。因此，俄狄浦斯王的不幸命运必然引发我们的情感共鸣，即所谓的怜悯和同情。主人公的厄运给我们带来了“悲”的审美经验，悲即悲伤、悲痛、恐惧等情感。悲只是悲剧这一审美范畴的存在论构造的前半部分，完整的悲剧范畴的存在论上的构造的后半部分是悲剧特有的审美愉悦——解脱的狂喜或极乐。在对该剧的审美经验中，悲指向俄狄浦斯王的不幸命运及其在我们的情感经验中引发的情感类型，而狂喜则意味着我们在这一审美经验中所经验到的对悲的克服、超越和解脱。悲剧的这一审美快感的存在论根据是，人在其此在中总是有罪责的存在，人生存的本质是向其本真、本己的诸多存在可能性自由地筹划自身，而人在一定的处境中只能对某些可能性做出决断，同时必须放弃其他可能性，也就是说，人的向其此在的整体筹划只能在具体有限性的处境中实行，这就是人的本真生存的罪感。但是这并不是凭借有限性对人做出否定性的评价，人的本真的生存就是以这种有罪责的方式开展的。俄狄浦斯王由于其有限性而做出的善良的选择终究是有罪责的，按照世间的伦理道德来衡量，这是不能被原谅的，俄狄浦斯王也惩罚了自己。然而，如果按照此在的本真生存真相来看，有罪责的存在是我们每一个人本己的存在规定性，这种人伦的不幸和厄运把我们超度向本真此在的真理，后者使我们自由地面对本真的自己，这是一种从悲中的解脱。我们就是如此存在，哪怕担负着罪责。向本真此在展开自身所体验的是一种极乐。

以生态审美观来探讨悲剧范畴，即在存在论层面探索和揭示悲剧现象，我们应该把审美者的悲剧经验描述为审美者的此在在悲剧审美经验中的展开状态或者存在方式，而不是通常所理解的悲剧心理体验。但是，由此投向悲剧经验的目光不能完全跳过通常的解释，因其在一定意义上为我们的探索提供了经验事实上的支持和思考线索上的指示。按照叶朗的理解，美学中悲剧的心理体验包括“怜悯、恐惧、振奋”①，这一见解基本上揭示了审美者的悲剧体验的特征，如果再补充一种心理体验的话，那就是悲伤、悲痛之类的悲的情感经验。悲剧主人公的不幸遭遇让审美者认识到，与他共同此在的人不应该遭受如此重的惩罚或报应，这就是审美者此在中的怜悯类的现身状态。同时，悲剧主人公的不幸的必然性和普遍性特征，使审美者认识到他的此在也被置于存在被侵袭的威胁中，不幸完全可能发生在任何人身上这一事实，把审美者的此在置入恐惧的现身情态中。把怜悯和恐惧这两种此在的展开状态结合起来的基本情态就是所谓的悲（悲伤、悲痛、哀伤等），虽然悲这一基本情态突出地标识了悲剧审美经验的本己特征，然而它却不能凭一己之力标画出悲剧审美的现象整体。并不是所有悲的经验都是悲剧，悲剧作为一种审美范畴必定是审美的，而美的或审美的本质在于愉悦。因此，悲还需要与另一个本质性的标识共同界定悲剧审美现象，另一个标识即所谓的振奋，与之相关的说法还有解脱、重生、超越、更高的胜利等，这些表述所说的就是悲剧审美所特有的那种从悲痛中解脱的极乐经验。

从存在论层面对悲剧审美经验进行廓清，这意味着对悲剧经验的现象结构和于其中敞开的此在的展开状态的特征进行标画。用认识论的眼界和表达来说就是，从过程结构或程序构造的角度来洞察悲剧审美经验。上文对悲剧经验中审美者的存在特性的探讨为我们从存在论层面澄清悲剧审美经验提供了素材，我们可以借之进入对悲剧审美经验的分析。

悲这种基本情态标画了于悲剧审美经验中展开的此在的首要存在特性，这种悲的情态基于悲剧主人公与其命运、人生境遇的对抗，乃至必然被击败、毁灭的基本情形。悲剧主人公所经历的尖锐的、必然的矛盾冲突，致使其在对抗中遭受各式各样的毁灭，这一悲剧审美对象的存在特性与崇高具有某种相似性，但其中的区别是很明显的。从审美者此在的经验角度看，悲剧中的矛盾冲突旨在展开一种悲伤、悲痛的现身情态，而崇高则生成一种压抑、压制的现身情态。在悲剧的审美经验中，悲的基本情态还只是规定了前半部分的存在结构，即便我们可以将其称为首要的因素。悲剧经验的另一结构要素是解脱的狂喜或极乐，完整的悲剧审美经验就是从悲的基本情态解脱而转向极乐的基本展开状态。尼采在《悲剧的诞生》中为我们描述了悲剧经验的这一情态，他称之为悲剧的快感。

> 悲剧神话具有日神艺术领域那种对于外观和静观的充分快感，同时它又否定这种快感，而从可见的外观世界的毁灭中获得更高的满足。悲剧神话的内容首先颂扬战斗英雄的史诗事件。可是，英雄命运中的苦难，及其悲惨的征服，及其痛苦的动机冲突，简言之，西勒诺斯智慧的例证，或者用美学术语表达，丑与不和谐，不断地被人们以不计其数的形式、

① 叶朗．美学原理．北京：北京大学出版社，2009：394．

带着如此的偏爱加以描绘，特别是在一个民族最兴旺最年轻的时代，莫非人们对这一切感到更高的快感？悲剧的这种谜样的特征从何而来呢？[①]

悲与狂喜以及二者在相互关联中的转化，揭示了在悲剧审美经验中展开的此在的存在构造和特征。这里更值得追问的是承担着悲与狂喜的关联的根据问题，此即悲剧的审美快感的美学根据问题。美学史上不乏关于这个问题的形形色色的解答，比如亚里士多德的“卡塔西斯”、黑格尔的“永恒正义的胜利”、尼采的“艺术形而上学”等等，在此我们只能从存在论角度对这一问题的解答进行简要描画。人的存在方式被规定为此在，海德格尔将此在的存在从整体上标识为“操心”，操心意味着此在的存在乃是在被抛境况中先行于自身-已经在一个世界之中-寓于世界内存在者的存在。被抛境况说的是此在被抛入诸存在可能性之中，并向着这些可能性而去存在，在这一过程中才能抵达本己。这就是先行的意思，先行乃是将已经选择和实行的诸可能性（这个曾经的与现实的自身）抛于身后。于是此在总是未完成的，此在的存在总是处于“不”之状态中，同时，此在在选择某一可能性的时候总是意味着对其他可能性的放弃，这也是一种“不”之状态。基于这一存在规定性，只要此在生存着，“不”就始终参与此在存在的组建，“不”之状态就是此在本己的罪责，海德格尔称之为罪责存在。[②] 罪责存在指明了此在本真的存在境遇。一方面，此在不得不承受“不”这一状态（此在不可能做到完满与无罪）；另一方面，实际此在总是通过遁世而沉沦于常人的世界观来逃避罪责存在（如一定要做一个善良的人），后者在良知的呼声中被召唤回其本真本己的罪责存在之中。悲剧的深刻与严肃之处正在于通过悲剧审美展示了此在的这一存在境况，此在在通常的解释中所确知、确信的一切都在悲剧中得到祛除，悲剧真正撕裂和毁灭的就是这常人的世界观。在这种一切依凭都崩塌了的无家可归状态中，此在直面真正的自己本身，这一本身却并非完满无辜的，它的存在乃是有罪责的存在，海德格尔所说的“愿有良知”不是消除一切罪恶，而是承担起此在本己的罪责存在。因此，悲剧审美快感中的解脱的极乐并不是说彻底摆脱了某些有限性，而是高贵、自由地面对自己这一有限性，坦然接纳所谓的必然的无辜的厄运与惩罚，这就是本己本真的存在。正是基于这一存在论境遇，此在才在绝对和至高的意义上克服了悲，那狂喜作为回归本真本己自身的存在情态大概就是“还乡”的极乐吧。

三、喜剧的含义

在审美领域，“喜剧”一词包含以下五层含义：现实中具有令人发笑属性的审美对象（通常指的是人及其行动）；作为戏剧艺术中的一个类型的喜剧；

① 尼采．悲剧的诞生．周国平，译．南京：译林出版社，2014：114.

② 海德格尔．存在与时间．陈嘉映，王庆节，合译．北京：生活·读书·新知三联书店，2006：320.

从第二个含义扩展开来的其他种类的喜剧艺术，比如喜剧影视、相声、小品等；在上述三种审美对象上表现出来的审美特性——喜剧性；上述几层含义能够显示出来的存在论根据——作为审美范畴的喜剧。喜剧在审美领域的这几层含义是相互关联和支撑的，因此，在对喜剧这一审美范畴进行探讨的时候，我们要始终将上述几层含义及其勾连结构保持在视界之内。

作为审美范畴的喜剧界定了这样一种审美经验：此在在审美经验中的展开状态首先表现出“喜”的现身情态，接着通过喜剧所特有的审美转换而将之前的喜提升为笑这种此在现身情态，即喜剧的审美愉悦。这里所说的“喜”即所谓的不和谐、滑稽、荒诞等对象所关涉的现身情态，这是喜剧的标志性特征之一。遵从存在论层次上的探究，我们将通行经验和思考中的“情感”“情绪”表述为现身情态。因此，这里所说的喜的现身情态即审美主体在喜剧对象上经验到的具有喜剧特征的情感经验。人是以此在的方式存在的存在者，人的存在现象为在一个世界之中的存在，此在在面对非此在的事物以及与之互动的同时也在向自己展开自身，从而发现自身（所谓的现身）。这种存在论上的阐释能解释如下审美现象：在审美活动中普遍存在着的人与物、情与景的融合（即所谓的移情现象），在审美经验中得到突显的与他人的共情、共鸣（以及所谓的同情现象）。通过存在论上的阐释，此在在喜剧经验中才能通过喜剧审美对象①的照面（审美感知以及更为深入的相关行为）而在自身之中产生相应的现身情态，这个通常被解释、把握为主体的人，才会在自身中产生与喜剧相关的情感体验。

四、对喜剧的存在论阐释

在喜剧审美经验中，此在的现身情态的现象乃是喜（与喜剧对象特有的矛盾性、不和谐性相关的情感经验），这就要求喜剧的审美对象具有本己的喜剧性的存在特性。我们对这一特性的展示，同时包含着对其产生根据的阐释，后者即从存在论层面解答何以喜剧经验中必然包含着喜的现身情态。有学者认为，喜剧“是指由这样那样的弱点、缺陷甚至虚假、丑恶特性的人或对象，在特定的矛盾冲突或不和谐情境事件中暴露出自身的不和谐与自相矛盾性，从而引人发笑的审美形态”②。概言之，喜剧主人公因其行动低于通常水准及其处境而造就了一种相关的矛盾性，这种矛盾性具有各个不同的展示样式，比如“本质与现象、内容与形式、现实与理想、目的与手段、动机与效果等的不协调或不和谐”③。喜剧经验中的这种本己的矛盾性表现出喜剧特有的不协调特征，喜剧范畴正是基于这些特征而展示了一种具有弱点、缺陷、虚假、

---

① 在这一点上喜剧与悲剧相同，二者的审美对象主要限定在人及其行动上。

② 《美学原理》编写组．美学原理．2版．北京：高等教育出版社，2018：214.

③ 王德胜．美学原理．北京：高等教育出版社，2012：130.

丑行（丑而不恶）、滑稽等样式的此在展开状态。审美者在与这种类型的此在展开状态遭遇的时候，既向自身展示了自身的这些较低层次的存在可能性，也在与具有这些较低层次的存在可能性的此在相映照的同时领会了自身的相对较高的存在状态。有学者认为，“喜在这里是指令人发笑的东西。喜的可笑不同于审美愉悦。喜的笑是主体与客体在性质上不平等的结果，主体明显觉得客体低于自己，是自己笑的对象”[①]。马克思认为喜剧人物、丑角“用一个异己本质的**假象**来掩盖自己的本质”[②]，当喜剧人物这样做的时候，实质就是在一个通常状态下的此在面前展露自身的相对低下的存在状态，这一处境构造了喜剧人物特有的矛盾性，进而在审美者的此在那里生成一种喜的审美经验。

综上，我们把喜剧经验中的喜解释为与喜剧审美对象相关涉的此在在展开状态中的一种现身情态，与之相关的喜剧审美对象表现出与通常的此在存在状态或处境[③]相矛盾的特征。这种矛盾性就是所谓的可笑性，其本质是由于低于常态水准而生成的不协调、不得体、滑稽等情态。当此在以自身领会所指向的常态作为尺度来衡量这些此在的展开状态的时候，其中所生发的现身情态即所谓的喜。

完整的喜剧审美经验包括喜以及对喜的审美转换而生成的笑。与悲剧对悲的审美转换而生成的狂喜或极乐一样，笑是喜剧特有的审美愉悦，从某种意义上说，正是笑或者令人发笑奠定了喜剧审美的基础，喜剧乃是关于笑的审美。“滑稽、幽默、讽刺、荒诞、反讽、戏仿等等是喜剧性的重要表现形态，‘笑’则是喜剧显著的外部特征，从这个角度来说，喜剧美学又可称作‘笑的哲学’。”[④] 喜剧经验中的喜（可笑性）往往给人一种不适的经验，以优美的和谐感为对比，我们称喜剧对象为“小丑”，哪怕是一种低程度（“小”）的丑，它仍然是一种不和谐、不适的现身情态。所以，喜剧作为审美范畴必然要将喜进行审美转换，使其生成一种本己的审美愉悦，我们一般将其把握和表达为喜剧的笑。从经验特征上来描述，作为喜剧审美愉悦的笑具有一种突发的、会意的、能量积累到一定程度的迸发（一泻千里）的特征，在生理上与日常经验中的笑极为相似，但喜剧的笑在精神层面则显示了与日常经验的笑的本质性不同。从存在论角度看，喜剧的笑在精神层面揭示了这样一种此在的现身情态，即此在从其不适（喜）的展开状态中领会到自身的存在的本真状态，在这种真相的烛照下之前的不适在更高的层面得到了重新领会，从而产生一种对此在个体化、个别化状态的自身肯定，笑的审美愉悦即源于这种自身肯定。

---

① 张法．美学导论．2版．北京：中国人民大学出版社，2004：124.

② 马克思．《黑格尔法哲学批判》导言//马克思，恩格斯．马克思恩格斯文集：第一卷．北京：人民出版社，2009：7.

③ 这一作为常态的此在展开状态是由审美者的此在的在场而敞开的，所以在喜剧经验中，其中的矛盾性与不和谐的产生最终是由审美者以其自身的此在作为尺度来领会、判定和经验的。

④ 傅守祥．喜剧美学的知识考古与时代精神．江苏行政学院学报，2016（2）.

喜剧经验中的笑的现身情态包含诸多形态，“它还可以细分为各种不同的类型，如嘲笑、理智的笑（机智）、轻松的笑（幽默）、同情的笑（反讽）、戏谑的笑（诙谐）”①。如上文所述，喜剧的审美对象以其不和谐的可笑性促成了审美者此在的喜的现身情态，无论从哪个角度看，喜都是一种不适的“情感体验”。因此，作为审美范畴的喜剧必然要对喜进行审美转换，喜剧对这一转换的实行正是借助此在对其自身的存在领会来进行的。从存在论上看，人是以此在的方式存在的存在者，因而在存在者层次我们就干脆称人为此在这种存在者。人的此在是以生存的方式展开的，生存就是面向此在的诸存在可能性筹划其存在。然而此在存在的实际处境却是，尽管它必须有向其本己可能性而存在的自由，但它无法自由地选择自己的处境，在这个意义上它是“被抛的存在”，比如我们无法选择自己出生和处身的时代、种族、家庭、肉身、才能等等。鉴于这一被抛的处境，此在在实际生存中对存在可能性的选择和实行就必然是变了样的，遭到这样那样的歪曲，喜剧所揭示的就是此在低于常态水准的存在状态。因此，以此在的存在可能性作为标尺来衡量，实际此在的低于常态水准的存在状态就有了可笑的特征。然而，被抛的存在这一实际境况就是此在本真的存在真相，我们称之为此在的真理，也就是说，只要此在存在，它就必然生存在实际被抛的境况中。以这种真理所投出的光亮来看，之前低于常态水准的此在展开状态的可笑性就获得了另一种面目——可笑的存在状态并不仅仅是可讽刺、可鄙夷、可嘲笑的东西，它还真实地揭示了此在的本真的存在真理：作为在实际生存中个别化的个体，我们就是这样的有限的存在者，我们不能时时处处都要求绝对的尊严、体面、高尚等所谓理想性的东西，我们也会卑下、丑（而不恶）、难堪、丢人等。认识到这一点，之前的喜的现身情态就被转换为一种由对此在的自身肯定而来的审美愉悦——笑。这种解释在幽默、自嘲、善意的嘲笑、会心的笑、含泪的笑等具体的笑的样态中得到了鲜明体现，在那些具体的笑的样态中，我们看到的是此在在笑这种现身情态中的自身肯定，因此有学者将之称为喜剧的“洒脱超然”的审美功效。② 对喜剧审美快感（笑）的存在论阐释为我们揭示了喜剧审美的深刻性，喜剧的笑乃是一种深沉的笑，正如帕克所说的，“喜剧的快感仍然是沉思性的”③。

深度剖析

周星驰的《喜剧之王》

在该电影中，主人公及相关人物的行为由于低于人的一般或通常的此在展开状态，在审美经验中表现出所谓的不体面、不和谐、滑稽等特征，这就是喜剧范

① 叶朗．美学原理．北京：北京大学出版社，2009：355.
② 李勇．美学原理．北京：中央编译出版社，2015：344.
③ 帕克．美学原理．张今，译．北京：商务印书馆，1965：105.

畴的存在论构造的前半部分——喜（即可笑性）。我们的审美经验中的这一现象特征通过电影中的人物为我们展示了此类人的此在状态，这类此在展开状态则通过我们的此在的在场而指向我们的自身领会，我们在其中发现了自己的存在可能性，这种现身情态即所谓的喜。根据这里的审美经验，喜剧的存在论构造并不仅仅限定在喜上，喜通过进一步的审美转换而生成笑（开怀的笑、含泪的微笑、深沉的笑），这一转换构成了喜剧存在论构造的后半部分。通过喜剧的存在论构造而产生的笑就是喜剧所特有的审美快感。《喜剧之王》的主人公及相关人物的行为、遭遇之所以能产生笑这种喜剧所特有的审美快感，是因为这一喜剧艺术揭示了人的此在的真相，即揭示了此在的真理。由于人的此在是一种被抛的存在，其在处境中的个别化带着不可磨灭的有限性和不可选择性。在此境况下，人的此在在向其存在可能性筹划而生存的实际事实中不可能总是肯定性的，总存在着低于通常水准的此在展开状态，这就是所谓的不和谐、滑稽、不体面等带有喜之现身情态的情绪情感经验。然而这并不仅仅是否定性的真相，确切地说，这就是人此在的真正境况，因此，这里的喜以及喜所开启的人事和境况必然要求无条件被肯定，这在喜剧审美经验中表现为对人的个别化及其处境中的低端展开状态进行自我肯定。这一自我肯定克服并转换了喜，使其生成笑的审美快感，这种审美快感乃是一种深沉的、沉思的快感。

五、悲剧与喜剧的关系

在审美范畴所形成的存在格局中，悲剧与喜剧通常被放置在一起讨论。在我们看来，悲剧和喜剧在审美范畴结构中的对置关系植根于二者的本质性关联及其相互反对的关系之中。二者的本质性关联表现于以下四个方面。其一，悲剧和喜剧的审美对象主要限定在人及其行动上，也就是说悲剧和喜剧的审美对象主要指向此在本身的展开状态。因此，虽然在某种拟人的意义上，非人的存在者也可以具有某种程度的悲剧性或喜剧性，但从其原初的存在论规定性来看，二者在根本上是以人及其行动作为审美对象的。其二，按照通行的讲法，悲剧和喜剧都揭示了主人公及其行动与情境的矛盾冲突，这一特征所标识的不和谐、不平衡、矛盾性维度使得二者本质性地区分于优美所代表的那种美的存在类型。从存在论角度说，上述的不和谐所指涉的是此在在审美经验中的展开状态的本质存在特性，悲剧和喜剧展示了此在在特定的背离于常态（由此产生了矛盾）的展开状态中的现身情态。其三，悲剧和喜剧都以某种意义上的毁灭为基础，悲剧是把所谓的有价值的东西毁灭给人看，喜剧则是把无价值、无意义的东西戳破给人看，在存在论上这一实情意指此在的一种极端的展开状态，通过对通常状态的离弃而跃入一种更为本真的存在状态。其四，悲剧和喜剧都是克服并超越了初始现身情态（悲和喜）而进入更高的审美经验的现身情态（解脱和自我肯定）的审美范畴。这一从悲或喜向狂喜或笑转换的此在的展开状态的特征，既标识了悲剧和喜剧的本质存在特性，也承荷并界说了悲剧和喜剧对此在存在的严肃的沉思性特征，二者共同揭示了美的深刻性维度。

悲剧和喜剧之间的反对性对立则基于二者的本质性区分，二者的区分表现在以下三个方面。其一，悲剧和喜剧在审美经验中所开展的此在的展开状态的初始阶段的差异。前者表现为高于通常平均状态的存在特性，具体表现是悲剧人物及其行动往往高于其所处的情境和审美者的此在。对此亚里士多德指出，悲剧是对比一般人要好或高尚的人的模仿。后者表现为低于通常平均状态的存在特性，具体表现是喜剧人物及其行动通常低于其所处的情境以及审美者的此在状态，此即亚里士多德所说的“喜剧是对比较坏的人的摹仿”①。其二，此在在悲剧和喜剧所开展的此在的展开状态的初始阶段中的现身情态的对立。前者表现为悲，其具体的样式则包含痛苦、悲伤、怜悯、恐惧、悲悯等。后者表现为喜，其具体的样式是由各种不和谐、不平衡、矛盾性等产生的可笑性。其三，悲剧和喜剧在从此在的展开状态的初始阶段向审美超越阶段转折的存在情势方面存在着对立性的差异。前者通过导向高于通常平均状态来克服矛盾和不和谐，悲剧这一审美范畴在此体现出向上而行的自身肯定的情势。后者则通过对低于通常平均状态的自我肯定来克服矛盾和不和谐，属于向下而行的自身肯定。

本节关键词：

悲剧，喜剧，极乐，笑

第四节　丑

一、丑的含义

丑在诸审美范畴中有着极为特殊的位置，在相互反对的意义上，丑是与作为美的典范的优美呈基本对立的范畴。源于崇高和优美的某些突出的对反特征，崇高往往被视为优美的对立范畴。事实上，若从某些特定层面的对立特征来考量，与作为狭义的美而存在的优美呈对反格局的不仅有崇高，还有悲剧、喜剧和丑。然而，如果从基本对立的规定来要求的话，那么与优美对立的范畴则只有丑，无论是日常言谈还是专业的美学研究都会把美（优美或广义的美）与丑放置到基本对立的位置上。从存在论层面来说，由于丑的审美对象的存在特性及其与人的此在照面的存在性质上的本己规定性，丑这一范畴可以代表崇高、悲剧和喜剧而与优美对举。从这个意义上来说，我们对丑这一范畴的存在论考察和阐释必定会彰显出审美诸范畴乃至美的一般存在

① 亚里士多德．诗学．罗念生，译．北京：人民文学出版社，2002：14.

的特定本质性维度。

在审美的领域，丑大致可以分解出以下三层含义：与（广义的）美相对的丑，作为审美对象的丑，作为审美范畴的丑。与美相对的丑就是所谓的纯粹的丑，这种丑不能够进入审美活动中，它是审美的反价值——非美，审美的意图在与这种意义上的丑照面的时候遭遇的是否定和拒斥。这一层意义上的丑在现实和艺术中都广泛存在：现实中有畸形、丑陋的事物，反生命特征的事物（比如死尸），反道德的事物；艺术中的丑指的是不成功的艺术处理和艺术效果。作为审美对象的丑指的是能够进入审美活动中的违背优美原则的事物，这种意义上的丑严格说来不能被称为纯粹的丑了，它是一种美，因此有学者依循审美的语义特征将其称为审丑，“艺术中以丑来实现审美的价值就是审丑”[①]。这种丑在现实和艺术的审美中都存在。现实中作为审美对象的丑的例证有：自然美中的丑石、枯木，社会美中的外形丑陋而内在美的人物。作为审美对象的丑在艺术中有更为广泛的存在，大致可以分为以下两种类型：现实中的丑通过艺术表现而成为美的，艺术原创的丑的审美对象。作为审美范畴的丑则是在美的现身或美的存在规定性的意义上的丑，它指的是以“审丑”这种方式发生并存在着的美，上述第二层意义上的丑就是以丑这种范畴现身的美或美的事物。上述三层含义有其本质性的关联，与美相对立的丑界划了审美的限度，从异在性的角度揭示了美——尤其是作为美的丑——的本质维度。此外，艺术的失败的处理会生成丑，而现实中的丑也可以经过某种方式（比如艺术加工）而成为美的事物。作为审美对象的丑，一方面通过对立与转化关涉与美对立的丑，另一方面又从具体化的角度展示着作为审美范畴的丑。作为审美范畴的丑，一方面从存在论角度规定着作为审美对象的丑，另一方面又从美的存在特性角度界划着第一层意义上的丑的本质内涵。

二、对丑的存在论阐释

我们知道，事物的存在绝非“客观的”自在那么简单，事物很难在一个虚无缥缈的地方现成存在着。从根本上讲，事物存在的实情是其从世界中面向人照面的，因此事物才能作为“某某”而现身在场，才能面向我们显示为其所是的存在者。世界乃是人在其中生存的世界，人则是在世界中存在的人，从这种统一性出发我们才能洞见事物存在的真相，进而理解所谓的主体和客体相区分的源头。我们在谈论诸审美范畴的时候，要将上述存在论视野贯彻始终。当从“审美对象”“美的事物”“美的客体”角度谈论诸审美范畴之下的事物的存在特性的时候，我们绝不是从所谓的“客体”角度进行把握的，我们是从人之此在的在世界中存在这一根基处着眼来谈论美的事物的存在的。

---

① 卢涤非．审丑的美感．湖北社会科学，2015（12）．

我们探讨丑的审美对象的存在特性，并不是意在揭示其客观的感性特征或者审美属性，而是旨在展露丑的事物在人审美的此在中照面的独特的存在规定性。以这种思考为指导线索，我们把丑的审美对象的存在特性从真、善和美的层面着眼加以分析。“真”的层面意指事物在此存在中的显现状态，事物如其所是地从其存在中显现出来就是真的，反之则是虚假的。从这一层面来看，丑的事物具有反“真”的特征，即丑的对象往往具有虚假的特征，这一点在人类社会领域表现得尤为突出，虚假的人或人的行为往往归属于背离了一般人性的领域。“善”主要是对人的行为或者对关联于人的生存的事物进行的价值评判，我们把存在之本然的实情称为存在的真理，存在的真理提供了一种应该、应然的存在境遇，契合之则为道德或伦理方面的善，反之则是恶。从这个层面来着眼，审美中的丑的事物往往表现出恶的特征，正如桑塔耶纳所说：“审美的恶只是相对的，它表示比起此时此地所期望的审美的善较少而已。”[①]“美”在此是在其最广泛的“感性”的意义上被论及的，美学本身就包含着“感性学”的意思，在这个意义上的美指的是丑的对象的存在向感性显现出来，即其存在向人的此在的感性呈现。从这个层面来着眼，审美中的丑的事物具有背离感性常态的特征，我们往往称之为畸形、呆滞、异变等等，美学上则将其归结为感性上的不完善。鲍姆加登就认为，“完善的外形，或是广义的鉴赏力为显而易见的完善，就是美，相应不完善就是丑”[②]；古茨塔夫则认为，“我们直观的东西的美是不完善的，我们就会感到对这些东西所不具有的完善的渴望”[③]。

综合上文对丑的事物的存在特性的分析，审美中的丑表现出对常态的背离的特征，而且往往是以背反的方式表现出这种背离的，这一点突出显示了丑的事物在审美活动中的存在特性。根据生态审美观这一原则性的指导线索，我们把事物的存在特性还原到它们在人之此在的展开状态中的照面，由此丑的事物的存在特性作为其照面的规定性必定同时也关涉于人之此在自身。我们以情感、情绪来指称事物的存在向人之此在照面，或对人之此在的组建及展开的维度，情绪、情感在存在论上指涉人之此在的现身情态，即人之此在展开并发现自身存在的这一存在建构活动。在这个轨道上来谈论丑的事物的存在特性的时候，我们同时要对丑的事物在审美活动中的存在所引发的情感经验进行分析，这就是说，要对人在遭遇审美经验中的丑的事物时的此在状态进行现象学描述。

基于丑的审美对象的存在特性及其与人的此在的存在关联，丑在审美者那里引发的首要的本己情感经验是厌恶，然后，这种厌恶感经由审美者的此在的“审美的”运作，转换为一种独特的混合着不适感的审美愉悦。“丑感是

---

① 桑塔耶纳．美感．缪灵珠，译．北京：中国社会科学出版社，1982：33.

② 北京大学哲学系美学教研室．西方美学家论美和美感．北京：商务印书馆，1980：142.

③ 古茨塔夫．绝望与信心．李永平，译．北京：中国社会科学出版社，1992：158.

一种混合的感情，一种带有苦味的愉快，一种肯定染上了痛苦色彩的快乐。”① 我们对优美、崇高、喜剧和悲剧的存在论分析中一再彰显了这样一种实情：从审美者的此在的现身情态（即审美主体的情感体验）角度来看，诸审美范畴所规定的审美经验类型（或者说美的现身方式）之下的美的事物都会在一种特定的情感经验中照面，审美者的此在就在这些不同的审美情感经验中发现自身。“丑的审美感受是一种在厌恶感的基础上形成的复杂情感刺激”②，丑的审美作为一种人的此在的经验现象，其本己的特征正是由厌恶、不适以及对此类情感的克服而生成的混合的复杂情感愉悦来界定的。从形式上来讲，丑的事物的本己的存在规定性（背离常态的反向特征）在审美者的感性经验中引发了厌恶、不适、反感等相应的情感活动，这种情感活动的类型作为界划性的要素规定着丑的审美的首要特征。不适感还在规定路向的意义上构造着丑的审美的特有的审美愉悦，这种愉悦即在克服厌恶、反感和不适的情感经验的基础上生成的混杂性的审美快感。从存在论来看，丑的事物在审美活动中引发的厌恶和不适等具有本己特征的情感经验应该得到如此解释：人这种存在者的一个别具一格的特征是在其存在（即生存）中包含着存在之领会，其范围涵盖了对一般存在（即当我们空泛地说到“存在”或“存在着”的时候所意指的东西）、（人的）自身存在以及事物的存在的领会，这种领会是先于经验的，这种被称为先天的知识乃是使现实经验成为可能的前提条件。在这个意义上，人之此在作为生存活动先行地对万物的存在具有确切的识知，这些在先的识知作为“先天的知识”先行地筹划、开展着事物的存在。某物在当前此在的现实经验中照面的时候，必然关涉着对照和匹配活动。这种活动要么拿该事物与其应然的存在（常态）比较而得到评判，要么将之放到与此在自身的存在关联中加以归置。前者即我们所说的丑的事物背离常态的情形，后者的情形则在蛇、死尸、腐败物、战争、病毒等事物上得到突出显示。丑的事物的存在就是在此在的世界中被归为厌恶、反感的现身情态的照面类型。

至此我们需要对丑的审美快感进行现象学描述，并从存在论上对其产生的根据进行阐释。虽然厌恶和不适等情感特征刻画和界定了丑的审美存在的首要特征，但是丑作为一种审美范畴必定是美的，即作为一种美的丑必然拥有其本己的审美愉悦，否则那就是纯粹的丑或者无关审美了。关于作为审美范畴的丑对丑的事物的审美转换，美学史上已有相当充分的讨论，大致可以分为以下几类。其一，艺术的表现使得丑的事物成为美的，从而可以将对丑的事物的感性经验提升为审美愉悦，亚里士多德在其《诗学》中就谈过这一点。其二，丑的事物在艺术的审美中可以陪衬、突出和强化美的事物，这使得丑的事物可以被转换为审美对象。其三，丑的事物所具有的特征性使其比

① 李斯托威尔．近代美学史评述．蒋孔阳，译．上海：上海译文出版社，1980：233.
② 王德胜．美学原理．北京：高等教育出版社，2012：130.

一般的美更美，持这种观点的美学家以罗丹为代表。罗丹说："所以常有这样的事：在自然中越是丑的，在艺术中越是美。在艺术中，只有那些没有性格的，就是说毫不显示外部的和内在的真实的作品，才是丑的。"[①]其四，丑虽然展示了丑陋，但也揭示了生命的内在深度、"人生的深刻和复杂"[②]以及生存的真相（即真理）。上述这些探讨为我们指明了一个方向，即作为审美范畴的丑纠正了我们对美的通行偏见（例如，认为美就是形式的和谐、伦理的完善等），扩展和深化了我们对美的本质的认识，并且把我们的审美指向更为深刻的维度。

深度剖析

罗丹的《欧米哀尔》

罗丹的《欧米哀尔》这一雕塑，塑造了一个衰老的妓女的裸体形象，这有悖于我们对女性美好形象的期待。这一形象所展示的女性在当前的审美经验中与我们的此在照面，我们的此在由此而在某种特定的现身情态中现身在场。在丑这一审美范畴之下，前面所说的对常态的背离所产生的现身情态表现为不适、厌恶等情绪情感，此类现身情态展示了丑这一审美范畴的存在论构造的前半部分。丑这一审美范畴作为审丑必定是一种审美的愉悦，不适感在丑的审美中必须得到转换，经过审美转换而生成的混合着不适感的愉悦就是丑的审美快感，这一快感的生成就是丑的存在论构造的完成。我们在对《欧米哀尔》进行审美的时候——如果这一经验是审美的话——必定在种种不适感的基础上经验着一种愉悦的审美快感，一种混合着不适感的愉悦。那么我们要问：这种审美快感的实质究竟是什么？为何会在此产生这样一种审美愉悦？从存在论上说，丑的艺术祛除了基于我们的此在的非本真状态的偏见或者迷误，将人之生存和事物存在的真理揭示给我们看，也就是说丑通过艺术的力量把真相、真理展开，这个老妓女、这个女人，就她的本真的历史性此在来说，她的形貌和精神状态就是如此的，真真切切。这一源于真理的力量赋予审美的此在以升华，把我们从存在之遗忘、忽视、迷误中拉出来，直面存在之真理，这一置身于真理中的现身情态就是丑的审美愉悦。当然这一审美愉悦的产生乃至保持都和通常被称为丑的事物的在场及其现身情态（不适感）紧密相关，我们的此在位于非本真和本真状态之间，这一存在论的位置决定了丑的快感乃是一种混合着苦味、不适和愉悦的复杂审美快感。

我们从存在论层面对丑的审美快感产生的根据进行阐释。我们把人的存在规定为此在或此之在。"此"说的是此在的展开状态，人作为此在就是这个"此"。人被抛入这个"此"而向着其存在的诸可能性去生存，"此"的展开状态即人的敞开状态以及万物的被揭示状态，从存在论角度可以称为此在的真

① 罗丹．罗丹艺术论．葛塞尔，记；沈琪，译．北京：人民美术出版社，1978：26.

② 叶朗．美学原理．北京：北京大学出版社，2009：362.

理。一个著名的存在论命题即“此在在真理中”。因此，人天然地生存在真理中，在真理中领会自身，在真理中揭示万物的存在。然而，真理本身在其向无蔽（澄明）运作的同时把自身扣留在遮蔽状态中，也就是说，本质的真理包含着非真理的维度。因此，人也生存在非真理之中，我们称之为人生存的非本真状态。从人的实际生存角度来说，这一此在的非本真状态包含诸多维度，比如：由于此在的个别化而造成的对“此”之展开状态的遮蔽，由人的历史性生存所造成的对真理的掩蔽；由真理本身的遮蔽维度所导致的不可避免的迷失，由于人沉沦于世、消散于事务而生成的非真理状态。这些此在的非本真状态所关涉的非真理使得人在揭示事物的存在（即事物在人的此在中的照面）中发生了异变，异乎其本然的是其所是的存在。就审美中的丑来说，这一境况可以老鼠和狼为例。老鼠和狼的本己存在在人的日常生活中被给予了特殊的筹划，以至于人们在谈及或遭遇这两种存在的时候往往赋予其令人生厌的形象，人在这一照面中展示出厌恶的现身情态。然而这种情感情绪反应事实上基于非本真的此在经验，如若从本真的真理来看，无论是老鼠还是狼都恪守它们各自所是的本质，它们的存在——全部的生命活动——是合于存在之真理的。而当我们以本真的真理所开启的视野再来面对老鼠和狼的时候，之前的厌恶、反感虽然还存留着，却被一种更高的存在领会提升和净化了，我们会说它们的存在是“合其存在的”“合理的”“合目的的”。由此，之前的厌恶情绪就转化为一种复杂的混合的审美快感，一种丑所特有的愉悦。从存在论上说，审美所提供的就是这样一种此在从非本真的生存状态向本真状态的转向，而从审美对象的角度看，则是丑的事物的真理在审美中得到了本真的揭示。

本节关键词：

丑，不适，反常

本章小结

本章以生态审美观为指导线索，从存在论的层面对审美范畴的含义及其所包含的诸范畴进行了揭示。审美范畴包含了优美、崇高、悲剧、喜剧和丑五种最基本的范畴。本章对诸审美范畴的存在论构造进行了现象学的描述，阐明了诸审美范畴的本质内涵。

思考题

1. “范畴”在哲学语境中的含义是什么？
2. 审美范畴的含义是什么？
3. 优美的内涵是什么？

4. 如何从存在论层面理解崇高的审美快感？
5. 悲剧审美快感的本质是什么？
6. 喜剧范畴的审美机制和美学意义是什么？
7. 如何从存在论上看丑这一审美范畴？

拓展阅读

朗吉努斯．论崇高．王洁，导读注释．上海：上海译文出版社，2020.
康德．判断力批判．注释本．李秋零，译注．北京：中国人民大学出版社，2011.
尼采．悲剧的诞生．周国平，译．上海：上海人民出版社，2009.
刘东．西方的丑学：感性的多元取向．北京：北京大学出版社，2007.

艺术·审美·人生

由于美是以其本己方式现身的真理，我们在审美中就被投置到以美的方式现身的真理中，这种向着真理敞开自身而取得的经验反过来又会塑造我们的人生，我们的思想、品格、心性会在其中向着本真生存跳跃开去，其最高涵养形态是于理智上不惑、于情感上无忧、于意志上无惧。值得注意的是，诸审美范畴在人性涵养上有不同的侧重。比如：优美倾向于培养一种优雅的人格，崇高倾向于陶冶一种高尚、高远的情怀，悲剧长于启迪我们在严肃的人生困境中获得高级解脱，喜剧则有助于我们在人生的诸多无奈境遇中自我肯定，丑在引导我们透过表象洞察人生本真方面有其无可替代的作用。

第五章
审美创造

与认识、宗教活动相比，审美活动无疑是人类精神活动中最具创造性的。我们把审美活动描述为审美创造，意在凸显这一活动的内在机制与独特性。朱光潜认为创造就是“平常的旧材料之不平常的新综合”①，这也是对审美意象生成过程的概括。一方面，审美意象不同于现实事物与现实景象，因为在其中主体加入了情感与趣味的个体性因素；另一方面，生成的审美意象并不是与现实或现有材料毫无关联。那么，审美活动中主体以何种方式观照现实世界与自己的内心世界呢？这是审美心理机制的问题，但又不全是。这是因为我们的内心生成意象后总要有一个“赋形”的问题。于是，审美活动中的欣赏与创作在审美创造层面达成了统一。

直觉与想象是审美创造的基本心理模式，也是涵括力最大的审美经验问题域，中西美学史中的相关概念如妙悟、神思、静观、联想等均可被囊括其中。美学与文学理论一般将再现与表现、内容与形式视为成对的范畴，这使审美创造陷入非此即彼的二分法，是一种机械论的做法。在此我们尝试打破这种二分法，将模仿与再现、形式与表现放到一起来讨论。这样做的依据在于，再现论是从模仿论发展而来的，艺术形式的独立性恰恰是其作为表现性符号的存在。如此一来，连同直觉与想象等基本心理模式，审美创造在欣赏、创作诸阶段得以全面呈现。

第一节　直觉与想象

直觉与想象是心理学的重要范畴，具有描述与界定一般心理活动与心理状态的意义指向。在审美创造中讨论直觉与想象，在保留这些一般意义指向的同时，更多地强调其作为美学概念的特殊性。康德将鉴赏判断看作主观形式的合目的性，它的实际含义是“无利害、无概念的纯粹形式适应了，或者说契合了主体的心意状态，使主体的想象力和知性等认识能力激动起来，自由地互相协调，并由此产生出愉快”②。其中，无概念是消极规定，其积极规

① 朱光潜．谈美．合肥：安徽教育出版社，1997：101.

② 曹俊峰．康德美学引论．天津：天津教育出版社，2001：207.

定是直觉。可见，直觉、想象等构成了审美创造的主要内容。在审美活动中，主体以直觉（而非逻辑）的方式感知外物，并在心中结合自身情感与记忆进行想象性加工，形成审美意象。因此，充分讨论直觉与想象，是揭开审美创造神秘面纱的重要步骤。

一、直觉

当代分析美学家诺埃尔·卡罗尔（Noël Carroll）将审美经验分为偏向内容的与偏向感染的两种，并且认为后者占据美学史话语的主流，这一审美经验的标志是“专注于自身对意识对象加以无利害地、同情地注意与观照”①。卡罗尔所言的“偏向感染”的审美经验，即无利害的直觉与观照，是西方美学对审美机制的重要概括。特别是自康德以来的近现代美学中，直觉与直观成为审美创造的基本方式。康德把直觉视作“作为表象能够先行于一切思维某种东西的行动的东西”②。在现代美学的多元发展中，以直觉为核心观念的审美经验论的理论形态蔚为大观，不论是秉持“艺术即直觉”的表现主义美学，还是强调审美直观的现象学美学，都是其重要组成部分。

中国古典美学中同样存在丰富的直觉论思想资源。老子的“涤除玄鉴”，是中国美学中关于审美经验讨论的先声。“涤除玄鉴”就是以澄明的心态来观照“道”，它要求去除人的主观欲念，保持虚静，追求无功利的内心观照，这种观照是一种直觉。庄子提出了“坐忘”，即“堕肢体，黜聪明，离形去知，同于大通”（《庄子·大宗师》）。宗炳提出“澄怀味象”，“澄怀”就是老子所说的“涤除”。可见，虽然中国古典美学的经验主义色彩较为浓重，但是其强调审美直觉的重点还是与逻辑思维相区分。严羽在《沧浪诗话·诗辨》中说：“夫诗有别材，非关书也；诗有别趣，非关理也……所谓不涉理路，不落言筌者，上也。诗者，吟咏情性也。盛唐诸人惟在兴趣，羚羊挂角，无迹可求。”“不涉理路”“不落言筌”，就是强调审美是一种无关理性的直接感发，只有无关理路，才有“趣”可言，这种直觉活动也就是严羽所说的“妙悟”。王夫之提出的“现量说”，也强调审美活动的直觉性。

不难看出，在审美经验理论的考察方面，中国古典美学强调审美观照的虚静无为、不涉理路，与西方美学的无功利、无概念观念是相通的，都指向审美创造中的直觉特性。

朱光潜在《文艺心理学》中指出：“对于同一事物，我们可以用三种不同的‘知’的方式去知它。最简单最原始的‘知’是直觉（intuition），其次是知觉（perception），最后是概念（conception）。”③ 这就是说，“直觉”本属

① CARROLL N. Philosophy of art：a contemporary introduction. London：Routledge，1999：170.

② 康德．纯粹理性批判．2版．李秋零，译．北京：中国人民大学出版社，2004：64.

③ 朱光潜．朱光潜全集：第一卷．合肥：安徽教育出版社，1987：206.

于认识论的范畴，但因契合了审美意象的整体性特征，便成为审美心理机制的主要理论形态。在认识活动中，直觉到认识对象是人与外物发生关联的第一步，也是把握实体的重要方式；而在审美创造中，直觉是审美得以发生的心理学前提。

从语义学的角度讲，直觉是一个具有缠绕性的概念。单就上述内容而言，就可以分为直观（卡罗尔所言的无利害的观照、康德所言的先于思维的表象）与直觉（朱光潜所言的最原始的知）。简单地说，胡塞尔意义上的个体直观（与观念直观相对），即个体对象被构造出来的活动，是我们在此讨论的直觉。在审美活动中，直觉一般指不借助概念、范畴与命题而达到对审美对象的观照。就一般认识论而言，概念、范畴与命题是认识论的基本工具，而范畴、命题以概念为基础。或者说，概念性是认识活动的普遍特征。无论是作为认识能力的知性，还是关涉道德实践的理性，都是概念化的建构。概念性是这两种认识能力的需要，却成为自由审美活动的束缚。用无概念性把审美活动独立出来，是自康德以来的西方近现代美学的重要工作。无概念在其积极意义上即直觉。

直觉作为知识的形式，是与逻辑相对的。正如关于共相的逻辑产生概念一样，直觉是关于个体的，它产生的是意象。直觉知识可以脱离理性知识而独立。而直觉作为一种精神活动，是认识的起点。意大利美学家克罗齐把人的心灵活动分为认识和实践两类，其中认识活动包括直觉和概念，实践活动又分为经济和道德。在这个包含着“两度”（认识和实践）、“四阶段”（直觉、概念、经济和道德）的系统中，有一个循环承续的过程。也就是说，认识产生实践，实践包含认识。直觉、概念、经济和道德四者中，后者必然包含前者。自我内含他者也就意味着自我不是独立的，概念对直觉的依存就说明了这一点。而直觉作为认识的起点，并不依存于高一层级的概念，它是独立的，即王夫之所说的“一触即觉”。中国古代美学中的“兴”“悟”都是直觉的相关范畴，而钟嵘在《诗品》中的“直寻”概念更与其有直接关联，“观古今胜语，多非补假，皆由直寻”。

直觉在审美创造中创构意象，这与理性认识中的概念、范畴与命题等知识论产物截然不同。克罗齐认为直觉的价值实现于意象的纯粹想象性，它使直观与概念，感觉、审美与理性相对立，“其目的在于恢复知识的这一更简单更初级形式的自主权”[①]。这样，直觉既彰显了审美作为感性认识活动的主体性指向，又实现了审美作为存在方式的独立性追求。中国现代美学家宗白华在对比数理与象这两种不同的认识方式时说：“几何，解析几何，皆循理以构形，依数以定量，皆为依他而立，永在关系中之形相，而‘象’，则由中和之生命，直感直观之力，透入其核心（中），而体会其‘完形的，和谐的机构’

① 克罗齐．美学原理 美学纲要．朱光潜，等译．北京：人民文学出版社，1983：178.

(和)。"[①]这就是说,"象"的认识方式与数理逻辑不同,它需要直觉,也只有直觉,才能获得对事物的完整的把握。

无概念、无功利、无目的等,都是直觉的题中应有之义,这些观念构成了审美直觉的重要指向。直觉具有排除逻辑推理的直接性,这一点自不待言。具体地说,审美创造中的直觉有四个重要特征。

第一,直觉具有整一性。柏格森以作画为例,认为天才画家是拿不可分割的直觉的投影来感动我们,这一完整的表现才是画本身。克罗齐认为,直觉与表现是不可分的统一体,因为"心灵只有借造作、赋形、表现才能直觉"[②]。克罗齐意义上的"表现"不同于这个词的日常用法,概而言之就是对心灵直觉形象的一种整体把握。他进一步认为一切纯粹的艺术表现都具有普遍性,其中的辩证法就在于"个人的表现在脱离了特殊性,获得了整一性的价值之后,才能化为具体的个人的东西"[③]。克罗齐对直觉的崇尚实则是追求心灵的整一与完满,虽然他力图以这一追求获得心灵的纯粹,但是心灵的整一却追求一种真正的综合,也就是对审美综合、逻辑综合和实践综合的再综合,是诸综合的综合。这也就承认了艺术中既存在着概念逻辑的认识元素,也存在着道德、实用、快感、痛感等实践因子。只是它们的存在方式是一种"预先假定",这种预先假定对艺术来说是不可或缺的。克罗齐在特殊性与整一性之间的辩证法,从某种意义上来说具有现象与本质相统一的理论属性。这就是说,"审美直觉在不抛弃感性现象的情况下把握本质,具有现象与本质相统一的方法论特性。从而,它是整体性的(而不是局部片面的)、综合性的(而不是分析性的)"[④]。

第二,直觉具有创造性。这一点与心理学意义上的认知直觉有很大不同,认知直觉更多是基于认识主体的知识、经验和认识对象的性质而建立的反映式关联,是一种求实的认识追求。我们知道,柏格森反对机械论和目的论的生命观,是因为它们把一切看作既定的,没有创造性,而审美直觉的"每一瞬间都是一种创造,而我们则是创造这些瞬间的艺术家"[⑤]。克罗齐则认为感性认识都是审美创造,我们的直觉也就是产生审美意象的过程。从艺术创造的角度讲,最开始的那种莫可名状的直觉往往是最终成品的雏形,这期间通过艺术理性加以修改的,多是艺术语言的技术化处理。从这个角度来说,克罗齐认为艺术是心灵的事实,艺术创造在直觉层面已经完成,具有一定道理,他凸显的是直觉的创造性在艺术活动中的关键作用。

第三,审美创造中的直觉具有情感性。情感是审美直觉的出发点,这与科学认知中的直觉有根本区别。科学认知中的直觉背后是认知目的的驱动,

---

① 宗白华．宗白华全集：第一卷．合肥：安徽教育出版社，2008：627.

② 克罗齐．美学原理 美学纲要．朱光潜，等译．北京：人民文学出版社，1983：13.

③ 克罗齐．美学原理 美学纲要．朱光潜，等译．北京：人民文学出版社，1983：260.

④ 《美学原理》编写组．美学原理．北京：高等教育出版社，2015：73.

⑤ 柏格森．创化论（摘）//伍蠡甫．现代西方文论选．上海：上海译文出版社，1983：84－85.

是有方向、有倾向的认识。审美直觉虽有审美对象的触发，但是需要审美情感来支撑。换言之，若是对审美对象无感（indifference），在审美活动中则表现为审美意义上的冷漠，不会有直觉的产生。同时，审美愉悦是审美直觉的效应，直觉标示着审美自由的情感。马利坦认为，“诗性直觉朝向当作与被特定的情感所打动的灵魂的同一的具体存在”[①]。

第四，在直觉的瞬间把握永恒。直觉是一瞬间的心理活动，不经过思维而直接把握对象。当然，这并不是说直觉没有时间性，柏格森把生命看作时间的绵延，而超理智直觉作为时间性直觉是对生命冲动的把握，通过个体生命达到普遍和永恒。克罗齐把直觉作为艺术的整个过程，在取消艺术作为物理事实的同时也取消了艺术传达的过程。在他看来，艺术活动就是人们直觉到审美意象的瞬间，意象一旦形成即具有永恒性，永远都是无法复制的“这一个”。

综上，作为审美创造重要环节的直觉，体现了作为一般认识活动的无概念性，更表征了审美活动中对意象把握的整一性、创造性和情感性，也凸显出审美创造中时间体验与表达的独特性。

二、想象

在审美活动中，审美主体在直觉的基础上加以想象，从而形成审美意象。[②] 因此，想象是人们在审美活动中创造新形象的过程，这一心理能力通常被称为“想象力”。在康德美学中，审美活动是想象力与知性的自由游戏，其中，审美活动以想象力为中心，知性为想象力服务。康德在第 2 版《纯粹理性批判》中将想象力看作通过直观将本身不在场的对象再现出来的能力。想象力是一种感性能力，想象的对象是不在场的，如萨特所言：“无论意象怎样生动，怎样令人动情或怎样有力量，它所展示出的对象都是不存在的。”[③] 可以说，观照对象是否在场是直觉与想象的主要区别。相对于艺术品，想象是创作主体心中的“蓝图”。马克思认为：“劳动过程结束时得到的结果，在这个过程开始时就已经在劳动者的想象中存在着，即已经观念地存在着。”[④] 从这个意义上来说，艺术创作就是对想象的一种“赋形”。

虽然想象不依赖于观照对象，但是一般说来，想象绝不是无来由的，而是“事出有因”，即需要外物的触发。正如康德所认为的，想象是“只有通过

① 马利坦．艺术与诗中的创造性直觉．刘有元，罗选民，等译．北京：生活·读书·新知三联书店，1991：102.

② 有学者认为想象是直觉的一部分，如叶朗认为：“正因为审美直觉包含这种想象，所以审美体验才能有一种意义的丰满。”（叶朗．美学原理．北京：北京大学出版社，2009：97.）这一观点的根底还是在于对从康德到胡塞尔审美直观本体论的信服。我们认为，在对审美创造过程的描述中，直觉与想象处在不同阶段，直觉是一种触发，想象是一种生成。

③ 萨特．想象心理学．褚朔维，译．北京：光明日报出版社，1988：35.

④ 马克思．资本论//马克思，恩格斯．马克思恩格斯全集：第二十三卷．北京：人民出版社，1972：202.

主体的表象能力被客体所刺激才有可能的方式”①。当然这触发或刺激只是一根导火索，一旦点燃便不再“循规蹈矩”，不受现实逻辑的约束与控制，特别是时间-空间方面，“想象较之于感知觉而言，则是人类心理感受对时间与空间的超越；由于打破了时间三维性的界限，想象同时也就把人带入了更广阔的心理活动空间”②。刘勰提出“神思”，指出艺术构思是一种不受现实限制、海阔天空的想象，正所谓“寂然凝虑，思接千载；悄焉动容，视通万里”（《文心雕龙·神思》）。陆机在《文赋》中所言“精骛八极，心游万仞”“观古今于须臾，抚四海于一瞬”，正是对超时空想象的形象描述。而汤显祖则以“士奇”“心灵”“飞动”来阐述想象力之于艺术的重要性。

讨论想象，不得不论及联想。联想是想象的初级形式，主要在于它需要借助现实事物之间的联系发挥作用，即由现实事物甲想到现实事物乙，其中接近联想与类比联想是其主要形式。想象可以分为再造性想象（或再现性想象）与创造性想象。③“再造想象是根据言语的描述或图样的示意，在人脑中形成相应的新形象的过程……创造想象是指在创造性的活动中，根据一定的目的、任务，利用直觉形成相应的新形象的过程。”④ 二者的区别在于对现实事物与场景的依赖程度不同。再造性想象往往是对眼前所见的联想，只不过这联想是“添油加醋”的，其中有虚构，有创造，由现实事物甲想到非现实的丙。相对而言，创造性想象的自由度更大，是对非现实的丙的直接创造，当然，“创造的想象也并非从无中生有，它仍用已有意象，不过把它们加以新配合”⑤。审美创造中，创造性想象所占比重自然要大一些，当然也因不同的艺术门类与艺术风格而异。其中涉及再现与表现的问题，在本章的第二、第三节会有讨论。

审美创造是审美活动的一个总体性描述，包括审美欣赏与艺术创作。因此，审美活动中的想象可以分为审美想象⑥和艺术想象。“审美想象是指在审

---

① 康德．纯粹理性批判．2版．李秋零，译．北京：中国人民大学出版社，2004：67.

② 《美学原理》编写组．美学原理．北京：高等教育出版社，2015：79.

③ 康德在《纯粹理性批判》中将想象力划分为再生性的想象力与生产的想象力，后在《实用人类学》中表述为“复制的想象力”与“创制的想象力”。这里是根据康德的区分进行概括。

④ 罗俊龙．直觉心理学．上海：上海社会科学院出版社，2019：129.

⑤ 朱光潜．谈美．合肥：安徽教育出版社，1997：100. 对此，鲁迅在《叶紫作〈丰收〉序》一文中说：“天才们无论怎样说大话，归根结蒂，还是不能凭空创造。描神画鬼，毫无对证，本可以专靠了神思，所谓‘天马行空’似的挥写了，然而他们写出来的，也不过是三只眼，长颈子，就是在常见的人体上，增加了眼睛一只，增长了颈子二三尺而已。”（鲁迅．且介亭杂文二集．北京：人民文学出版社，1995：1.）也就是说，创造性想象也不是不着边际的，其所想象出来的意象须以现实生活为基础，是现实事物与场景的夸大与变形。这就与再造性想象有基本的共同点：“主体的创造要以自己脑中储存的记忆表象为基础。”（朱立元．美学．北京：高等教育出版社，2006：288.）

⑥ 这是指狭义上的审美想象。有学者将审美活动中的想象统称为审美想象，这是广义上的，如滕守尧将审美想象分为两种：知觉想象和创造性想象。“前者是一般审美活动中的想象，这种想象不能完全脱离开眼前的事物。创造性想象则是艺术家创作过程中的想象，它是脱离眼前的事物，在内在情感的驱动下对回忆起的种种形象进行彻底改造的想象。”（滕守尧．审美心理描述．北京：中国社会科学出版社，1985：61.）这一分类将再造性想象与创造性想象、欣赏层面的想象与艺术创作层面的想象杂糅，似不够清晰。

美活动中，审美主体不是消极地直接观照对象，而是积极地调动和改造由于审美客体的刺激再现出来的过去记忆中的表象，从而丰富和完善审美对象，或创造出新的对象”，这类想象主要是再造性想象。“艺术想象是指主体根据对外界的艺术进行综合和改造知觉表象，从而创造新的存在形象或模型的意识能力。这种能力的物态化结果就是艺术作品，因而艺术想象是艺术审美活动的重要形式，是由现实美到艺术美的必要途径。”① 艺术想象主要是创造性想象——在意象层面创造出非实在的对象。

作为审美创造的重要环节，想象具有两大特征：生成性与自由。

生成性是指审美活动的想象虽然是心理活动，但不是“空无一物”，而是生成意象。如郑板桥所言的“眼中之竹”“胸中之竹”“手中之竹”诸阶段，从“眼中之竹”到“胸中之竹”是内心意象的生成，就意象而言，是一个从无到有的过程。胡塞尔认为想象是一种“当下化”或者说“再造”，其指向的，也是想象的生成性或创造特征。想象的产物与现实有关，却又超越现实，因而，“想象对象既‘是其所是’，又‘非其所是’”②。“想象是最伟大的艺术家，没有想象的参与，美的创造和欣赏是不可能的。美只存在于想象的世界中，即只存在于现象学意义上的生活世界，只有在直观中出场的世界。”③ 进一步说，艺术是想象的结晶，这是就艺术创作而言；人们在欣赏艺术品时，不仅接受艺术品所呈现的内容，更会在自己的“期待视野”④ 中创造一个现实生活中不存在的别样世界。如海德格尔对凡·高的作品《农鞋》的解读，在海德格尔的想象中，他把这双农鞋“穿”在一位农妇的脚上，进而呈现了一个充满哲思的想象画面。

> 从鞋具磨损的内部那黑洞洞的敞口中，凝聚着劳动步履的艰辛。这硬邦邦、沉甸甸的破旧农鞋里，聚积着那寒风料峭中迈动在一望无际的永远单调的田垄上的步履的坚韧和滞缓。鞋皮上粘着湿润而肥沃的泥土。暮色降临，这双鞋底在田野小径上踽踽而行。在这鞋具里，回响着大地无声的召唤，显示着大地对成熟谷物的宁静馈赠，表征着大地在冬闲的荒芜田野里蒙眬的冬眠。这器具浸透着对面包的稳靠性无怨无艾的焦虑，以及那战胜了贫困的无言喜悦，隐含着分娩阵痛时的哆嗦，死亡逼近时的战栗。这器具属于大地（Erde），它在农妇的世界（Welt）里得到保存。正是由于这种保存的归属关系，器具本身才得以出现而得以自持。⑤

审美创造中的想象是自由的，没有任何疆域和界限，可谓“天马行空”；

① 伏爱华．想象·自由：萨特存在主义美学思想研究．合肥：安徽大学出版社，2009：70－71.

② 伏爱华．想象·自由：萨特存在主义美学思想研究．合肥：安徽大学出版社，2009：71.

③ 伏爱华．想象·自由：萨特存在主义美学思想研究．合肥：安徽大学出版社，2009：83－84.

④ “期待视野”（horizon of expectation）是由接受美学家姚斯（Hans Robert Jauss）提出的重要概念，旨在强调读者在文学阅读中的主动性与建构性。

⑤ 海德格尔．林中路．孙周兴，译．上海：上海译文出版社，2004：18－19.

"同时审美想象的创造性又具有鲜明的个性和独特性、新颖性，因而是不可重复的"①。也就是说，想象并没有固定统一的程式，因人而异，不可模仿。胡塞尔对"想象"的一个基本规定是"非现时性"，也可以理解为非设定性，在胡塞尔那里，"所有意识行为都可以根据它们对存在的态度而分成两组。第一组是设定存在的行为，第二组则是想象行为"②。想象的自由特征源于想象意识的自发性，这种自发性在于不受现实的牵绊，不受时空的束缚，具有创造性。我们从审美活动的自由超越特征可以看出，想象活动是审美自由的承载与实现。同时，自由也是想象得以实现的前提和保障。

此外，审美活动的情感性贯穿于整个审美创造过程中，想象也不例外。某种意义上说，情感是想象的动力。"记忆机制究竟要复现哪一种形象，却全部要由情感本身的结构模式来决定。"③ 也就是说，客观事物对审美情感的触发，是由审美主体的心意状态决定的，审美意象所表征的悲喜自由，实际上是审美主体的情感状态。

同时，直觉、想象并非审美创造的全部。尽管美学史上一些理论家将审美中的心理活动视为审美与艺术的本质，如克罗齐坚持认为艺术在直觉层面即已完成；但是无论是直觉还是想象，均与现实世界有多重关联。换言之，即使在讨论审美创造中的心理机制，我们仍不能回避主体与客体、人的内心情感与外在客观世界的相互作用。

本节关键词：

无概念，涤除玄鉴，再造性想象，创造性想象

第二节　模仿与再现

我们在前面提到，审美学研究的其实是人和世界的审美关系。人在和世界发生审美关系的时候，会展开一系列审美活动，而人在审美活动中的身心体验的总和，被称为"审美体验"。模仿与再现是人与世界的审美关系中关于艺术创造的重要审美活动，它们可以被视为审美创造的重要范畴。艺术的模仿与再现是艺术理论和美学的基本问题，也是探讨艺术与世界、艺术与现实之间关系的重要理论。艺术再现论在艺术模仿论基础上发展演变而来，但艺术再现论包含了比艺术模仿论更为广泛的含义。虽然二者都聚焦于艺术与世界、艺术与现实之间的关系问题，但相较而言，艺术模仿论更侧重艺术与现实之间的关系，而艺术再现论则更凸显艺术家在艺术活动中的重要作用。值得注意的是，艺术再现论在 20 世纪因遭遇了危机而被解构。

---

① 《美学原理》编写组．美学原理．北京：高等教育出版社，2015：82.

② 倪梁康．现象学及其效应：胡塞尔与当代德国哲学．北京：商务印书馆，2014：61.

③ 滕守尧．审美心理描述．北京：中国社会科学出版社，1985：63.

一、模仿

根据塔塔尔凯维奇的考证，艺术模仿论（也称艺术模仿说）最早出现于古希腊。他归纳出在公元前 4 世纪的古典时期，共有四种不同的模仿概念："礼拜式的概念（表现）、德谟克利特式的概念（自然作用的模仿）、柏拉图式的概念（自然的临摹）以及亚里士多德式的概念（以自然的元素为基础的艺术品的自由创作）。"① 学界通常将模仿论的源头追溯至柏拉图。在《理想国》中，柏拉图借苏格拉底之口指出了"三种床"，它们分别为神制造的在自然中本有的床、木匠制造的床和画家制造的床。他认为神制造的床是"床之所以为床"的那个理式，是床的真实体，神则是床的"自然创造者"。木匠只制造了个别的床，而不能制造床的理式，木匠制造的不是床的真实体，而是近似真实体的东西，木匠可以被称作床的制造者。而画家只能被称作床的模仿者，因为画家只能模仿木匠所制造的床，"图画只是外形的摹仿"②。所以他指出画家制作的床与作为理式的床隔着两层。在将关于画家的讨论推及诗人，并得出"从荷马起，一切诗人都只是摹仿者，无论是摹仿德行，或是摹仿他们所写的一切题材，都只得到影像，并不曾抓住真理"③ 的观点之后，柏拉图终于把诗逐出了理想国。可以看出，柏拉图对模仿论持否定的观点，但他的模仿说却奠定了艺术模仿实在的基调。

亚里士多德的模仿说建立在对柏拉图模仿说的继承和改造基础之上。亚里士多德在《诗学》中认为："悲剧是对于一个严肃、完整、有一定长度的行动的摹仿；它的媒介是语言，具有各种悦耳之音，分别在剧的各部分使用；摹仿方式是借人物的动作来表达，而不是采用叙述法；借引起怜悯与恐惧来使这种情感得到陶冶。"④ 亚里士多德一方面承接柏拉图的观点，认为艺术是模仿；另一方面，他指出艺术是对人的行动的模仿，这一观点与柏拉图的模仿说中艺术模仿实在的论述是有区别的。更为重要的是，亚里士多德还提出了艺术比历史更真实的观点。他说，"诗人的职责不在于描述已发生的事，而在于描述可能发生的事，即按照可然律或必然律可能发生的事"，历史家和诗人的区别在于"一叙述已发生的事，一描述可能发生的事。因此，写诗这种活动比写历史更富于哲学意味，更被严肃地对待；因为诗所描述的事带有普遍性，历史则叙述个别的事。所谓'有普遍性的事'，指某一种人，按照可然律或必然律，会说的话，会行的事"⑤。在亚里士多德看来，诗人所描述的按照可然律或必然律可能发生的事是"有普遍性的事"，它比历史家所记述的已

---

① 塔塔尔凯维奇．西方六大美学观念史．刘文潭，译．上海：上海译文出版社，2006：276－277.

② 柏拉图．柏拉图文艺对话集．朱光潜，译．北京：商务印书馆，2013：69.

③ 柏拉图．柏拉图文艺对话集．朱光潜，译．北京：商务印书馆，2013：73.

④ 亚里士多德．诗学．罗念生，译．北京：人民文学出版社，1962：19.

⑤ 亚里士多德．诗学．罗念生，译．北京：人民文学出版社，1962：28－29.

经发生的个别的事更具有可信性，也更加真实。亚里士多德这一观点一反柏拉图的“理式说”，不仅从客观唯物的角度出发，肯定了现实世界的真实性，也肯定了模仿现实世界的艺术的真实性特征。不仅如此，他还提出了艺术比现实世界更真实的观点，从而开启了长达两千多年的艺术是对现实的模仿这一模仿论传统。此后各个时期艺术模仿论的发展和演变都以柏拉图和亚里士多德的学说为基础。

不仅在美学领域，在艺术史领域也有“艺术是对现实的如实模仿”的类似论述。老普林尼在《自然史》中记载的，宙克西斯（Zeuxis）和巴赫西斯（Parrhasius）画画竞赛的故事，被看作关于艺术史的最早记载。宙克西斯画的葡萄成功吸引了鸟儿飞来啄食，他自以为要获胜了。此时，他十分得意地让对手巴赫西斯揭下帘布，结果他发现巴赫西斯画的就是帘布。宙克西斯画的葡萄成功地欺骗了鸟儿的眼睛，而巴赫西斯画的帘布却欺骗了作为艺术家的宙克西斯的眼睛。这场竞赛最终以巴赫西斯获胜告终。很显然这场竞赛判断胜负的标准是谁画的东西更像原物，也就是绘画的逼真性，老普林尼记载的这则故事开启了西方艺术的现实主义传统，也确立了艺术模仿论的基本准则，并对之后的艺术史产生了十分重要的影响。尤其到了文艺复兴时期，艺术模仿论更演变为艺术创作的最高准则。正像一些学者所提及的，“自 15 世纪初，所有的视觉艺术都率先接受了模仿说。当时它已经出现于洛伦左·吉贝尔蒂的艺术评论（1436）里，他在其中提到，他尽其所能致力于模仿自然”①。阿尔贝蒂也表示绘画要直接模仿自然，他认为绘画分为轮廓、构图和明暗三个部分，这三个部分都来自大自然。他还称，直接模仿大自然，是使整个绘画的可视面达到优雅和美丽的最佳途径。在肯定了来自大自然的图像有着如此强大的力量之后，阿尔贝蒂还提倡始终从大自然中选材，永远选择大自然之至美。② 从这些观点都可以看出阿尔贝蒂对艺术模仿自然的重要性的强调。

达·芬奇也是极力推崇艺术模仿论的艺术家。他在《论绘画》中明确指出：“绘画是自然界一切可见事物的唯一的模仿者。”③ 为了进一步阐述绘画与自然的关系，他还指出：“绘画的确是一门科学，并且是自然的合法的女儿，因为它是从自然产生的。为了更确切起见，我们应当称它为自然的孙儿，因为一切可见的事物一概由自然生养，这些自然的儿女又生育了绘画，所以我们可以公正地称绘画为自然的孙儿和上帝的家属。”④ 由此可以看出，达·芬奇不仅肯定艺术模仿自然的观点，还十分推崇自然对绘画创作的重要作用，他把自然放在比绘画更高的位置上。

在文艺复兴时期，艺术模仿论大为流行。而真正达到艺术模仿论的极致

① 塔塔尔凯维奇．西方六大美学观念史．刘文潭，译．上海：上海译文出版社，2006：278.

② 阿尔贝蒂．论绘画．胡珺，辛尘，译注．南京：江苏教育出版社，2012：33，39，68.

③ 芬奇．达·芬奇论绘画．戴勉，编译．朱龙华，校．桂林：广西师范大学出版社，2003：5.

④ 芬奇．达·芬奇论绘画．戴勉，编译．朱龙华，校．桂林：广西师范大学出版社，2003：5.

状态，则是在18世纪。当时并不限于视觉艺术，“模仿被推许为一切艺术的通性，而不只限于具有‘模仿性’的那一部分”[①]。夏尔·巴托（Charles Batteux）可谓这一观点的重要推动者，他根据用途区分出三种艺术：满足人类基本需要的机械艺术；满足愉悦目标的最杰出的美的艺术，包括音乐、诗歌、绘画、戏剧、姿态艺术（art of gesture）或舞蹈艺术；既有用也让人惬意的艺术，包括雄辩术和建筑学。巴托认为第一种和第三种艺术都利用自然，而美的艺术则模仿自然，只有自然是所有艺术的对象。由此，他得出了一系列结论：“第一，天赋是艺术之父，它应该模仿自然。第二，不应该模仿自然的通常状态，因为自然通常一直都那么呈现在我们面前。第三，趣味，艺术因趣味而得以实现，而趣味也是艺术的裁判者，当自然因趣味而被精心挑选出来，并由趣味而得到很好的模仿时，趣味应该得到满足。因此，我们所有的证据都必然导向承认对美丽自然的模仿。”[②] 通过这些论述，巴托将艺术模仿自然推举至艺术创造的唯一原则。巴托的观点在美学和艺术史中具有重要意义，他的《美的艺术简化至一个唯一原则》不仅提出了“美的艺术”的概念，使“美的艺术”与其他技艺相区分，还把模仿推为所有艺术的共同原则，至此，艺术模仿论达到了它的极致状态。

艾布拉姆斯（M. H. Abrams）在《镜与灯》中根据艺术作品与世界、艺术家、欣赏者之间的关系，划分出艺术批评的坐标系，从而论述了艺术模仿说、实用说、表现说和客观说。[③] 艾布拉姆斯对艺术模仿说的论述，明显侧重于艺术与世界的关系。上述关于模仿论的论述也能反映出自然、外部世界在艺术活动中的重要性。

虽然亚里士多德开启的模仿论传统在漫长的历史中占据了西方美学与文学艺术观念的重要位置，但是对这一传统的批判声也不绝于耳。西方美学史上对模仿论的批判声音中，最为典型且最值得玩味的，当数黑格尔的。黑格尔主要批判了模仿自然说。他指出，模仿自然说是关于艺术的普通见解，在这一见解中，“艺术的基本目的就在摹仿，而所谓摹仿就是完全按照本来的自然形状来复写，这种酷肖自然的表象如果成功，据说就可以完全令人满意”[④]。但在黑格尔看来，模仿自然说是存在缺陷的。首先，这一学说只提到一个纯是形式的目的，即由人把原已在外在世界存在的东西，按照其本来的面貌，就他所用媒介所可能达到的程度再复制一遍。黑格尔认为，这种复制是多余的。一方面，图画、戏剧等所模仿的动物、自然风景等都是原来就已经存在的东西；另一方面，这种复制总是在自然之后，复制所用的媒介也具有局限性，

---

① 塔塔尔凯维奇．西方六大美学观念史．刘文潭，译．上海：上海译文出版社，2006：282.

② 巴托．美的艺术简化至一个唯一原则．殷曼楟，译//殷曼楟．艺术理论基本文献：西方古代-近现代卷．北京：生活·读书·新知三联书店，2014：90.

③ 艾布拉姆斯．镜与灯：浪漫主义文论及批评传统．郦稚牛，张照进，童庆生，译．北京：北京大学出版社，2015：4－26.

④ 黑格尔．美学：第一卷．朱光潜，译．北京：商务印书馆，1979：52.

它不可能完成对自然的所有复制，而只是形式方面的模仿。正如他所说的，“靠单纯的摹仿，艺术总不能和自然竞争，它和自然竞争，那就像一只小虫爬着去追大象”①。这种目的是很难完全达到的。其次，艺术模仿自然的原则是纯形式的，这就会忽略客观美。因为既然艺术的目的是模仿自然，那么就会忽略所模仿的东西该具备的性质，而只会关注模仿得正确与否。再次，纯粹的模仿学说不能涵盖所有的艺术。因为缺乏艺术的客观原则，就很难将各门艺术都纳入模仿说。在黑格尔看来，绘画和雕塑所表现的对象虽然是逼肖自然的或基本上是从自然假借的，但建筑和诗却很难看作对自然的模仿，这两种艺术都不限于单纯的描写。所以，黑格尔指出：“艺术的目的一定不在对现实的单纯的形式的摹仿，这种摹仿在一切情况下都只能产生技巧方面的巧戏法，而不能产生艺术作品。”② 在指出艺术模仿论的局限性之后，一方面，黑格尔提出，艺术的必要性是由于直接现实有缺陷，因此，“艺术美的职责就在于它须把生命的现象，特别是把心灵的生气灌注现象按照它们的自由性，表现于外在的事物，同时使这外在的事物符合它的概念”③。也就是说，艺术不是单纯地完成对自然的模仿，还要针对现实的缺陷，将心灵的生气灌注至生命的现象，并按照生命的现象的自由性将其再现出来，这其实是将艺术视为对现实的完善。另一方面，他又指出，“艺术家所取来纳入形式和表现方式的东西并不是凡是他在外在世界所发见到的，或是因为他在外在世界发见到那些东西；如果他想作出真正的诗，他就只能抓住那些正确的符合主题概念的特征。如果他用自然及其产品，即一般现实，作为模范，这并不是因为自然把它随便造成某一种样式，而是因为自然把它造得很正确，但是这种‘正确’是一种比现实本身更高的东西”④。这种比现实更高的“正确”的东西其实就是包含了艺术家的创造性的东西。黑格尔意欲阐明的是，艺术模仿自然其实要通过自然展现心灵的自由，被再现的自然因为符合心灵的内在的原则而摆脱了其自身的偶然性和琐碎性，从而具备了普遍性；而被表现的心灵正是因为自然的加入而摆脱了其抽象性，从而具备了形象性和生动性。合理的模仿观念应该是自然和心灵相结合的自由且和谐的整体。

布洛克曾指出：“‘模仿说’总是通过把作品同作品之外的物体和情景相比较而对作品的好坏做出判断，因而被证明是一种与作品的内在结构几乎无关的外在的或他治的标准。”⑤ 艺术模仿说确实注重世界或外在现实在艺术活动中的作用，以至于有学者指出：“模仿说虽然道出了艺术和现实的复杂关系，却也有明显局限。在模仿说中，艺术家的地位是微不足道的，他们不过是跟在现实后面亦步亦趋的‘奴仆’而已，他们的角色恰似镜子一般，只是

① 黑格尔．美学：第一卷．朱光潜，译．北京：商务印书馆，1979：54.
② 黑格尔．美学：第一卷．朱光潜，译．北京：商务印书馆，1979：56.
③ 黑格尔．美学：第一卷．朱光潜，译．北京：商务印书馆，1979：195.
④ 黑格尔．美学：第一卷．朱光潜，译．北京：商务印书馆，1979：211.
⑤ 布洛克．美学新解：现代艺术哲学．滕守尧，译．沈阳：辽宁人民出版社，1987：70.

虚空的、被动的记录者，自己一无所有。进一步，在模仿说中，艺术品以及艺术的表现力也是无足轻重的，因为到头来艺术品要看像不像真实物，以真实物为标准才能臧否定夺。”[①] 但在实际的艺术创作中，艺术家的作用并非无足轻重，艺术品以及它自身的表现力也是十分重要的。因此，艺术创作并非简单地对原物的模仿，而是包含了艺术家的创造性和艺术作品本身的表现力的更为复杂的再现过程。关于这一点，布洛克在将艺术模仿说界定为“外在的或他治的标准”后指出：“‘再现’则不然，它所指的是作品本身描绘现实的方式，因而直接同作品之内在的或自治的需求有关。”[②] 布洛克虽然没有直陈艺术家的重要作用，但他至少指出了“再现”对于艺术品自身表现力的凸显。与布洛克不同，贡布里希（Gombrich）则明确提出：“艺术是‘创造’而不是‘模仿’，这种观念众所周知。”[③] 贡布里希所说的“创造”就是在意指艺术家的创造性，也是在强调艺术家在艺术活动中的重要作用。还有学者指出：“我们应该把艺术家的‘模仿’视为一个更为复杂的‘化合’过程，其中客观的物象和主观的体验，相互交织，彼此作用，因此形成了极富变化的形态。”[④] 那么艺术的再现论和模仿论具体存在哪些不同呢？

二、再现

我们前面提到，艺术再现论不同于艺术模仿论认为艺术是对现实的如实模仿，而强调艺术是对现实的创造。艺术模仿论在 18 世纪到达了它的极致状态，此后就由模仿论过渡到了再现论阶段。

首先，从词义上来说，再现包含了比模仿更为广泛和复杂的含义。艺术模仿说主张艺术作品对外在现实的如实模仿，主要侧重艺术品与外在现实或世界的紧密关联。而艺术再现则有狭义和广义之分：从狭义层面来说，艺术再现等同于艺术模仿；而从广义层面来讲，艺术再现则不仅强调艺术品与外在世界的紧密联系，还包含了艺术家的创造、艺术品自身的表现力等更为复杂和广泛的含义。当代艺术批评家高名潞以启蒙运动为界，划分了狭义再现和广义再现。他说：“如果粗略勾勒西方再现理论的发展进程，可以以启蒙运动为界，将之分成狭义的再现（启蒙运动之前基于模仿说的再现）和广义的再现（基于启蒙时代主客体二元论、内涵更丰富的再现，也是本书所论述的再现）两个历史发展阶段。在 17、18 世纪启蒙时代之前（主要包括古希腊古罗马时代［或称古典时代］，中古时代［或称中世纪，即 5—15 世纪］，以及 15、16 世纪的文艺复兴时代），西方艺术哲学关注的是对物象的模仿，艺术再现就是对主客体因素尚未清晰分割的外在物象的模拟（比如古希腊的模仿

① 周宪．美学是什么．北京：北京大学出版社，2015：166.

② 布洛克．美学新解：现代艺术哲学．滕守尧，译．沈阳：辽宁人民出版社，1987：70.

③ 贡布里希．艺术与人文科学：贡布里希文选．范景中，编选．杭州：浙江摄影出版社，1989：22.

④ 周宪．美学是什么．北京：北京大学出版社，2015：169 - 170.

说、文艺复兴时期瓦萨里关于完美自然的模仿论）；而 17、18 世纪启蒙时代以来，建立在主客体二分基础之上的现代再现理论（或称为启蒙再现哲学）认为，艺术再现的是人的主体性现实，其中尤以黑格尔的‘艺术只再现那些符合绝对理念的事物’这个再现观念为代表，奠定了此后西方现代艺术史研究和艺术批评理论的基调。”① 这里所谓的主体性现实，即体现艺术家创造性的现实。

其次，与艺术模仿论更加注重艺术与外部世界的关联不同，艺术再现论着力凸显了艺术家在整个艺术活动中的重要作用。并且，艺术再现论正是基于反思艺术模仿论中忽略艺术家本身的重要作用而发展演变来的。布洛克将艺术再现论的出现追溯至亚里士多德对柏拉图模仿论的批判，他认为：“‘再现’乃是亚里士多德批判柏拉图论述作品同世界之关系时提出的模仿理论的一个直接产物，也是其理论中的一个较为特殊的部分。由于它的出现，人们对‘模仿论’的批判——即认为它是他治的，与审美现象无关——便一直延续至今。”② 布洛克认为，亚里士多德修正了柏拉图的艺术模仿论概念，从而开创了美学中以再现为标准的新路子。在布洛克看来，“即使亚里士多德本人，也并不完全赞成那种认为审美的可能性如用普通标准衡量必定是非可能的说法，他自始至终都强调，最好是使得悲剧情节既有现实的可能性，又符合审美的标准。他做出的唯一让步就是，在艺术家不能迎合日常标准的情况下，他还可以设法加以补救——使它符合故事本身设置的标准”③。从布洛克的论述可以看出，亚里士多德就已经开始强调艺术家本人的创造性了。

贡布里希同样反对单纯的模仿论，而强调艺术家的创造性。贡布里希在《艺术的故事》中就提到过，“实际上没有艺术这种东西，只有艺术家而已”④。这明显是在凸显艺术家的重要性。在《艺术与错觉》中，他又详细论述了不同时代、不同国家再现可见世界时使用不同方式的原因，即艺术家在再现世界时要依靠一定的图式。他说：“种种再现风格一律凭图式以行，各个时期的绘画风格的相对一致是由于描绘视觉真实不能不学习的公式。”⑤ 并且，“没有一个艺术家能摒弃一切程式‘画其所见’”⑥。这里虽然贡布里希是在更加深入地分析艺术家在作画时要凭借一定的图式，不能如实再现现实，但是他还是基于艺术家在艺术活动中的主观性和重要作用，对传统的艺术模仿论加以批判，只不过他在肯定了艺术家的主观性和主体性作用之后，进一步指出：“艺术之所以有一部历史，是因为艺术的错觉不仅是艺术家的劳动成

① 高名潞．西方艺术史观念：再现与艺术史转向．北京：北京大学出版社，2016：554－555.

② 布洛克．美学新解：现代艺术哲学．滕守尧，译．沈阳：辽宁人民出版社，1987：70－71.

③ 布洛克．美学新解：现代艺术哲学．滕守尧，译．沈阳：辽宁人民出版社，1987：71.

④ 贡布里希．艺术的故事．范景中，译．南宁：广西美术出版社，2008：15.

⑤ 贡布里希．中文版序言//艺术与错觉：图画再现的心理学研究．杨成凯，李本正，范景中，译．南宁：广西美术出版社，2012：I.

⑥ 贡布里希．序言//艺术与错觉：图画再现的心理学研究．杨成凯，李本正，范景中，译．南宁：广西美术出版社，2012：Ⅲ.

果，而且是艺术家分析形相时不可或缺的工具。”[①] 也就是说，贡布里希不仅看到了艺术家在艺术活动中发挥的主观性和创造性作用，而且他认为即使艺术家在再现现实面前也是有局限的。所以，他本人是反对艺术模仿/再现论的。

事实上，单从贡布里希的论述中很难甄别他对艺术模仿论到底持赞同还是反对观点。因为他本人的论述常常是自相矛盾的。他虽然强调艺术之所以有一部历史存在，是因为有艺术家，并且艺术家作画都要事先熟悉一定的图式，但是他也强调客观现实的重要性。“我更难以接受的观点是不承认有视觉现实其物，从而竟认为我们对任何再现之作都没有理由说它是否比别的作品更为逼真。”“我在本书中论述了眼睛是如何千变万化地欺骗我们，造成多种多样的错觉的。但若没有判断真实性的标准，没有不变的现实概念，我们也就无从谈什么背离真实。正是着眼于此，我才在书中讲‘图式和矫正’的过程——矫正这个词蕴涵着更为接近真实的意见，至少是消除虚伪性。”[②] 与传统的艺术模仿论只关注艺术与现实的关系相比，贡布里希确实更加关注艺术家的主体性和创造性，但他并非完全忽略外在现实，他也注重艺术与现实的关系。所以，他虽然批判传统的艺术模仿论，但是并没有完全脱离艺术模仿论的范畴。

对这一问题的思考还包含着另一个与此密切相关且十分重要的问题，即“词与物”之间的关系，可以借此来加深我们对模仿和再现之区别的理解。“西方古代知识论和一直盛行到18世纪的艺术摹仿说，甚至后来的文学再现理论，都是建立在传统的‘词物对应论’之上的，这时的美学语言观与这种词物对应思想是一致的。”[③] 而到了20世纪，随着西方学界出现“语言学转向”，人们对“词与物”的关系是“自然的”还是“人为的”问题加以重新审视，出现了“从‘自然语言观’到‘符号任意性’、从‘词物对应论’到‘词物分裂论’的重大转换”[④]。古老的艺术模仿说和再现论的思想基础也随之发生了动摇，出现了被很多学者论及的艺术再现的危机。那么，艺术再现的危机具体指什么呢?

关于艺术再现的危机，很多学者做过不同的论述，但学界尚未形成统一的定论。

塔塔尔凯维奇指出：“在其后的时日里，像格伦以及霍尔兹这些美学家，都相信生活在今天的我们，正在经历艺术史上最大的危机，因为艺术已经不

---

① 贡布里希．艺术与错觉：图画再现的心理学研究．杨成凯，李本正，范景中，译．南宁：广西美术出版社，2012：25.

② 贡布里希．中文版序言//艺术与错觉：图画再现的心理学研究．杨成凯，李本正，范景中，译．南宁：广西美术出版社，2012：Ⅱ.

③ 赵奎英．混沌的秩序：审美语言基本问题研究．广州：花城出版社，2003：60.

④ 赵奎英．混沌的秩序：审美语言基本问题研究．广州：花城出版社，2003：3-4.

再是模仿的了。危机无疑的是来临了，但它究竟是不是一个确定的危机呢?”[①] 贡布里希在《艺术的故事》中明确提出了艺术的危机。他所谓的艺术的危机是指，在1520年前后，绘画已经达到完美的巅峰，像米开朗琪罗、拉斐尔、提香和莱奥纳多等大师已经解决了前人力图解决的所有问题，甚至超过了古希腊和古罗马时代最负盛名的雕塑家的水平。艺术发展有可能停滞不前，后代艺术家很难超越这些“老大师”，也很难实现创作技法和题材的创新。[②] 在《艺术与错觉》中，贡布里希则提出，此书的真正目的是“阐释为什么艺术家显然是想让他们的图像看起来接近自然却会遭遇始料不及的困难”[③]。也就是说，他认为艺术家面临无法如实再现现实的困难，亦即艺术再现的危机。

美国后现代主义美学家弗雷德里克·杰姆逊在《后现代主义与文化理论》中指出了表达的危机。他说：“表达问题是现代主义面临的一个重要问题，表达出现了一种危机……这种危机在很多现代主义的文学中表现为寂静，不能表达，不能言语。语言不再发生作用。”[④] 奥尔特加在论述现代艺术的特征时，曾提到了“非人化”（dehumanization）这一概念，他在分析19世纪新艺术的风格时，首先指出的就是将艺术非人化。奥尔特加认为：“现代艺术家摧毁了把我们带回自己日常现实的桥梁和航船，把我们禁锢在一个艰深莫测的世界中，这个世界充满了人的交流所无法想象的事物。”[⑤] 他所谓的艺术的“非人化”即艺术“不再呈现人们所熟悉的世界，而是表征了一个充满了奇思异想的艺术世界，抽象性、平面化等必然成为现代主义艺术的主流倾向”[⑥]。奥尔特加关于现代艺术“非人化”的观点，被一些学者认为是关于当代“再现危机”的最早表述。[⑦]

根据这些论述，我们可以从两个层面来认识和理解艺术再现的危机。第一个层面即将再现与表现对举或类比，指艺术不再是再现的了。艺术史发展到19世纪，现代主义艺术出现了新的艺术风格，艺术不再只是模仿或再现的，而是包含了表现等多种可能。像塔塔尔凯维奇所说的，“艺术具有许多种不同的作用：它除了模仿之外，还可以表现和构造。在今天，模仿的作用已经脱离了视域，正好比早先它所广受瞩目的情形一样”[⑧]。在文学领域则出现

---

① 塔塔尔凯维奇．西方六大美学观念史．刘文潭，译．上海：上海译文出版社，2006：295.

② 贡布里希．艺术的故事．范景中，译．南宁：广西美术出版社，2008：361－386.

③ 贡布里希．第二版序言//艺术与错觉：图画再现的心理学研究．杨成凯，李本正，范景中，译．南宁：广西美术出版社，2012：Ⅷ.

④ 杰姆逊．后现代主义与文化理论：弗·杰姆逊教授讲演录．唐小兵，译．西安：陕西师范大学出版社，1987：141.

⑤ 奥尔特加．艺术的非人化．周宪，译//周宪．艺术理论基本文献：西方当代卷．北京：生活·读书·新知三联书店，2014：28.

⑥ 奥尔特加．艺术的非人化．周宪，译//周宪．艺术理论基本文献：西方当代卷．北京：生活·读书·新知三联书店，2014：25.

⑦ 周宪．再现危机与当代现实主义观念．文学评论，2019（1）.

⑧ 塔塔尔凯维奇．西方六大美学观念史．刘文潭，译．上海：上海译文出版社，2006：295.

了表现主义和浪漫主义文学，文学也不再只是模仿或再现了。

第二个层面则是指，由于语词与事物的关系的转变而导致的艺术再现的崩溃。随着20世纪西方“语言学转向”的出现，语词与事物的关系被重新审视，人们不再笃信语词与事物是一一对应的，传统“词物对应论”演变成了“词物分离论”。传统的艺术模仿论和艺术再现论的思想基础坍塌，从而引起艺术再现的崩溃，即艺术再现的危机。这一层面主要是从福柯对绘画的研究和分析中体现出来的。福柯在论述委拉斯开兹、马奈和马格利特的画作时都渗透出拆解再现的思想。其中最有代表性的是他在《这不是一只烟斗》中对马格利特的画作《形象的叛逆》和《双重之谜》的分析。

《形象的叛逆》作于1929年，画布中间有一只巨大的烟斗，在烟斗的下方却用文字写着“这不是一只烟斗”。《双重之谜》是在《形象的叛逆》基础上创作的，画布上巨大的烟斗被放置在了画架上，在画架的前方还有一只更大的烟斗。画架和烟斗都被放置在同一张画布中，表明它是一幅完整的画。福柯对《双重之谜》的探讨始于对一系列问题的思考，他指出：“在我们面前有两只烟斗。或许就是两幅描绘同一只烟斗的画？或许是一只烟斗和它的一幅画？是两幅各表现一只烟斗的画？一幅画表现一只烟斗，另一幅画不是？或两幅画既不是烟斗，也不表现烟斗？”① 福柯通过这种发问想要探究的是“实在与表现”的关系，他一方面关注图像所展示的内容与现实中的烟斗的关系，另一方面则更聚焦于烟斗下方的文字与图画中的烟斗的背离。图画的内容烟斗，而图画底端的文字却是“这不是一只烟斗”，这是在提醒人们画面的内容不是作为烟斗的物质实体吗？它是想表明这只是关于烟斗的图像吗？有学者根据福柯的发问，通过区分位于图像左上方的没在画框里的烟斗（烟斗A）与在画框里的烟斗（烟斗B），指出这幅名为《双重之谜》的第一重奥秘就是，从再现的角度来看，烟斗A看似是一个真实的烟斗，烟斗B则看起来是烟斗A的再现形象。另一重奥秘，即“马格利特通过这幅画与画中画的隐喻关系迷惑了观众，在烟斗A和烟斗B中区分出再现物（烟斗B）和被再现物（烟斗A），但这重关系却掩盖了一个事实，那个在画中画框子外面的烟斗A本身也仍是画中呈现的烟斗形象，只不过它是整个画面中的一个烟斗形象而已。即是说，它仍然‘不是一只烟斗’”②。这两重奥秘一方面看似在揭示作为画像的两只烟斗之间的关系，另一方面实则揭示出实物和画像、画像和画像之间的更为复杂的关系，而后一方面主要是通过画框里图像底部的文字来揭示的。

福柯将图画底端的文字称为“图形文”，他先指出了一般的图形文所具有的功能——“一、弥补字母的不足；二、不求助修辞学实现重复表达；三、

① 福柯．这不是一只烟斗．张延风，译//福柯集．上海：上海远东出版社，1998：115.

② 周宪．美学是什么．北京：北京大学出版社，2015：179.

用双重写书法捕获物象”[1]，然后表明这样的图形文尽量使得图和文接近，在把文字内容放入形象空间之后，使文表述出图所表达的内容。而在他看来，马格利特的绘画是由解体的图形文构成的。他指出马格利特的绘画虽然表面看重获了图形文的三重功能，其实却是对功能的偷梁换柱。他认为马格利特绘画中的图形文将语言和形象的传统关系打乱了，画中的“这不是一只烟斗”虽然出现在画面底部，充当“图画说明”的功能，并且词对图有从属性，但看似十分形象化的语词却与图画内容本身相背离。福柯认为马格利特的图形文具有双重的反常，并且在其所指之物和所说之物之间引来否定关系。在福柯看来，图形文上方和图画下方的空白使得指代、命名、描述和分类的各种关系在词与形之间组合起来，图文之间是有凹陷的，这一空白“更确切地说这是一种空间缺乏，是书写符号和形象线条之间‘共有场地’的消失”[2]。因此，福柯认为马格利特画作中的图形文是对传统图形文三重功能的反叛。

福柯认为有两大原则支配着从15世纪到20世纪的西方绘画。第一个原则即把造型表现（由此导致相似）与语言表现（由此排斥相似）区别开来。第二个原则则是一种对等原则，即在事实的相似与对表达上的联系的确认之间有对等。[3] 福柯认为马格利特和康定斯基、克利等人所追求的都是创造出与语词相对抗但同时又为之补充的形象，只不过康定斯基将绘画从相似与确认中解放了出来，而马格利特却在保留了相似性的基础上，拆解了确认。正像一些学者所指出的：“马格利特与康定斯基等抽象主义画家并无本质差异，他们的目的都是切断词与物的关系。不过他们使用的手段截然相反。康定斯基等人的手法是借助高度抽象化让图画彻底失去具象性，让观者无法辨认画家画的究竟与什么相似，从而挫败观者的言语确认行为。但马格利特则反其道行之，他打击再现不是诉诸抽象化，他并不排除图画的具象性，但是在他的作品中观者可以发现相似，但无法确认。”[4] 正是从这一层面，马格利特完成了词与物的分离。福柯在论述委拉斯开兹、马奈和马格利特的绘画时都涉及再现的解构问题。从他的论述可以看出，“马格利特超越马奈之处在于，他已经不满足于回到绘画，而是要从根本上切断词与物的关系，从而彻底摧毁再现。正是词与物之间的顽固联系为绘画的再现性提供了强大但隐蔽的哲学支持，因为在绘画的观看活动中始终伴随着一种言语确认活动。所以，要摧毁再现就必须摧毁词与物的联系”[5]。

综上所述，模仿和再现都是审美创造的重要范畴，艺术模仿论和艺术再现论是审美学领域解决艺术与现实之关系问题的重要理论。与艺术模仿论相

① 福柯．这不是一只烟斗．张延风，译//福柯集．上海：上海远东出版社，1998：117.
② 福柯．这不是一只烟斗．张延风，译//福柯集．上海：上海远东出版社，1998：121.
③ 福柯．这不是一只烟斗．张延风，译//福柯集．上海：上海远东出版社，1998：122.
④ 马元龙．再现的崩溃：重审福柯的绘画主张．文艺研究，2018（4）.
⑤ 马元龙．再现的崩溃：重审福柯的绘画主张．文艺研究，2018（4）.

比，艺术再现论更强调艺术家在艺术活动中的重要作用，艺术再现论在20世纪遭遇了危机而被解构。但艺术不只是模仿和再现的，它还可以表现或构造，这就涉及审美学的其他范畴，即形式与表现。

本节关键词：

艺术与现实，艺术模仿自然，再现的危机，词与物

第三节　形式与表现

形式与表现都是美学中的重要概念，甚至在一些美学史流派中具有本体性的地位。如果说模仿与再现主要表征的是审美、艺术与世界的关系，那么形式与表现则将重心放在审美的主要因素及其与主体的关系上。本节将首先对两个概念的历史和内涵进行考察，进而分析在审美创造中二者的相关性。

一、形式

“形式”一词有着悠久的历史，它既是美学中的基本范畴，又是最具有歧义的概念之一。塔塔尔凯维奇这样描述“形式”：“在美学讨论的领域中，极少有像‘形式’（form）这样经久耐用的名词。自古罗马以来，它虽历经沧桑，但却始终屹立不坠；除此以外，它所具有的国际性，也是其他名词难以望其项背的。”①

一般认为，形式的相关概念起源于古希腊的毕达哥拉斯学派，该学派认为“数”是世界的本原，事物的性质是由各种不同的数量关系决定的，而美则在于“数”比例上的对称与和谐。这一意义上的“形式”指事物各要素之间的安排和组合，是一种关系性存在，与结构概念类似。

柏拉图也极其重视事物内各要素及各事物之间的比例关系，他将“尺度”“比例”运用到生活的各个方面，包括美的领域。在《蒂迈欧篇》中，柏拉图认为，“凡被创造出来的东西必然是有形体的，也是可见的和可触知的”②。“凡是善的事物都是美的，而美的事物不会不合比例，因此美的生物也必定合乎比例。”③ 在柏拉图看来，神创造了世间万物，事物这种“井然有序”的状态是因为分得了神的“理念”。

亚里士多德提出事物具有目的因、动力因、质料因、形式因，“四因”可以进一步概括为质料因和形式因。每一个事物都由形式和质料两方面构成，而形式决定事物的性质和属性。亚里士多德的形式概念由此具有本体论和形

① 塔塔尔凯维奇．西方六大美学观念史．刘文潭，译．上海：上海译文出版社，2006：226.

② 柏拉图．蒂迈欧篇//柏拉图全集：第三卷．王晓朝，译．北京：人民出版社，2002：282.

③ 柏拉图．蒂迈欧篇//柏拉图全集：第三卷．王晓朝，译．北京：人民出版社，2002：340.

而上学的意味。在美学领域，亚里士多德继承了毕达哥拉斯学派和柏拉图的观点，认为美在于适当的结构安排："无论是活的动物，还是任何由部分组成的整体，若要显得美，就必须符合以下两个条件，即不仅本体各部分的排列要适当，而且要有一定的、不是得之于偶然的体积，因为美取决于体积和顺序。"①

康德是现代西方形式美学的奠基人，他在《纯粹理性批判》中提出"先验形式"的概念，并把"先验形式"看作人类认识和知识之"可能性"的基本规定。也就是说，主体所具有的先验形式给予经验世界以秩序和结构，我们所能认识和把握的只是被赋形之后的对象，而非物自体。人类的所有知识都由主体赋予形式，而这些形式是先天的、必然的和普遍有效的，如时间、空间、因果律等。判断力作为认识能力的一种，无疑也具有先验形式。康德从质、量、关系和模态四个契机来分析鉴赏判断（即美的判断），认为鉴赏判断是无利害的、无概念的、无目的的且普遍必然的。康德认为："能够构成我们评判为没有概念而普遍可传达的那种愉悦，因而构成鉴赏判断的规定根据的，没有任何别的东西，而只有对象表象的不带任何目的（不管是主观目的还是客观目的）的主观合目的性，因而只有在对象借以被给予我们的那个表象中的合目的性的单纯形式，如果我们意识到这种形式的话。"② 也就是说，美感判断的对象是纯形式。基于审美判断力批判的康德美学亦可被称为形式美学。

与康德美学的纯形式概念相反，黑格尔主张形式与内容的辩证统一，"内容所以成为内容是由于它包括有成熟的形式在内"③，美是理念的感性显现，内容是"理念"，形式则是内容的"感性显现"。因此美是理性与感性的统一，"艺术的内容就是理念，艺术的形式就是诉诸感官的形象。艺术要把这两方面调和成为一种自由的统一的整体"④。在此基础上，内容的重要性高于形式。在这一问题上，别林斯基的观点与黑格尔类似，他说："如果形式是内容的表现，它必和内容紧密地联系着，你要想把它从内容分出来，那就意味着消灭了内容。反过来也一样：你要想把内容从形式分出来，那就等于消灭了形式。"⑤ 形式与内容互为表里，缺一不可。

文艺学、美学中的"形式"问题在20世纪随着"语言学转向"而日益受到关注。"20世纪就是一个探寻形式的时代，一个追寻艺术的形式理性并企图以这种新理性取代传统理性的时代。"⑥ 俄国形式主义拉开了文学批评重心由作者转向文本的序幕，他们主张形式是文学之所以为文学的"文学性"所在，形式成为文学艺术的本质性存在。此后的"新批评"理论、结构主义、

① 亚里士多德．诗学．陈中梅，译注．北京：商务印书馆，1996：74.
② 康德．判断力批判．邓晓芒，译；杨祖陶，校．北京：人民出版社，2021：44.
③ 黑格尔．小逻辑．贺麟，译．北京：商务印书馆，1980：279.
④ 黑格尔．美学：第一卷．朱光潜，译．北京：商务印书馆，1979：87.
⑤ 别林斯基．别林斯基论文学．梁真，译．上海：新文艺出版社，1958：147.
⑥ 赵宪章．西方形式美学：关于形式的美学研究．上海：上海人民出版社，1996：273.

符号学都是在此基础上发展起来的。艾略特的“非个人化”理论、兰色姆的“本体论批评”等都将文本看作独立于作家的客观存在物，“新批评”学派也提出了诸如细读法、复义理论等针对文本形式的具体的研究方法。

与“文学性”概念类似，克莱夫·贝尔针对视觉艺术提出了“有意味的形式”的概念。“有意味的形式”是所有艺术品的共同性质，更是艺术品得以成立的基本条件。“在各个不同的作品中，线条、色彩以某种特殊方式组成某种形式或形式间的关系，激起我们的审美感情。这种线、色的关系和组合，这些审美地感人的形式，我称之为有意味的形式。‘有意味的形式’，就是一切视觉艺术的共同性质。”[①] 形式之所以有“意味”，是因为其中包含了创作主体的情感，这种情感必须借助形式才能被欣赏者感觉到。

符号论美学的代表人物恩斯特·卡西尔和苏珊·朗格把“形式”理解为生命形式。作为新康德主义者的卡西尔，受康德形式与物自体概念的影响，主张把人定义为“符号的动物”。他认为，人生活在一张由形式织成的网幕中，人直接面对的不是实在而是符号：“他是如此地使自己被包围在语言的形式、艺术的想象、神话的符号以及宗教的仪式之中，以致除非凭借这些人为媒介的干预，（否则）他就不可能看见或认识任何东西。”[②] 因此对美和艺术的理解也同样基于人的主观形式，“美感就是对各种形式的动态生命力的敏感性，而这种生命力只有靠我们自身中的一种相应的生命运动过程才可能把握”[③]。同样，苏珊·朗格把艺术定义为“人类情感的符号形式的创造”[④]，艺术是表现情感的特殊符号，它作为一个整体是指向符号自身和人的生命的形式系统，因此艺术的形式与生命的形式形成对应关系。

与卡西尔等人的观点类似，宗白华的“气韵生动”概念也指向生命的形式与节奏。[⑤] 他在《论中西画法的渊源与基础》一文中说：“中国画的主题‘气韵生动’，就是‘生命的节奏’或‘有节奏的生命’。”[⑥] 宗白华较早地自觉将“生命的节奏”这一命题回归古典，寻找其哲学基础。早在 20 世纪 20 年代的《艺术学（讲演）》讲稿和《形上学》笔记中，宗白华就追溯了“有节奏的生命”这一命题的哲学渊源。

> 凡一切生命的表现，皆有节奏和条理，《易》注谓太极至动而有条理，太极即泛指宇宙而言，谓一切现象，皆至动而有条理也……[⑦]

宇宙的本质是生生不息的生命之流，至动之生命是有条理和秩序的，亦

---

① 贝尔．艺术．周金环，马钟元，译．北京：中国文联出版公司，1984：4.

② 卡西尔．人论：人类文化哲学引导．甘阳，译．上海：上海译文出版社，2018：43.

③ 卡西尔．人论：人类文化哲学引导．甘阳，译．上海：上海译文出版社，2018：258.

④ 朗格．情感与形式．刘大基，傅志强，周发祥，译．北京：中国社会科学出版社，1986：51.

⑤ 罗钢主张宗白华对形式与生命的理解受卡西尔美学的影响。［罗钢．意境说是德国美学的中国变体．南京大学学报（哲学·人文科学·社会科学版），2011（5）.］

⑥ 宗白华．宗白华全集：第二卷．合肥：安徽教育出版社，2008：109.

⑦ 宗白华．宗白华全集：第一卷．合肥：安徽教育出版社，2008：548.

即“生命结构”。艺术作为宇宙生命的表现，亦由生命和结构组成，至动而有条理。他论艺术的特点时说：“美与美术的特点是在‘形式’、在‘节奏’，而它所表现的是生命的内核，是生命内部最深的动，是至动而有条理的生命情调。”[①] 中国的绘画、诗歌、书法、音乐的本质在节奏，因此中国艺术是富于生命情调的艺术。

20 世纪美学的另一重要转向是心理学转向。格式塔心理学（gestalt psychology）又称完形心理学，德语词 gestalt 意为“形状”“形式”。格式塔心理学所说的“形式”，不是事物的外在的、空间结构上的形状，也不同于艺术作品中各部分的组织安排，而是一种知觉整体，艺术作品总是首先作为一个整体而被人感知的。格式塔心理学美学的代表人物鲁道夫·阿恩海姆认为：“无论在什么情况下，假如不能把握事物的整体或统一结构，就永远也不能创造和欣赏艺术品。”[②] 这一形式是经过知觉改造的整体性形式，“对形状的知觉就是对于在刺激物中发现的结构特征的捕捉，或者说，是把某种结构特征强行加诸这一物质刺激物上面”[③]。由此他强调了人们在艺术欣赏时的主动性，大脑或心灵在视觉的基础上把已有的结构特征应用到艺术作品中，在此基础上才产生审美经验。[④]

通过梳理西方美学史中“形式”概念的发展演变，可以发现从古希腊直至当代，审美活动中形式的地位不断提高，在现代艺术中，形式甚至超越内容成为本体性存在。“形式因素的自觉与强调，一定程度上说是现代艺术的标志，它是伴随着艺术的自主性的美学观念而出现的。”[⑤] 关于形式概念的内涵，有以下几种主要观点。（1）形式指一件艺术作品中呈现并直接作用于人的感官的外在对象，如文学作品中的文字符号、绘画中的线条与色彩、诗歌与音乐的韵律等，这一形式概念与艺术作品的内容、含义相对应。（2）形式概念指艺术中各要素的组合关系或各部分的安排，与结构的概念等同。古希腊的哲学美学大都持此种观点。而实际上，这两种形式概念往往贯通使用。（3）形式还指向人的心理结构和情感结构，这种情感结构通常被称为“形式感”或“感性形式”，即主体受到审美客体的外在形式的吸引而产生的想象、感情活动等的审美感受，是审美主体面对审美客体时所具有的心理机制。康德的“先验形式”、以卡西尔为代表的符号论美学所提出的“生命形式”、格式塔心理学美学的形式概念以及宗白华的“生命的节奏”理论等，大体属于此类。

虽然现代美学语境下的“形式”概念源自西方，但中国古代亦有类似的概念。中国古代文艺理论中的“文”“象”“言”“形”“技”等概念均可与

① 宗白华．宗白华全集：第二卷．合肥：安徽教育出版社，2008：98.

② 阿恩海姆．导言//艺术与视知觉．滕守尧，译．成都：四川人民出版社，2019：4.

③ 阿恩海姆．视觉思维：审美直觉心理学．滕守尧，译．成都：四川人民出版社，2005：35.

④ 阿恩海姆认为甚至视觉本身也不是复刻外在物体，因而提出“视知觉”的概念。

⑤ 周宪．美学是什么．北京：北京大学出版社，2002：248.

"形式"形成呼应。与西方内涵丰富、多有变化的形式概念不同，中国的"形""言""文"等虽然在名称上各有差异，但在内涵上具有相对稳定性，即指相对于内容而言的遣词造句、手法技巧、外在形象等。

比如"文"的概念。《论语·雍也》曰："质胜文则野，文胜质则史。文质彬彬，然后君子。""文"即外在的形式，《说文解字》释"文"为"错画也"，"文"的本义为线条交错的图案或花纹，《礼记·乐记》有"五色成文而不乱"之句，五色相互交织成图案便不至于混乱。这与上文所说的以毕达哥拉斯学派为代表的第二种形式概念不谋而合。刘勰在《文心雕龙·情采》篇认为"文附质"而"质待文"，"文""质"不可分，反对空有形式的"为情而造文"，主张"为文而造情"，"心定而后结音，理正而后摛藻，使文不灭质，博不溺心"，先确定作品的思想感情，再考虑音节、辞采的问题，从而做到形式与内容的结合。

又如"言"的概念。王弼《周易略例·明象》中对"言-象-意"三者的关系有系统论述。

> 夫象者，出意者也。言者，明象者也。尽意莫若象，尽象莫若言。言生于象，故可寻言以观象。象生于意，故可寻象以观意。意以象尽，象以言著。故言者所以明象，得象而忘言。象者所以存意，得意而忘象……得意在忘象，得象在忘言。故立象以尽意，而象可忘也。重画以尽情，而画可忘也。①

在王弼的玄学理论中，"意"属于本体论的范畴，"言"是形而下的具体事物或形式，它与"象"一起，构成了"意"的外在表现。"寻言"可以"观象"，"寻象"可以"观意"。"意"是不可说、不可见的，我们只能通过"言"和"象"来表现，故"言"是得"意"的工具，但"得意"之时，便是"忘象""忘言"之时。这一观点运用到艺术创作中，要求创作时须讲求形式与法度，但不能拘泥于此而要有所超越，即要处理好"有法"与"无法"的辩证关系。玄学理论所关注的"言""意"关系论（"言意之辩"），对中国艺术理论的发展影响极大，文论、画论、书论中的"隐秀""以形写神"等艺术创作手法，"文外之旨""言有尽而意无穷"等诗歌韵味论，以及"澄怀味象"等审美欣赏方式，都脱胎于此。

此外，与西方"形式"概念一度上升到艺术本体论的高度有所不同，中国古代文论中"形"的重要性远低于内容的重要性。由于中国有着强大的"文以载道"的理论传统，文艺的地位远不及政治和道德教化。"弟子，入则孝，出则悌，谨而信，泛爱众，而亲仁。行有余力，则以学文"（《论语·学而》），仁孝为本，文为末，文艺只是通往"道"的工具。桐城派姚鼐"君子求乎道，细人求乎技"（姚鼐《翰林论》）的观点基本代表了中国传统文人对

---

① 王弼，韩康伯，注．孔颖达，疏．陆德明，音义．周易注疏．北京：中央编译出版社，2013：437-438.

文艺的态度。因此在文艺作品内部，形式、技巧的重要性便远不及思想内容，魏晋南北朝时期嵇康“声无哀乐”的音乐理论和昭明太子“义归乎翰藻”的选文标准，只是在特定时代下产生的姑且可以被称为“形式论”的昙花一现的理论形态。

二、表现

在美学中，再现与表现是一组相对的概念。再现指艺术对现实进行模仿，如实客观地将对象呈现在艺术作品中，表现则主要指艺术家在作品中的情感表达，主观色彩浓厚；再现论关注的是艺术作品与现实世界的关系，表现论则关注艺术作品与艺术家的关系。“我们将再现功能赋予那些可以唤起其他事物的显现的对象，而把表现功能赋予那些可以唤起对于某个人的情感的判断的对象。”① 从古典主义到浪漫主义，直至后来的印象派和抽象主义，西方艺术史大体可以概括为再现与表现的纠缠或从再现到表现的转变过程。正如《美学历史词典》所言：“在美学史上，表现理论逐渐取代模仿理论成为艺术作品的基本描述。表现理论在 18 世纪下半叶开始显著出现。”②

表现论的兴起与浪漫主义的流行有很大关系，浪漫主义侧重表现创作者的个性和情感，将美学与艺术的重点转移到表达的独特性、天才式的创造力和激情上。英国浪漫主义诗人华兹华斯主张“诗是强烈感情的自然流露”③，“情感的流露”实际上就是表现论的要义。

法国的欧仁·维龙（Eugène Véron）是西方美学史上较早提出“艺术是情感的表现”观点的美学家，他在代表作《美学》一书中说：“表现艺术是真正的现代艺术，它在很大程度上是建立在感染力的基础上的，它描绘人的激情、情感和性格特点。”他认为，激情是艺术创造的决定性因素，一件艺术品的价值首先体现在表现激情的能力上。因此维龙对艺术的定义是：“艺术是某种激情的表现，这一表现或者是通过线条、外形和色彩的种种组合，或者是通过一系列具有特定节奏的动作、声音和话语而表现出来。”④ 艺术是通过外在的形式来表现情感的创造活动。

稍晚于维龙，列夫·托尔斯泰在《论所谓的艺术》及《什么是艺术?》两篇文章中也论及艺术的情感表现特征。在《论所谓的艺术》中，他说：“艺术的全部工作只是要成为可以理解的，是通过感情的感染这一特殊的、直接的途径使令人不理解的东西成为可以理解的……直接以感情感染人乃是艺术活

① 奥索夫斯基．美学基础．于传勤，译．北京：中国文联出版公司，1986：254.

② TOWNSEND D. Historical dictionary of aesthetics. Oxford：Scarecrow Press，2006：113.

③ 华兹华斯．《抒情歌谣集》序言//缪灵珠．缪灵珠美学译文集：第三卷．北京：中国人民大学出版社，1990：19.

④ 维龙．什么是艺术？//蒋孔阳．十九世纪西方美学名著选：英法美卷．上海：复旦大学出版社，1990：451－452.

动的特点。”①在《什么是艺术?》中他进一步明确：“在自己心里唤起曾经一度体验过的感情，在唤起这种感情之后，用动作、线条、色彩、音响和语言所表达的形象来传达出这种感情，使别人也体验到这同样的感情，这就是艺术活动。艺术是这样的一项人类的活动，一个人用某些外在的符号有意识地把自己体验过的感情传达给别人，而别人为这些感情所感染，也体验到这些感情。”②

情感表现论在克罗齐那里发展成表现主义。在克罗齐的理论中，表现就是直觉，他说：“每一个真直觉或表象同时也是表现……若把直觉与表现分开，就永远没有办法把它们再联合起来。”③直觉是心灵在对外在事物整体把握的基础上形成的形象，这个形象的形成过程就是表现的过程，也是艺术创造的过程。因此艺术不是物理事实，它与外在世界无关，从而具有非功利、非道德、非概念等特性。克罗齐的理论实际上开创了一种新的文艺理论派别——表现主义。英国美学家科林伍德是表现主义的另一代表人物。受克罗齐的影响，科林伍德认为，艺术是情感的表现，真正的艺术首先是创造性的，而不仅仅是把某种形式赋予特定材料而制作的；其次是想象性的，“一件艺术作品作为被创造的事物，只要它在艺术家的头脑里占有了位置，就可以说它被完全创造出来了”④。也就是说，艺术指向主体自身，不具有外在属性。他说：“描述不仅丝毫无助于表现，实际上反而损坏了表现，原因在于，描述是一种概括活动。描述一件事物就是认为它是这样一个事物和这样一类事物，就是把它置于一个概念之下并加以分类。相反，表现却是一种个性化活动。”⑤克罗齐和科林伍德的表现主义凸显了创作主体的作用。但是把艺术单纯看作心灵直觉和情感表现，其理论上的缺陷也是显而易见的，他们把艺术活动限制在主体心灵之中，也就否定了作为客体的艺术作品的存在和艺术接受的可能性。

英国美学家埃德加·卡里特便对克罗齐把表现等同于直觉的观点提出了质疑和修正。他承认真正的艺术并不完全依赖于可传达性，但不可否认的是，艺术作品在表现中获得了自己的真正存在，而表现又不得不通过一定的形式。“凡是我们不能凭借实际的或想象的声音、色彩、词汇、形状或某种别的方式清晰地向自己表现的事物，都是不美的，而一切不是如此具有表现性的色彩、声音或形状，也都是不美的。必须被表现的东西与能够进行表现的东西，一旦不可分离地融合于表现之中，便首先给人以美的印象。”⑥一件艺术作品或

---

① 托尔斯泰．论所谓的艺术//列夫·托尔斯泰文集：第十四卷．陈桑，丰陈宝，等译．北京：人民文学出版社，2000：123.

② 托尔斯泰．什么是艺术？//列夫·托尔斯泰文集：第十四卷．陈桑，丰陈宝，等译．北京：人民文学出版社，2000：174.

③ 克罗齐．美学原理．朱光潜，译．北京：商务印书馆，2017：9.

④ 科林伍德．艺术原理．王至元，陈华中，译．北京：中国社会科学出版社，1985：134.

⑤ 科林伍德．艺术原理．王至元，陈华中，译．北京：中国社会科学出版社，1985：115.

⑥ 卡里特．走向表现主义的美学．苏晓离，曾谊，李洁修，译．北京：光明日报出版社，1990：148.

一个美的事物，无论是在头脑中表现，还是在现实中表现，都必须依赖一定的形式。

作为美国经验主义和实用主义哲学的代表人物，杜威在美学领域强调艺术与日常生活的联系。杜威的经验论意图打破了英国经验主义和欧洲大陆唯理论所共有的二元论特征。经验是主体与外在环境相互作用的动态过程，因此主客体在经验中是统一的而不是分离的。杜威认为，情感是在主体与环境的相互作用下产生的，它兼有内在的和外在的双重属性。构成情感的表现需要两个条件——内在的情感和冲动（internal emotion and impulsion），以及围绕着主体的、作为阻碍物（刺激物）而存在的客观对象（environing and resisting objects）。“存在于（构成艺术作品的）媒介之中并通过这一媒介的自我的表现，本身就是一种自我与客观条件的长时间的相互作用，在这一过程中，两者都获得了它们最初并不拥有的形式和秩序。”[①] 也就是说，艺术中的情感表现不是只存在于主体内心，它还必须有外在的形式化呈现。

同“形式”概念一样，中国古代亦有情感表现说。《尚书·舜典》提出“诗言志”，魏晋南北朝时期的陆机提出“诗缘情”（陆机《文赋》）。虽然“志”与“情”有着不同的理论指向，但在主张诗歌的功用是抒发、表现作者内心的情志上，二者是一致的。因此可以说，这两种观点共同奠定了中国文学的抒情传统。情感从何而来？又如何抒发？《礼记·乐记》论及音乐的起源时说：“凡音之起，由人心生也。人心之动，物使之然也。感于物而动，故形于声。”人心受到自然万物的感发触动而产生情感，这种情感积攒于心，通过“声”这一外在形式表现出来，无序的“声”经过一定方式的排列和组织成为“音”，将“音”谱上曲调便产生了“乐”。《毛诗序》提出了“情动于中而形于言”的观点：

> 诗者，志之所之也。在心为志，发言为诗。情动于中而形于言，言之不足，故嗟叹之，嗟叹之不足，故永歌之，永歌之不足，不知手之舞之，足之蹈之也。[②]

诗是情感的表现形式。内心激荡的情感或志趣通过语言、叹息、歌咏、舞蹈等外在形式表现出来。钟嵘在《〈诗品〉序》中进一步结合了“诗言志”和《乐记》的“物感说”：

> 气之动物，物之感人，故摇荡性情，形诸舞咏。[③]

充斥天地的“气”使自然万物生长变动，而这变动不居的景物又使人性情摇荡，这种感情通过舞蹈歌咏得以释放和表现。因此钟嵘实际上说明了情

---

① DEWAY J. Art as experience: the appreciation of nature, art and architecture. London: G. P. Putnam's Sons, 1980: 65.

② 《十三经注疏》整理委员会．毛诗正义．北京：北京大学出版社，1999：6.

③ 钟嵘，著；曹旭，笺注．诗品笺注．北京：人民文学出版社，2009：1-28.

感由产生到表现的完整过程，论述了从客观对象到主观形象的艺术创造过程。

上文对中西美学史上诸种表现理论进行了梳理。朱光潜在克罗齐《美学原理》中译本注释中概括了“表现”一词的三种主要含义：一是指“自然科学的意义”，如面红耳赤是羞愧的表现，这是生物学意义上的本能性表现，不经过心灵的作用；二是指一般意义上的“传达”，把审美活动借助物质的媒介呈现为他人可见的艺术作品，这个含义应用最为普遍；三是指克罗齐的“表现”概念。① 生物学意义上的表现是情感表现的基础，但与美学理论的直接关联不大，因此美学中“表现”的含义大致可以分成两类。一类以克罗齐和科林伍德的观点为代表，主张艺术即直觉，即表现。另一类是大多数理论家所主张的，即艺术表现情感须借助于外在形式。维龙、托尔斯泰、杜威等人在阐发自己的表现理论时实际上已经涉及表现与形式的关联。这种表现理论基本可以概括为“情动于中而形于言”，如前文中维龙给艺术下的定义便是这一意义指向。

形式与表现的联系如此紧密，以至于表现论者往往在理论阐述时离不开形式，而大多数形式论者也无法完全抛开情感表现。如贝尔认为，艺术形式的功能是传达审美情感，形式与审美情感之间形成了对应关系。苏珊·朗格认为艺术是人类情感的形式创造，她将表现性看作所有艺术类型的共同特征：“一件艺术品就是一件表现性的形式，这种创造出来的形式是供我们的感官去知觉或供我们想象的，而它所表现的东西就是人类的情感。当然，这里所说的情感是指广义上的情感。”② 言下之意，形式不是纯粹的形式，其中包含了作者的情感，欣赏者通过对艺术形式的欣赏，便能感受到作者的情感。这种“同情”能够实现的前提是人类的情感是相通的，与康德所说的“审美共通感”相似。

奥索夫斯基的观点与苏珊·朗格相似，他也主张艺术的符号是情感符号，形式是人类情感交流的媒介和基础：“在正常条件下（即不管心灵感应方面的某些可能的现象），除了我们自己的心理状态之外，我们不能直接看到别人的心理状态。要想同任何其他的心灵交流，就必须通过某些物质对象的中介，它们同某种心理有着某些因果联系……这样，某些物质对象对于我们来说，便成了某个人的体验和心理倾向的符号。”③ 因此他将艺术符号称为“表现符号”，即表现、沟通人的情感的符号。

因此，艺术创造活动中的情感表现过程，也就是艺术家通过外在的形式（包括语言、声音、动作、线条、色彩等）或各要素间的形式安排把内心的情感加以对象化、客观化，使之成为可供观赏的作品的过程。实际上，形式与表现体现在审美创造的诸过程之中：在审美意象的孕育和形成阶段，艺术家

① 克罗齐．美学原理．朱光潜，译．北京：商务印书馆，2017：9，109.

② 朗格．艺术问题．滕守尧，译．南京：南京出版社，2006：18.

③ 奥索夫斯基．美学基础．于传勤，译．北京：中国文联出版公司，1986：244.

在头脑中对现实世界的诸多现象进行选择、加工，经过一番赋形活动，将模糊的审美意识转变成明晰的审美意象；在审美意象的表现和传达阶段，艺术家运用一定的物质材料和艺术技巧，将头脑中的审美意象转化为艺术形象，从而进行情感表现，可见审美意象的表现和传达其实就是赋形活动。而在艺术接受中，欣赏者也是通过对艺术作品形式的欣赏来获得审美愉悦、体味创作者情感的。因此可以说，赋形是审美活动的基础。

本节关键词：

生命结构，文，情感，赋形

本章小结

本章主要从直觉与想象、模仿与再现、形式与表现三个方面展现审美创造的过程、机制与特征。从审美学原理来看，这是从审美心理到意象生成与艺术创作的立体呈现；而从中西美学史来看，直觉、想象、模仿、再现、形式和表现本身是许多美学、文学理论及艺术批评思潮与流派的重要范畴。按照“论从史出”的原则，本章关于审美创造的基本原理是从美学史的范畴流变中得出的。直觉与想象是主体在审美机制中的基础活动，也是彰显审美经验特质的重要过程。无概念、无功利、无目的构成了直觉的基本指向，直觉活动显现为整一性、创造性、情感性、在瞬间把握永恒等特点。与直觉相比，想象对观照对象的依赖减弱，具有生成性与自由的特征。想象包括再造性想象与创造性想象，二者在审美想象与艺术想象中有不同侧重。模仿与再现构成了人与世界之间的审美关系。艺术模仿现实虽然是西方美学与艺术观念史上的基本共识，但也引起了许多有创造性的反驳。再现论是在批判模仿论的基础上形成的，凸显了主体在审美创造中的作用。形式范畴表征的是审美意象的结构与符号，形式还具有情感性指向，即作为审美创造的实现心态，形式是主体情感表现的对象化。当把这些范畴置于浩瀚的美学史中去把握时，审美创造机制的复杂性得以彰显。

思考题

1. 再造性想象与创造性想象在审美创造中有哪些不同？
2. 如何理解“再现的危机”？
3. 谈谈对“情动于中而形于言”这句话的理解。

拓展阅读

朱光潜．文艺心理学．合肥：安徽教育出版社，2006.

赵宪章，张辉，王雄．西方形式美学：关于形式的美学研究．南京：南京大学出版社，2008.

塔塔尔凯维奇．西方六大美学观念史．刘文潭，译．上海：上海译文出版社，2006.

福柯．这不是一只烟斗．张延风，译//福柯集．上海：上海远东出版社，1998.

周宪．再现危机与当代现实主义观念．文学评论，2019（1）.

艺术·审美·人生

审美创造是一种因自由而生愉悦的精神活动。审美创造的这一性质，对于改变消费主义时代的功利追求、技术垄断的程式化生活方式，唤醒人的感受力，恢复艺术化的诗意生活状态具有重要意义。

以往对审美基础理论与范畴的讨论，多集中于西方美学的理论资源。而本章讨论审美创造的“直觉”“表现”“形式”等问题时，对中国古典美学与文艺理论资源的发掘与阐释，是中华优秀传统文化创造性转化与创新性发展的体现，也是建构中国当代美学自主知识体系的实践，体现了文化自信。

第六章
审美形态

本章从动势意味上理解审美形态，将之分为自然审美、技术审美、艺术审美和日常生活审美。在我们看来，自然审美诉求自然美现象的生成，技术审美诉求技术美的功能完善与人类文明程度的提升，艺术审美诉求艺术美的生成与世界的敞开，日常生活审美诉求生活的美化与对美好生活的追求。事实上，审美关系的建构是一个互为主体、相互促进的动态过程，其中始终伴随着人的情感反应、身心体验和价值判断，是一个既指向对象又回到鉴赏者自身的心理情感体验过程，并因着审美对象的差异而形成多样化审美形态。虽然我们划分了四种审美形态，但在审美实践中，诸多审美形态往往杂糅，不同审美形态的生成只是在实践中有所偏重而已。

第一节　自然审美

自然审美，其自然之本性是自然而然，既包括外在自然界的万物本然，亦包括人之内在天性的自然。自然是相对于人造物而言的一切事物自然而然、自在天成的一种本性绽放。自然审美不是自然物之美，而是在物与人所建构的审美关系中，人面向自然物经由心理情感激发所呈现出的一种情感愉悦。自然审美不是对所谓自然的内在审美价值和审美属性做评判，而是回到具体的人的实践活动本身，将自然审美诉诸处在审美关系中的主体的审美态度、审美体验。

一、自然审美的生成

西方美学史上，很多美学家认为自然本身不可能有美，自然美只是属于心灵的那种美的反映。康德固然强调了对自然的敬畏，甚至认为："对自然的美怀有一种直接的兴趣（而不仅仅是具有评判自然美的鉴赏力）任何时候都是一个善良灵魂的特征"[①]，但自然的美只是人的内心情意的一种情调表征，康德旨在通过自然为人的自由本性提供合法性。黑格尔认为："人们从来没有

---

① 康德．判断力批判．邓晓芒，译；杨祖陶，校．北京：人民出版社，2002：141.

单从美的观点，把自然界事物提出来排在一起加以比较研究。我们感觉到，就自然美来说，概念既不确定，又没有什么标准，因此，这种比较研究就不会有什么意思。”① 黑格尔指出：“有生命的自然事物之所以美，既不是因为它本身或从其本身的美中产生出来的，也不是为着要显现而产生出来的。自然美为其他对象而美，也就是说，为我们而美，为理解美的心灵而美。”② 在他看来，“艺术美是由心灵产生和再生的美，心灵和它的产品比自然和它的现象高多少，艺术美也就比自然美高多少”，甚至“任何一个无聊的幻想，它既然是经过了人的头脑，也就比任何一个自然的产品要高些，因为这种产品见出心灵活动和自由”。③ 在此，黑格尔强调了艺术的优先性，甚至一切人工制品都会因灌注了人的精神而比自然更美，“与其去为诸如一个落日景象的美寻找原因，还不如去研究一只奶罐的造型”④。在黑格尔的美学体系中，自然审美实际上被排除在外。朱光潜在《谈美》中，也否认了自然美概念的合法性。在他看来：“一般人常欢喜说‘自然美’，好像以为自然中已有美，纵使没有人去领略它，美也还是在那里……其实‘自然美’三个字，从美学观点来看，是自相矛盾的，是‘美’就不‘自然’，只是‘自然’就还没有成为美’……如果你觉得自然美，自然就已经过艺术化，成为你的作品，不复是生糙的自然了。”⑤ 从存在来说，自然美具有在对象领域的本己性，从实践来说，自然审美必须落实于人的鉴赏判断。人的缺席对于自然美的实现来说没有现实可能性，因此自然审美既要解决自然的问题，又要解决人的问题。

生态学（ecology）概念在美学研究中的运用，为自然审美打开了新的视域。生态就是自然有机生命物与周围世界的关系，这为洞察自然审美的发生提供了新的视角和思路，有助于人们更好地把握和领会自然审美。从生态美学视角看，自然审美既是观念性的存在，又是现象性的存在。在生态美学视野下，自然是有机的生命体，它本身有其独立的审美特质。自然自美是作为自然物的有机生命体自身的美。生态美学视角下，自然审美是一种关系中的美，而不是实体性的美。审美是一种主体间性行为，主体欣赏对象即构成两者的审美关系。如果没有欣赏，所谓的审美对象即不存在。这并不是说，审美对象的物理性、实体性消失，只是强调其作为审美对象，在审美中属于沉寂状态，尚未进入审美关系的敞开（澄明之境）中。生态美学拓展了人类审美的范围，也为欣赏自然美或进行自然审美提供了新视角。它强化了自然审美的对象不单纯是“人化的自然”，而是审美关系中人与自然的共生共在与互看。也就是说，自然审美发生的基础，不是所谓的客观存在的自然，而是对自然的审美体验，即关系中的自然。自然审美把美学与生态保护内在地关联

① 黑格尔．美学：第一卷．朱光潜，译．北京：商务印书馆，1979：5.
② 黑格尔．美学：第一卷．朱光潜，译．北京：商务印书馆，1979：156.
③ 黑格尔．美学：第一卷．朱光潜，译．北京：商务印书馆，1979：4.
④ 刘纲纪．美学与哲学．武汉：湖北人民出版社，1986：81.
⑤ 朱光潜．谈美．北京：中华书局，2015：48.

起来，把保护自然的伦理观念转化为主体以审美体验价值为目标的内在追求，使保护自然生态的动机建立在主体的审美需求上。因着审美对至善价值的祈向，一个对自然心怀敬畏、追求自然审美愉悦感的人，不仅不会去破坏自然生态，还会不自觉地生出“自然全美”的生态意识，这使非人类中心主义的自然审美得以成为可能。

有学者指出：“审美主体与对象双向互动的理想是建立在物活论的基础之上的，而万物皆有生命，正是这种新型审美关系得以成立的依据。”① 生态美学从人与自然相统一的逻辑基点出发，重构了自然审美的问题域，使原本单纯的“人审自然”的审美关系，因着人的物性和自然主体性两个维度的填充，逻辑地演变为一种人与自然共在、互赏的新型审美关系。因此，在新的关系域中，自然审美是人与自然的“共美”，是包括人在内的一切自然生命向自由之境的竞相敞开，真正实现了人与自然对自由的分享。

二、自然审美的基本特性

一般的美学教科书把自然美分为两类。一类是未经人类加工改造的自然审美现象，其独有的自然风貌，使人获得审美的愉悦；一类是经过人类加工改造的自然景观审美现象，这类对象或多或少打上了人类实践的印记，体现了人类实践的价值诉求，内蕴着人的本质性力量。自然美是美学研究的重要范畴，而自然审美是人类审美活动的主要形态之一，它比自然美更为基础。自然审美具有以下几个特性。

一是自然审美对自然物的依存性。自然审美发生的前提是与自然物建立一种审美关系，审美活动必须在具体的感性形象中进行，也就是说审美必须依靠感性形象的传达和个体化的鉴赏判断。自然审美对象的感性存在使自然审美的发生有着明显的对自然物的依赖。自然审美所依存的质料具有不可去除性，是自然审美的前提。譬如，泰山日出、峨眉佛光、钱塘潮、蓬莱海市蜃楼等审美现象，无不依赖特定的自然条件与一定的时空环境。那些著名的自然审美景观，如泰山天下雄、华山天下险、峨眉天下秀、青城天下幽等，更凸显了自然审美活动对自然物的某种现实依存性。在康德看来，自然审美之基础“必须是自然，或被我们认为是自然，以便我们能对美本身怀有一种直接的兴趣”②。应该说，对自然物的依存性是自然审美的一个基本特性。

二是自然审美具有审美意味的模糊性、意蕴的朦胧性和意义的不确定性。自然美普遍存在于外部世界，却因其复杂性而尚未被人类充分感知。哈格洛夫指出：“我这里强调的问题与人类思维（无论是概念上的还是想象力方面的）的有限性直接有关。人类的头脑很难真正弄清楚复杂性问题，而复杂性

① 刘成纪．自然美的哲学基础．武汉：武汉大学出版社，2008：162.
② 康德．判断力批判．邓晓芒，译；杨祖陶，校．北京：人民出版社，2002：145.

正是自然的主要特点之一。"[①] 法兰克福学派哲学家阿多诺认为，"自然美的实质委实具有其不可概括化与不可概念化等特征"，"自然美是由其不可界说性得以界说的……作为不确定的东西，自然美敌视所有一切界说"[②]。自然审美对象的复杂性决定了自然审美意味的模糊性、意蕴的朦胧性、意义的不确定性。

三是在审美关系域中自然表象的易变性、多变性，使自然审美呈现出形态的丰富性。比如，山水烟岚，四季不同："春山淡冶而如笑，夏山苍翠而如滴，秋山明净而如妆，冬山惨淡而如睡。"（郭熙《林泉高致·山水训》）王维在《山水论》中指出："早景则千山欲晓，雾霭微微，朦胧残月，气色昏迷。晚景则山衔红日，帆卷江渚，路行人急，半掩柴扉。"自然表象的易变性、多变性，使自然审美具有丰富的形态。

在当代文明视野中，自然表象的易变性和多变性，影响一些学者提出"自然全美"观点。如卡尔松秉持"自然全美论"，认为"所有野生自然物，本质上均有审美之善"[③]。中国美学家陈望衡提出"自然至美论"，认为自然是人类的生命之源，是美的规律之源，是人的审美潜能之源，人类的创造（包括审美创造）以自然为师，而自然的创造不管在质上还是量上都是无限的，远非人类所能企及，自然美是一种最高的美。[④] 虽然人类的认识能力有了极大提高，但自然还是无法被人类完全认识与掌握，面对不可知的自然本体与自然表象的易变性、多变性，以"自然全美"的态度保持一种敬畏，以谦逊的态度对待自然，停止对自然的过度干预与介入，才能使自然审美呈现出丰富的审美形态。

三、自然审美的三种模式

从自然审美的现实性来看，面对丰富的自然审美对象，可以从三个视角即生态、景观、环境切入，由此生成人对自然进行审美观照的三种自然审美模式，即自然生态审美模式、自然景观审美模式和自然环境审美模式。

1. 自然生态审美模式

自然生态审美模式不是简单地把生态作为审美对象，而是以生态学视角和思维来切近自然对象，对自然全美或自然至美的感性的生命形态或样态进行审美，从中获得一种自由的精神愉悦感。生态概念在当代的提出和广泛应用，与人对自然内在本质认知的深化密不可分。生态学启示我们，人是生命的存在，自然对象也是生命的存在，人与自然在生命的意义上是平等的。以

① 哈格洛夫．环境伦理学基础．杨通进，江娅，郭辉，译．重庆：重庆出版社，2007：237.

② 阿多诺．美学理论．王柯平，译．成都：四川人民出版社，1998：125，129.

③ CARLSON A. Aesthetics and the environment：the appreciation of nature，art and architecture. London：Routledge，2000：73.

④ 陈望衡．自然至美论．河北学刊，2005（1）.

生态学思想为基础，自然生态审美模式不是诉诸人的单向度“审”美，而是在审美关系域中实现一种互看与绽出的敞开，旨在对自然生命自由状态的表现形态、生命样态所引发的精神愉悦做出鉴赏判断。

自然生态审美模式中人与自然的关系是一种“我-你”的间性关系，人与自然作为两个主体进行平等对话，诉求生存论意义上的共在共荣。这种基于间性哲学世界观的转变，扬弃了二元对立思维方式，重新肯定了自然的本体论意义，打破了“人类中心论”的价值体系，旨在以对自然“复魅”的审美转向为突破与超越人类生存困境寻求可能的路径。有学者认为：“恰恰是人与自然共生中的‘美好生存’将生态观、人文观与审美观统一了起来，‘生存’成为理解生态美学视野中自然之美的关键。”① “生存”首先意味着栖居，“祛魅”将栖居工具化、人本化，使人丢弃了“家园意识”。从“祛魅”到“复魅”，体现了由人类中心主义向生态整体主义而非生态中心主义的转变，进一步明确了人与自然、此在与世界的存在关联。以“自然生命共同体”的方式把人视为存在的牧者，构建了人与自然非人类中心主义的同一性关系。“自然之美不是实体之美，而是生态系统中的关系之美。它不是主客二分的客观的典型之美，也不是主观的精神之美……在现实中只存在人与自然紧密相连的自然系统，也只存在人与自然世界融为一体的生态系统之美”②。整体性的生态观使自然审美突破了美学研究的“静观”范式。生态美学的兴起不仅丰富了自然审美的视角，打开了自然审美新视域，还形成了自然生态审美模式。

自然生态审美模式的开拓者之一是利奥波德（Aldo Leopold），他将生态学等相关知识应用于自然审美，开创了自然生态审美模式，摆脱了艺术审美的束缚，真正实现了自然审美的自主。他将生态系统的和谐与稳定作为自然审美的标尺，认为“当一个事物有助于保护生物共同体的和谐、稳定和美丽的时候，它就是正确的，当它走向反面时，就是错误的”③。因此，和谐、稳定与美丽是三位一体的，也就是说美与善是统一的，自然物只有在有利于生态系统整体的和谐与稳定时，才是美的。在利奥波德这里，善的才是美的，善的规定性充当了从认知到审美的中介。自然生态审美模式突破了艺术美比附自然的范式，突破了人类中心主义的生态观，“力主自然与人的‘平等共生’的‘间性’关系，而不是传统的认识论美学的‘人化自然’的关系”④。它以生态系统中人与自然的和谐共存为美。

自然生态审美模式不是退回到前现代泯灭自我意识的神化思维，更不是抹去人的存在价值与创生力量，而是以“复魅”确认人的价值归属与生存内涵，以“复魅”思维推动人类回归地球“家园”，在“回家”的路上使人类得

① 曾繁仁．生态存在论美学视野中的自然之美．文艺研究，2011（6）．

② 曾繁仁．中西对话中的生态美学．北京：人民出版社，2012：222－223．

③ 利奥波德．沙乡年鉴．侯文蕙，译．长春：吉林人民出版社，1997：213．

④ 曾繁仁．当代生态文明视野中的生态美学观．文学评论，2005（4）．

以“诗意地栖居”。

2. 自然景观审美模式

随着人类活动范围和视野的拓展，自然越来越景观化，以此为视角的自然审美呈现出景观化模式。所谓景观面对的不是整体的自然，而是在观赏者视野中对某些或局部自然外在形象呈现的关注。“景”，有着以我观物的特点，意味着只有获得审美主体的“观”，对象才成其为景；同样，“观”，一定关联于某一对象化的物，意味着这种表象的呈现需要审美主体的在场，即这种景观之美不是“美者自美”，而是“因人而彰”。从审美价值实现的方式来看，自然景观审美模式关注的是自然事物的表象形式，在审美关系域的建构中景观对人的召唤具有依存性，从而把自然向美而生的本性寄望于人的审美能力与目的诉求。

在自然景观审美模式下，“自然”是一种景观化的自然，是“人化自然”的重要代表。自然景观审美模式要求审美主体在特定的地点选取合适的视点，框定一处风景，并欣赏其色彩、线条、构图等，就像是欣赏风景画一样。“如画”理论是这种自然景观审美模式的代表。通常所讲的“风景如画”，其中的自然更多的是一种景观化的自然，这是以一种艺术观念来评价自然，自然具有人化的色彩。有学者指出：“‘如画风景’一词被赋予的含义随着美学越来越理论化和体系化而发生改变。它得到定冠词修饰，成为专有名词‘如画风景’（the Picturesque），与‘秀美’（the Beautiful）和‘崇高’（the Sublime）一起成为人们加以争辩，后来加以说明的特定的美学概念……应用于风景的美学认为，那些被开垦的、平滑的、安静的、和谐多样的渐进是‘秀美的’。它们是有边界的，因此也就是可知的风景。那些荒野的、崎岖的、超越人们想象的、广阔无垠的风景是‘崇高的’，因为其无限性使人们生发出充满敬畏的情感和永恒的观念。简言之，有规律的自然是秀美的，野性的自然是崇高的。如画风景在两种风景范畴中都存在，能够使‘想象力形成通过眼睛感觉的习惯’。”①

伴随生态学观念的介入，把自然对象看作一幅风景画的观点受到挑战，一些西方当代学者提出“自然全美”观点，它不仅指出了人类认识能力的局限性，还重新审视了人类审美活动与自然审美属性之间的关系，体现出对西方美学中人文传统的反拨。通过置换自然审美的哲学基础，“自然全美”促使当代自然美学发展出“肯定美学”（positive aesthetics），使自然审美观中的“如画”理论被淘汰。因为“如画”理论将自然作为“风景”而不是自然本身来欣赏，不能如其所是地欣赏自然，因而使自然本身淹没于人类的审美愉悦中，自然本身的独立价值没有充分彰显。保罗·戈比斯特立足生态学视野，从人的审美模式和对美的感知体验入手，通过生态学和美学的联结与互补提

---

① 达比．风景与认同：英国民族与阶级地理．张箭飞，赵红英，译．南京：译林出版社，2011：53.

出了“景观感知过程”（landscape perception process）的自然审美模式。他指出：审美活动的第一要素“人”即欣赏者，必须改变欣赏时的态度和方式，唤起所有感官体验，并在洞悉景观生态健康的基础上获得审美愉悦；相应地，第二要素“景”也不再是视觉上“如画”的风景美，而是非艺术化的、动态的、整体的生态美；第三要素则是强调欣赏者与景观的“人-景”互动，要求包含审美感受并融入伦理价值的“结果”。只有如其所是地欣赏自然，坚持自然全美，自然本身的价值才会受到尊重。事实上，自然是“无框”的，审美过程的具体化必然要求欣赏者对自然的介入，自然在很大程度上以景观的存在方式被理解，有着“人化自然”的色彩。实际生活中，自然景观审美是人类按照美的规律对自然加以景观化改造的结果，旨在使自然成为可供生活在其中的人们观赏的景观。小区景观、城市绿地、街心花园、公共园林等，都是人们在美化自然环境方面的常见举措。近年来，自然景观审美模式还被应用于城市空间的改造，被改造的空间通过特定的艺术装置，承担了将艺术、科技与生活三者相联结的重要角色，它是景观审美与人们思想交流的载体和空间，呈现出独特的审美情趣和文化价值诉求。

3. 自然环境审美模式

相比于自然景观审美模式，自然环境审美模式的“人化自然”色彩更突出，人的目的性更强烈。所谓环境往往以人为中心，以人的可居性体现其价值，即它是自然对作为主体的人的“环绕”。

在生态学研究中，卡尔松较早地提出了环境模式理论，其核心要点是：自然就是一种环境，黄石公园、小树林都是一种环境，你可以进入环境，被环境包围，环境就意为包围。自然环境审美模式不像自然生态审美模式那样具有自我完成的独立性，也不像自然景观审美模式那样仅仅与人发生视觉和情感上的关联，而是要进一步凸显其为人而在的现实功利性。在自然环境审美模式下，凡是有利于人生存的自然环境就是美的，反之则是丑的。也就是说，自然环境审美依托于人的价值评估，具有鲜明的以人为中心的目的性。因而，立足实用性的价值指向，自然环境审美模式侧重自然与人的现实生存的实用性关系，以人为中心对自然进行价值定位和实践再造，无疑有着“人化自然”的实践美学色彩。

从其现实性来看，自然环境审美模式非常注重审美经验的应用，它以现象学的思维方式消泯了自然与艺术以及自然审美与艺术审美的区分，更多地把审美经验应用于环境领域和对环境的改造。在自然环境审美模式视野下，审美经验是艺术审美与自然审美统一的入口，一定程度上自然与艺术可以统一于“环境”。

本节关键词：

自然美，自然审美，自然生态审美模式，自然景观审美模式，自然环境审美模式

第二节　技术审美

技术审美是人类最为普遍的审美形态之一。技术审美因发端于工业技术部门，并和产品技术、生产技术、操作技术、工艺程序相结合而被归于技术美学（也称“生产美学”“工业美学”“工艺美学”等）研究的范畴，技术审美的核心是工业设计。

技术审美有其自身的特性，即对技术的依赖和对技术本质及其工艺程序的深刻理解。“技术美是人类社会所创造的第一种美的形态，也是人类物质生活中最基本的审美存在。”① 在前工业社会，技术审美主要面向手工艺活动，因其对手工艺过程的完整把握和熟练的技巧应用而生发出追求工艺精致化的兴趣，这种兴趣使其向着有限性的艺术感升华，是其始源性“技艺合一”内涵的充分展示。在工业文明社会，技术审美有着对单调的机械复制的反思、对技术僭越的遏制，以设计审美诉求功能的完善而实现对技术异化下“单向度的人”的扬弃。在后现代信息文明语境下，技术审美必然带有数字化基因，有着对工业文明和技术异化反思的成果积淀，并在新的高度上实践“技艺合一”。

一、技术审美的内涵

技术审美作为一种典型的审美形态是工业革命的产物，直接来源于英国学者莫里斯等人倡导的新手工艺运动，中经包豪斯②、美国功能主义等发展出很强的实用性。

把握技术审美的关键是对技术的深刻理解，技术绝不是简单的中立的工具或者某种器具。技术不仅仅是手段，技术更是一种展现方式。审美对技术的非人性有着遏制作用，于是人们用美来遏制技术，使技术向美提升，这是技术审美存在和发展的深层动因；但操作性很强的技术审美必然要落实到具体操作上，于是产品就成为其研究的逻辑起点和叙述起点，产品的美以及产品如何实现美成为技术审美关注的重点之一。

说到底，技术审美关注的是人类生存状态的审美化，探究人类发展如何克服技术异化而向人性化方向提升，为技术发展提供人文导向。它不是美学简单地应用于技术，也不是仅研究静态产品的美，而是着眼于更为基础的人类技术活动过程及其与自然关系的审美化。技术审美既要为人类的生产活动

---

① 《美学原理》编写组．美学原理．北京：高等教育出版社，2015：142.

② 包豪斯，原为成立于1919年的德国包豪斯设计学院（1933年停办）的简称，后指以该学院为基地形成和发展起来的建筑学派。该学派成员从建筑必须适应现代工业社会的观点出发，提出建筑家、艺术家、画家要“面向工艺”，重视建筑功能、技术和经济的现代派建筑观点。

提供宜人尺度，以满足人在物质生活中的身心协调需求，使人生产出既实用又美观的产品，从而使生产过程本身符合“美的规律”而变得真正自由且具有创造的乐趣；又要以其技术美为协调天人关系和人际关系来提供和谐尺度，以满足人在精神生活中的终极关怀。技术审美没有止步于功能的实现，它还追求一种可感的令人愉悦的形式，在功能完美实现与令人愉悦的形式之间寻求一种平衡，并获得强烈的审美情感体验与精神愉悦。

技术审美是在人与外界进行能量交换的技术活动中所呈现的合规律、合目的的完满实现，是审美理想与现实追求的统一，凝结着人的才智、欲求、观念和理想，是一种偏于物化的审美价值。技术审美追求主要体现在物质生产领域，在此意义上说，“技术美是物质生产领域审美文化的本体”①。“技术对象成为美的对象……当它受到审美作用时也不失去它的其他性质——愉悦性、功能性、可理解性，因为这时它是在感性中表现它们的。”② 在技术审美活动中，人们在具体技术操作时感受到一种身心和谐的愉悦，生产出不但静观时使人获得审美享受，而且在生产过程中也使人愉悦的产品。技术审美以其合规律性与合目的性相统一的自由形式，克服了技术的自发性、非人性，突出了其为人的目的性，为技术发展提供了人文导向，促进了人类社会与自然环境的和谐。休谟认为，“美有很大一部分起于便利和效用的观念”，人们“看到便利就引起快感，因为便利就是一种美”。③ 以技术创新为支撑，以人文价值为引导，人类劳动实践创造的杰作——如北京“水立方”、上海大剧院、港珠澳大桥、悉尼歌剧院、迪拜摩天大楼、东京迪士尼乐园等，其效用美与形式美几乎达到完美统一，其高超精湛的工艺技术所展示的实用消费与形式的美观、感官的愉悦实现了有机结合。

一定意义上，技术审美更多地体现了实用艺术对美的价值的追求及其带给生活的便利和某种精神性愉悦，其中有着审美、艺术性要素对技术僭越的克服与遏制，诉求技术主导下的一种新的张力平衡。技术审美使技术活动艺术化、审美化，直接体现了美学的“效用”。技术审美不仅表现为产品静观的功能美，在产品的宜人性而非对抗性上观照人的本质力量；而且表现为生产产品的过程中使人身心愉悦满足，带着极大的兴趣、热情投入技术操作。

二、技术审美的生成

从生成性视角看，技术审美体验的内容内在于人的生存状况之中，是在同一个世界之内对世界揭蔽的审美提升，是人在参与生活世界建构中的妙悟，它旨在消除人和自然的对立、精神生活和物质生活的分裂，使人追求过一种

① 金亚娜．论物质生产领域审美文化的本体：技术美．求是学刊，1994（2）.
② 杜夫海纳．美学与哲学．孙非，译．北京：中国社会科学出版社，1985：20.
③ 朱光潜．西方美学史．北京：人民文学出版社，1982：228－229.

值得人过的美好生活。

1. 古代始源性技艺审美

技术审美不仅是一种当代审美形态，也是人类始源性的审美形态。唯物史观认为，生产劳动创造了人，生产活动是人的第一个历史活动。人类为了生存同自然进行能量交换，而改造自然必须凭借一定的技术手段。

在古代社会，技术是人的手艺、技能、技巧和技艺的总称，它在生产力水平的提高中逐渐演化为一套知识体系和工具体系及其运作规则。在古希腊把物带出场的“知”的原初视野中，“技艺合一”是一种始源形态的揭蔽方式，这一始源性特征决定了艺术和技术相伴相生、相互促进和相互支撑。有学者指出：“艺术本技术，指的是物质生产活动中的技术操作所达到的人的内在目的性与外在规律性的高度一致。”① 因此，技术生产往往能够为技艺特别是手工艺者带来一种审美的精神愉悦。有学者指出：“艺术是一种技术，古代艺术家本就是技术家（手工艺的大匠）。现代及将来的艺术也应该特重技术。”② 可以说，始源性技艺审美，是对蕴于工艺中的技艺水平和创造能力的一种鉴赏。在“技艺合一”的始源性工艺的审美体验中，人可以获得一种身心的愉悦。如庖丁解牛的“合于《桑林》之舞，乃中《经首》之会”（《庄子·养生主》），佝偻丈人承蜩“用志不分，乃凝于神”（《庄子·达生》），“真画者”作画前忘乎所以、“解衣般礴”（《庄子·田子方》），梓庆“以天合天”“削木为鐻”（《庄子·达生》），都是面对技艺的审美。

2. 现代技术审美

尽管现代技术因异化遭到批判，但许多美学家对技术审美做了探索和思考。海德格尔从存在的原初视野，深刻阐发了“始源性技术”是存在的一种揭蔽方式，是存在之真理的现身方式之一。也就是说，技术不是中立性的工具手段，而是一种展现或者揭蔽方式。技术审美则把人的感受特别是诉诸完整性的体验熔铸其中，从而实现物质需要与人的精神需求的联结。如有学者提出“对机器的审美改造”的观点，认为机器不仅是人们实践活动的一种工具，而且是一种有价值的生活方式，它为人类带来新颖的直接的生活经验。把机器的制造与人的需求充分结合，是新技术发展的一个标志，我们超越技术的能力在于我们那种同化机器的力量。③ 通过对机器的审美改造，机器展现出一种美的光辉，人在技术审美中得到一种被解放的精神愉悦感。

人类文明史表明，工业化是不可逆转的趋势，是实现现代化的重要环节，它既可以给人类带来福祉，也可能将人类文明带入遭遇“座架”威胁的异化状态：“工业产品将会带来的后果，就是同时毁灭工匠和消费者双方的精神；

---

① 李泽厚．华夏美学·美学四讲．增订本．北京：生活·读书·新知三联书店，2008：416.

② 宗白华．论文艺的空灵与充实//宗白华全集：第二卷．合肥：安徽教育出版社，2008：344.

③ 芒福德．机器的审美改造．王连瀛，译．//《丛刊》编委会．技术美学与工业设计丛刊：第一辑．天津：南开大学出版社，1986：38－51.

机器本身没有灵魂，它会让人类也同样失去灵魂。”[①] 既然工业化进程不可逆转，技术在人类文明中不可去除，那么如何使技术活动艺术化和审美化，以美的力量遏制技术的冰冷，使其产品可人化？这引发了很多美学家的思考。在此过程中，工业设计的作用获得各方面的认可与重视。柯布西耶赞扬了远洋货轮、飞机和汽车的美，视之为和建筑一样“激动人心的机器”，倡导“机器美学”，提出了在机器设计中的双重构思原则。[②] 建筑教育家格罗皮乌斯高度肯定了设计在未来发展中的重要价值，强调把现实生活因素引入设计造型中，倡导形成一种新的生活方式：艺术与技术的统一。他还倡导艺术、技术、经济与社会的统一，以及艺术设计师与建筑企业家的统一。现代技术审美在工业化阶段更多地显现为设计产品的功能实现审美所获得的精神愉悦，以及人类文明在工业化成就方面给人的精神震撼。

一定意义上，现代技术审美追求以设计实现“按照美的规律造型”的理想，因其对设计的重视而倡导一系列工业美学原则。法国工业设计教育家雅克·维埃诺提出了工业美学的“宪章”，作为促进技术审美的一种指导性规范。它包括一系列法则[③]：

①经济法则：工业美的起码条件是，工艺和材料的成本不应损害产品的功能价值和质量（这是要求产品的材料精良、工艺考究）。

②功能价值法则：只有功能实用、具有技术价值的产品才有工业美。

③统一性构成法则：产品的构件应形成和谐的整体，达到静态和动态的统一。

④外观与使用的协调法则：使其功利价值与审美价值统一起来。

⑤风格法则：要有稳定的个性特征和时代感。

⑥发展的相对性法则：工业美没有终极性，新技术在审美表现力上有个成熟过程。

⑦鉴赏力法则：产品的美表现在其结构、形式、线条和比例的均衡，其中也包括其材质和色彩等。

⑧满足法则：将美赋予产品的功能表现，使之打动人的全部感官。

⑨运动法则：动态产品应在其运动过程中表现出审美特征。

⑩合目的性法则：产品应有助于人类的进步。

⑪商业法则：工业美学应推动产品的市场占有率。

⑫诚实法则：材料的选择应体现诚实法则。

⑬内涵性法则：产品的美不是外加装饰，而是产品设计体现艺术构思。

---

① 惠特福德．包豪斯．林鹤，译．北京：生活·读书·新知三联书店，2001：9.

② 柯布西耶．走向新建筑．陈志华，译．西安：陕西师范大学出版社，2004：75.

③ 于斯曼．工业美学及其在法国的影响．吴岳添，译//《丛刊》编委会．技术美学与工业设计丛刊：第一辑．天津：南开大学出版社，1986：298-299.

这些法则表明，技术审美同样体现出合规律性与合目的性统一的自由创造，并以其完善的功能和强烈的形式感为人带来情感愉悦。技术审美是在产品适用性完美呈现后，反观凝视其制造技术所获得的心理满足与精神愉悦，是功能实现在先、审美享受在后，适用性成为对其审美价值的支撑。这种审美价值促进实用性功能的进一步完善，其"为人性"的审美指向同样有利于促进人的全面发展和社会文明程度的提高。

3. 网络数字化技术审美

随着信息文明社会的来临，网络数字化技术融入当代人的生活环境，各种移动终端、大数据、物联网、人工智能深刻影响着人的存在方式和生活方式。在当前文化和科技跨界融合中生成了文艺新业态、审美新形态，技术性（器具、程序、原理、要素等）在其中发挥了重要的支撑作用，甚至可以说技术性构成技术审美的基础。

在 21 世纪，人类社会迈入人工智能时代，物质产品愈发人性化、智能化，高新科技与人文艺术的深层联结重塑了人类的生活方式。智能化、数字化是技术审美的最新趋势，某种程度上体现了人类对自身及其与宇宙万物关系的一种新的理解。VR、AR 等广泛应用于文化实践，大众在沉浸式体验中增强了审美愉悦感，技术审美活动变得更为有趣。比如，人们可以直接在手机应用程序上游览博物馆。从前只可远观的珍贵文物借助人工智能可供游客近距离把玩、欣赏，丰富的艺术世界借助高新科技走进了人们的生活。当前，机器人绘画或演唱已不稀奇，智能人、智慧机器人、虚拟人、数字人已经进入大众日常生活，进入文化生产、传播和消费活动中。这些所谓的"后人类"（人-机协作体的高智能化），能够比现实中的人更有效地掌握人类相关的艺术技巧，显示出匪夷所思的艺术生产能力。人工智能与艺术的结合，开拓了无限丰富的超现实空间，人工智能越来越广泛地应用于生产生活领域，正潜移默化地改变着人们的交流、认知方式。科技与美学的融合，创造了高度拟人性，给人带来视听的冲击体验，释放了人的想象力与创造力。技术审美引发了人们对美的问题的重新思考，促进了社会文明程度的提高。

网络数字化技术语境下的沉浸式场景塑造增强了受众的审美体验，使技术和艺术实现了新的高度上的"技艺合一"。在通信技术与数字技术、虚拟现实技术和人工智能技术的"技术互联"情境中，虚拟情境将人类的艺术想象现实化了，在虚拟空间形构了另一个维度意义上的"真实"。在新的场景塑造中，消费者的审美体验不再受传统艺术场景的空间限制，受众沉浸式体验的主体能动性、介入性被强化，这使受众（消费者）可以凭借自己的艺术想象和审美倾向，主动参与虚拟艺术场景空间的构建，增强了技术审美的大众互动性、多元化主体的交互性。在一种更广泛的意义上，网络数字化技术通过对人的感官乃至人本身的塑造，实现了"人的延伸"，特别是"人脑的延伸"。譬如，在具体的技术审美实践中，VR 眼镜、智能手表等智能可穿戴设备已成为技术审美的重要支撑，甚至是技术审美的必要条件与构成部分，是建构审美关系场域的重要条件。

数字技术不仅提升了文化生产效率，还在社会总体上极大拓展了人的自由度。数字技术提供了迄今为止最强大的摄取、生成、存储和处理各种文化元素的能力，提供了文化产品生产、分发和传播的技术，极大地影响了人类的审美实践与审美体验，强化了沉浸式体验带给人的精神愉悦，增强了人对世界的感知能力。总体上看，网络数字化技术的出现，不仅创造出当代社会新的存在形态，诸如元宇宙的虚拟社会，而且创造了人类社会的新思维，带来了技术审美的新体验与感知世界的新方式，产生了新问题。美国学者凯文·凯利认为，科技元素已经渗透到“食物、爱情、性生活、抚养后代、教育、死亡”等方方面面，作为世界上最强大的力量，科技往往会支配我们的思想。“由于它能够推动进步，在我们心中，制造品的地位要高于我们的孩子。我们被禁锢在诗人威廉·布莱克所称的‘头脑锻造的镣铐’的技术框架中”，“我们的生命正按照机器的时间运动”。人类情感曾被认为是确立人类主体性的最本质标志，被认为是区分人类与机器的天然界限，随着人工智能生产的文化产品进入人类的情感领域，这一认识日益受到挑战。“AI 写诗”“AI 作画” “AI 书法”等不断突破人类与机器的界限。近几年来，广义上的 AIGC（人工智能生成内容）已经涉足包括文本、音频、图像、视频等在内的多类型创作，并广泛应用于文学创作、艺术创作、影视制作、新闻采编、企业流程等领域。人工智能交互主体“小冰”的诗集《阳光失了玻璃窗》出版，多才多艺的“小冰”不仅可以创作诗歌，还推出了原创画集，并举办了“个人”画展。

在绘画领域扩散模型（diffusion model）等技术的出现，让 AI 生成图像成为现实。“人工智能技术＋艺术创作”的技术创新，使市场上出现了一些被认可的“产品”，它们甚至被某些美术馆、画廊收藏。这一创新实践不仅革新了文化产业的商业模式与生产模式，还改造了文化创新的社会土壤，深刻影响了技术审美关系场域的建构。有学者指出：“艺术虚构与数字虚拟的通约性和联动性，使得它们有可能在各自创造既相互平行又相互融合的世界——艺术世界与现实世界、虚拟世界与现实世界之后，又能在这两条平行线上进一步跨界，实现交互和互惠共赢。”① 从技术原理来说，AI 绘画本质上是 AIGC 基于数据库、算法的输出，归根结底是程序的结果，是人-机协作的产物，有着明显的“后人类”意识。因为 AIGC 本身具有对现存作品超强的模仿学习能力，其智能呈现几何级进步趋势，可以成就“高超的技法美”，由此带来技术审美的现实问题。譬如，《中华人民共和国著作权法》将“作品”定义为“文学、艺术和科学领域内具有独创性并能以一定形式表现的智力成果”。依据这个定义，AIGC 无限逼近人类智力创造的“作品”，在很多领域已经与人类作品难分伯仲。如何定义“独创性”呢？这是人工智能时代网络数字化技

---

① 孙若风．艺术虚拟与数字虚拟．文化软实力研究，2022（3）.

术审美遭遇的新挑战。解决这个新问题，既需要学术研究的深入推进，也需要实践层面技术应用对相关瓶颈的突破。智能化时代的人-机协作带来了技术审美模式的变化，对此我们静观其变。

一方面，网络数字化应用下的技术审美，极大地拓展了人的认知和感知能力；另一方面，作为“人脑的延伸”，网络数字化技术在更高层面上实现“技艺合一”的技术审美实践，极大地增强了人对外界信息的处理能力，成为人与世界信息交流互动的传感器。网络数字化技术应用的无边界、去中心的特点，有助于人们实现文化自主表达，同时也对审美实践提出了新问题。

三、技术审美的价值诉求

在技术美学研究中，功能主义学派有一句名言：“形式依随功能。”它突出了产品形式设计要有利于功能的实现，这恰是技术审美的指向性与独特性所在。在工业设计中，技术和艺术的交融不是两种要素的简单相加，而是作为互补促进关系的化学反应，是一种新质的生成。有用性（适用性）和功能实现是技术审美的核心诉求。

固然，适用性、功能实现不是专门为了美的呈现与享受而存在的，但它们的存在与目的性诉求恰恰是技术审美的前提基础，也是技术审美有别于艺术审美、自然审美的独特性所在。但这不是说，适用性、功能实现必然带来技术审美，其实它还需要可直观的可感形式和“为人性”的目的诉求，是产品的功利价值与审美价值的一种张力平衡。技术审美同样是对人的理想、艺术想象和抱负的肯定，是评判人类文明与社会进步的尺度之一。相对于艺术审美所诉求的艺术美的“虚灵的真实”，技术审美所依存的直观对象是一种现实性存在，是一种在手性实存和时时与人发生相互作用的社会环境。

技术审美的发生有利于刺激人的购买欲，从而在更大程度上实现产品的经济价值。其本身的交叉性和中介联结性使其成为生产力的构成部分，成为工业设计、文化产业发展的重要着力点和新的增长点。技术审美往往带有引导性、超越性与理想性倾向，体现出实用与审美交融的双重性特征。制造、使用、更新技术（不仅仅是工具）的中介实践活动是人类自身发展的历史性活动，它有不以人的意志为转移的超历史、超个人的人类学意义上的内在要求。

在技术审美实践中，技术除了具有正面效应，还具有非人性效应。技术二重性效应根源于人类劳动的二重性，只要劳动的谋生受动性一面不能被消除，作为人和自然中介实践的技术活动所带来的非人性效应就会存在。就像在人类发展、人性提升的历程中不可能扬弃技术一样，其带来的非人性效应永伴人类。但就像劳动发展中其能动创造性越来越大于受动谋生性一样，技术的正面效应一定超过其给人类带来的非人性效应。技术作为“技艺合一”的饱满形态是真理二重性显隐运作的揭蔽方式之一，是天、地、神、人四圆聚集物化的场所，而四圆中最富积极性、能动性的就是人。如海德格尔在

《关于人道主义的信》中所述，跳出人类中心主义的视角，人不再是由他的理性能力与意志行为给自己加冕的宇宙之主，而是存在的“牧者”。人是技术审美的出发点和归宿（产品仅是其逻辑起点或关注的一个环节），我们强调以美遏制技术的膨胀，仅就技术美学的当代使命而言：其弱化功用在于限制、均衡发展技术，而其积极功能则在于促进技术的人性化发展，使之以和平、绿色的方式参与建构世界。因而，社会的人向审美的人提升不是理论问题而是实践问题，其中介环节就是技术活动，只有在技术活动中通过技术审美形态将人类引向更高境界，突出审美的自由解放功能，才会使技术审美回到人自身。

本节关键词：

技术美学，技术审美

第三节　艺术审美

艺术审美是感受和理解美的一种典范性的审美形态。自然审美的重心落在对自然的感知上，技术审美的重心落在对技术性的领会、对技术异化的遏制以及人类创造性力量的外显上，日常生活审美的重心落在对现世生活的把握上，而艺术审美的重心则落在对人的艺术想象力、审美创造力和审美理想的肯定上。艺术审美的对象是艺术活动及其成果，即拟态化、符号化的精神产品，通过对艺术活动及其成果的鉴赏和把握，获得情感愉悦和心理满足。艺术审美重心落在审美的过程及审美主体的心理情感反应上。随着人类社会文明程度不断提高，“艺术生活化”和“日常生活审美化”越来越成为当代人的社会现实。

一、艺术审美的发生

艺术审美是人类审美活动的一种典范形态，也是审美理想和美的价值的最集中展示。

理解和把握艺术审美活动，首先需要追问何谓艺术。

艺术不是一个物，而是一种独特的活动，一种存在之真理发生的方式。作为一种发生，艺术是存在之真理的揭蔽或敞开的方式，在存在敞开的澄明之境中，艺术家、艺术品和艺术接受者一同现身。艺术的本源就是对存在之真理的揭蔽，这种揭蔽不是一次性完成的，它时时处在澄明和遮蔽的显隐运作中，艺术就诞生在澄明之境的敞开中，艺术也正是在这里获得了最重要的本源性力量和生长的根基。可以说，没有存在之真理的敞开，就没有艺术。

一定意义上，谈艺术品也是谈艺术的定义。通常，艺术品是由艺术家创造的、以某种介质承载并以具体的符号形式为依托的人工制品。它不同于一般性人工制品是为着某种使用目的，并在使用中消耗，它是在欣赏和消费中经由不断解读出现增值和意义的再生产，最终积淀为一种文化资源和人类的文明成果，它有着多于一般性人工制品的意味，即艺术性。有学者指出，艺术品与非艺术品的一般性人工制品存在三方面的差别。一是艺术品归属于纯然的显现领域。作为存在性境域的显现向形式领域的凝聚，艺术品就是为了此显现而存在的，它再无别的目的。也就是说，它源自显现，为了显现，并存在于显现之中。但一般性人工制品蕴含的显现是被其使用价值遮蔽和掩盖的，它不是纯粹为了显现，而是为了使用。二是艺术品是一种显现的、纯粹的、自由的、形式的“介质”刻画，并且就作为这种纯粹的、自由的形式而存在或客观化于其显现的“介质”和符号形式之中。但一般性人工制品却是作为一种被使用的器具而存在的，不是以纯粹的、自由的形式而存在的。三是艺术品作为显现的、纯粹的、自由的形式，它的存在方式归属于流传，在历史流传中，它作为显现的本性不会被消耗掉，而是在流传中不断地被解读，并在解读中“增值”。但一般性人工制品却在使用中被消耗，并在消耗中最终完结。[①] 艺术的概念是变动的。当代艺术对美的理解与传统艺术呈现出很大差异，尤其是后现代艺术出现非审美化倾向，艺术的边界越发呈现流动性、开放性特征。一些当代艺术特别是先锋艺术不再以创造美的艺术形象和美的价值为诉求，开始渲染和展示奇丑、怪异、震惊、酷、爽等感觉，来表达某种观念，甚至出现后现代式的拼贴、反讽、戏拟等表达方式。如《带胡须的蒙娜丽莎》《带抽屉的维纳斯》等。有学者指出：“艺术不再是单独的、孤立的现实，它进入了生产与再生产过程，因而一切事物，即使是日常事务或者平庸的现实，都可归之于艺术之记号下，从而都可以成为审美的。”[②] 比如，杜尚在男性小便器上签名（化名）并将其放在展览馆中，这个小便器成为著名艺术品《泉》。艺术家的所为不仅打破了传统的艺术与非艺术的界限，而且改写了艺术的观念。杜尚的《泉》在当时的艺术界掀起轩然大波，是因为他用如此极端的方式建立起艺术与现实的联系，彻底打破了美学家或批评家对传统艺术观念的信仰。

后现代艺术对“视觉”的颠覆，使得人们很难依据外观或某种独特的创作技法识别“真正的”艺术品。这促使学者转向对“艺术品资格”的探寻，选择从艺术品与其所处语境的关系来解释一个事物何以成为艺术品。阿瑟·丹托强调艺术品的语义学意义，关心的是特定历史时期的艺术理论氛围和艺术史知识如何赋予普通物品以“艺术品”的意义；乔治·迪基则强调了社会机制在艺术品获得其资格时的作用，其“语境”概念携带了更鲜明的社会学色彩。

说到底，艺术审美是一种观念化、拟态化、符号化的审美形态，是对凝结在艺术活动中人们的审美追求、审美创造和审美理想的感知、体验，从中体现的是对精神自由价值的肯定。艺术生产是一种精神的生产，一切文化艺

---

① 牛宏宝．美学概论．3 版．北京：中国人民大学出版社，2012：275.

② 费瑟斯通．消费文化与后现代主义．刘精明，译．南京：译林出版社，2000：23.

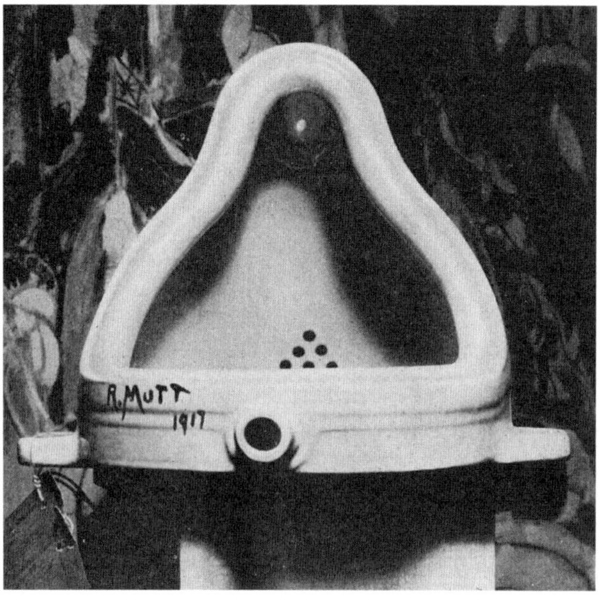

马塞尔·杜尚《泉》

术都以一定的精神价值为诉求。一方面，艺术生产作为一种美的价值的生产，与非审美的价值领域区分开来；另一方面，艺术创作是一种生产美的价值的技术，这使其与一切非生产性活动、非人为的实践活动区分开来。在艺术审美实践中，审美关系的建构是审美发生的前提条件，在审美场域中主体与对象是一种互看的间性关系，离开人无法谈审美，缺失了主体也就无所谓审美对象的存在。

二、艺术审美的价值诉求

艺术审美既是对现实审美的能动再现，又是对审美主体之审美理想、审美精神追求的肯定和表现，从中呈现出审美再现与审美表现的有机统一。有学者把艺术审美的基本特性概括为两点：非认识而合规律（个别与一般的统一，非概念而趋向不确定性的概念），非意志（意欲）而合目的（无直接特定功用而又显示出某种更为根本的价值尺度）。[①] 艺术审美有利于增强人对世界的感知力和情感表达的丰富性，还能在共情中收获思想的共鸣、传播美的价值。

1. 激发人对美的价值体验，传播美的价值观念

尽管艺术观念和表现形态变动不居，有着丰富的介质与跨门类的存在形态，但艺术在感知时代变化中传播美的价值的本性未变。

艺术演变史也是美的价值传播史。在黑格尔看来，艺术的发展经历了象征

① 周长鼎，尤西林．审美学．西安：陕西人民教育出版社，1999：254.

型、古典型和浪漫型三个阶段。象征型艺术的特征是外在的物质形式压倒了精神内容，如古埃及的金字塔外表宏伟而内在精神内容却抽象模糊，其风格是高度象征的；古典型艺术的特征是物质形式和精神内容的和谐统一，如古希腊的雕塑完美地体现了这种内容与形式的和谐，是艺术美的典范，是绝对精神（理念）最充分的感性显现；浪漫型艺术则走向了另一个极端，是精神内容溢出了物质形式，呈现为无法找到恰当的物质形式来表达精神内容，体现为对形式规则的某种颠覆。黑格尔认为，象征型艺术所表达的永恒精神没有具体的规定性形式，只能通过感性符号进行表达，如古埃及金字塔象征着古埃及法老不朽的灵魂。古典型艺术通过外在的表现形式可以完美地表达内在的精神内容，进而构成一个完整的整体。古典型艺术的突出特点就是静穆和悦，在人类社会发展过程中，古希腊艺术和古罗马艺术是古典型艺术形式的代表。浪漫型艺术过于强调人的主观思想，理念超越形象，是精神意识对物质的绝对胜利。黑格尔梳理的艺术发展史，是绝对精神的感性呈现的历史过程。作为一种绝对精神的感性显现形态，艺术审美既传播内在的思想、表达情感，也有着对精神自由的追求。

需要强调的是，艺术审美固然从艺术形式鉴赏开始，但审美体验的重心最终要落在感知美的价值、传播美的价值观念上。艺术审美传递向上向善的价值观，其打动人心的是其蕴含的价值观。如梁晓声的《人世间》之所以令人在艺术审美中获得强烈的情感体验和思想共鸣，是因为作者艺术地描绘了平民百姓生活中的世态人情，以周家三代人的命运折射了中国现代化进程中的历史图景，刻画亲情、友情、爱情、乡情、爱国之情，抒写了人间真情的光辉。深沉的家国情怀、真善美的价值追求，使作品有着极强的审美感染力和共情性。好的艺术作品给人以力量，给人生以希望，让人看到光明。

2. 充分感知形象塑造和激发创新意识

艺术审美通过形象塑造来表达审美理想，展现审美追求。因此，艺术审美离不开对艺术形象塑造的感知。普列汉诺夫指出："艺术既表现人们的感情，也表现人们的思想，但是并非抽象地表现，而是用生动的形象来表现，艺术的最主要特点就在于此。"① 譬如，画家罗中立的油画《父亲》塑造了"父亲"的形象，用一张饱经沧桑的农民父亲的面孔表现生活的艰辛，同时，父亲的目光却洞穿了生活的艰辛，透露出战胜生活磨难的坚毅力量，从而传达了艺术家对中华民族勤劳、朴素、坚韧的"父亲"的深厚情感。

艺术审美是对人的情感状态的高度激发，自然饱含创新冲动和审美理想。经由对存在之真理的揭蔽，艺术审美在存在的显隐运作中打破生活的常态、常人的沉沦，在人的内心激发出向死而生的勇气和积极进取的精神。艺术审美旨在使外在之物和人的心灵塑造高度契合，在充分心灵化的审美创造中使

① 普列汉诺夫．普列汉诺夫美学论文集．曹葆华，译．北京：人民出版社，1983：308.

罗中立《父亲》

创新意识外化于行。艺术审美要担负起引领创新的使命，鼓励艺术家大胆探索、勇于实验，不断提升艺术作品的精神高度、文化内涵和艺术价值追求，为丰富人的情感表达和感知力提供重要支撑。

在创新艺术意境方面，舞蹈诗剧《只此青绿》提供了一种当代艺术的示范。该舞剧通过故宫“展卷人”与宋代画家王希孟的跨时空对话，分“展卷”“问篆”“唱丝”“寻石”“习笔”“淬墨”“入画”七个篇章，讲述王希孟创作《千里江山图》的故事。其对画面意境的演绎，与移步换景、散点透视的中国画美学精神高度契合，尤其是将青绿山水里的孤峰远岫幻化为演员头顶高耸的发髻造型，令人赞叹不已。

舞剧《只此青绿》舞者造型

艺术审美需要从个体的感受出发，通过塑造经典艺术形象和创新艺术意境传播美的价值。诚然，艺术表现自我，但艺术不是单纯的自我表现，而是把个人的情怀融入大我的境界中。自我不是空洞的生理层面上的个人，而是能够明确和清晰地意识到美善价值和追求精神自由的社会化的“我”。

三、艺术审美的分类

依循不同的逻辑、介质，对艺术审美有不同的分类方式，主要分类方式如下。

一是从艺术本体论或存在论的视角划分。立足于艺术审美活动中的时间和空间存在方式，可以将艺术审美划分为空间艺术审美、时间艺术审美、空间-时间艺术审美。通常，造型艺术如绘画、雕塑、书法、建筑等都属于空间艺术审美；音乐、文学一般被视为时间艺术审美；舞蹈、戏剧、曲艺等舞台表演艺术，以及影视、网络综艺等被视为空间-时间艺术审美。

二是从艺术接受者感知的视角划分。立足于这一视角，通常可将艺术审美划分为视觉艺术审美、听觉艺术审美、视觉-听觉艺术审美、视觉-听觉-想象艺术审美等。

（1）视觉艺术审美。

主要通过视觉感官以及与之相应的物质媒介——线条、色彩、造型等所进行的审美活动，包括绘画、书法、雕塑、建筑、工艺以及新媒介网络数字化艺术新形态等。此中所谓物质媒介其实就是实践中的审美载体。视觉艺术审美遵循视觉感受，呈现出多样化审美特征。

（2）听觉艺术审美。

主要通过听觉感官以及与之相应的物质媒介——声音所进行的审美活动，包括音乐及新媒介网络数字化艺术新形态。同样，此中所谓物质媒介是实践中具体的审美载体，主要是指直接依附于审美感官的审美手段。

（3）视觉-听觉艺术审美。

主要通过视听感官以及与之相应的线条、色彩、声音等物质媒介所进行的审美活动，包括戏剧、舞蹈、影视以及新媒介网络数字化艺术新形态等。

（4）视觉-听觉-想象艺术审美。

指借助文字词语媒介，诉诸想象力，以再造视听艺术效果的审美活动，在此主要指文学艺术审美。此处所谓文字词语作为抽象性符号已经超越了单纯的物质性载体形态，而更倾向于一种精神性符号。它突出体现了文学艺术审美的特征，有着古典美学意义上的“诗、乐、舞”统一的特性，经由想象促使抽象的精神符号词语唤醒或激发视听感受而获得精神愉悦。

本节关键词：

艺术，艺术美，艺术审美

第四节　日常生活审美

日常生活是人类最基本的审美领域之一，是与人接触最多、离人最近的领域，在实现人和人生审美化过程中占有重要地位。日常生活是大众审美的重要实践场域，是大众审美的对象和现身情态。事实上，日常生活审美直接关乎大众对美好生活的追求，是社会文明程度的重要表征。日常生活审美化不是装饰性美化环境，或者寻求对生活环境的粉饰，而是人的生存境遇，是人对精神自由的享受感、获得感的增强，是社会文明程度不断提高下的人生审美化，是人内在生活质量的提升。

一、日常生活审美何以可能

按照《现代汉语词典》（第 7 版）的释义，生活是指“人或生物为了生存和发展而进行的各种活动”，可见其涵盖范围之广。但是，只有在生活中体现出人类正面价值追求的生活现象才具有审美价值而成为人的审美对象。

韦伯曾经说过，日常生活带有“铁笼”的性质，其意是说工具理性原则控制下的日常生活了无生趣，使人的思维和行为带有某种强制性和压抑性，使人在日常生活中感到无聊和乏味，以至于觉得人生的意义在别处。日常生活的琐碎、单调、乏味、无聊、重复，往往令人难以用审美眼光进行观照，那么，日常生活何以具有审美价值？朱光潜指出：“所谓人生的艺术化就是人生的情趣化。”[①] 基于对生活中审美价值的肯定，朱光潜提出了“人生艺术化”的观点，强调人应该追求和享受生命的快乐。“人生本来就是一种较广义的艺术。每个人的生命史就是他自己的作品。”“指导生活的人就是艺术家，他的生活就是艺术作品。”[②] 中华文化具有乐感文化的色彩，中国人有着深厚的生活审美传统，而且始终没有中断。

事实上，审美活动是人类生活中一件平凡而又普通的事情。如范丹姆在著作《审美人类学：视野与方法》中提到：苏里南的萨拉玛卡人将红色与白色的稻米并置，只为更具观赏度；中国汉朝时女性梳妆用的漆奁十分精美，有精致的镂空雕花，增添了用具的欣赏度；日本的漆木饭盒里，食物被整齐地分成四份，颇具美感；密克罗尼西亚人每天用大量鲜花装饰身体，花团锦簇，香气袭人。这些分布在不同时空的实例表明，不同文化、不同性别的人有着普遍的对美好生活的追求和向往，美是生活中普遍存在的因素。

车尔尼雪夫斯基提出了“美是生活”的命题。在他看来，“任何事物，凡

---

① 朱光潜．谈美 文艺心理学//朱光潜全集：第三卷．北京：中华书局，2012：97.

② 朱光潜．朱光潜美学文集．上海：上海文艺出版社，1982：533.

是我们在那里面看得见依照我们的理解应当如此的生活，那就是美的；任何东西，凡是显示出生活或使我们想起生活的，那就是美的。”① 日常生活是可以审美的，其中蕴含着一种应当如此的价值追求。麦克·费瑟斯通提出了有着后现代意味的“日常生活审美化”命题。具体而言，一方面，艺术和审美大量进入日常生活，日益消解了艺术和生活、审美和生活的边界；另一方面，大批量的工业产品特别是文化消费品使得日常生活环境审美化了。可见，日常生活审美正在向我们展现其内涵的丰富性和形态的广泛性。

二、日常生活审美的种类

日常生活审美种类丰富多样，显现于大众日常生活的时间和空间中。

1. 器物之美、活动之美、环境之美

日常生活审美让庸常的生活和平凡的人生变得有情趣和有意义。“艺术是情趣的生活，艺术的生活也就是情趣丰富的生活。”② 拥有美的眼光和意识才能捕捉生活的情趣和美感，生活才能向人敞开，呈现别样的趣味。中国古代的器物特别是手工艺品诸如餐具、茶器、礼器、家具等都别有一种样式之美；江南园林是中国古代部分人日常生活环境的组成部分，是其日常生活审美的内容之一。

雅致的生活方式，是人们日常生活审美的对象。随着社会生产力的发展，日常生活审美有了更多实在感。读书、看戏、听讲座，人们乐于用文化艺术活动填补闲暇时间；插花、茶艺、琴艺等更为精致的“雅生活”正在普通百姓中悄然兴起。

人是环境的产物，并生活在特定环境中。环境常常表现人的一种精神状态，并对人的精神产生影响。城市往往被视为文化的容器和文明的载体，是当代许多人最切近的生活环境。城市既是物质文明的结晶，也反映了精神文明的积累。城市的美产生于整体的完善，城市的美不仅着眼于单栋建筑和建筑群组的结合，还要着眼于建筑物和自然的结合，更要体现以人为中心的城市布局。当下，城市审美问题越来越突出，解决“千城一面”的问题需要美学介入。环境审美需要体现个性和特色，彰显一个地方应有的文化底蕴和文化价值追求。

2. 交往之美

人是一切社会关系的总和。人生活在人群中、社会中，离不开社会实践与社会交往，人总是处于一定的社会关系中，在日常生活中更多是以社会人的身份出现。所谓日常生活中的交往之美是指人遵循一定的交往原则，在待

---

① 车尔尼雪夫斯基．艺术与现实的审美关系．周扬，译．北京：人民文学出版社，1979：6.

② 朱光潜：谈美 文艺心理学//朱光潜全集：第三卷．北京：中华书局，2012：97.

人接物的语言交流、形体交际和心灵交融中所获得的精神愉悦。在日常生活中，流畅的语言表达与悦耳的声音，近距离交往中得体温馨的形体动作，交往中的惺惺相惜，往往使人获得独特的交往审美享受。具体而言，遵循一定的交往原则就是讲究社交礼仪。中国古代非常注重礼仪。《论语·乡党》记载：

孔子于乡党，恂恂如也，似不能言者。其在宗庙朝廷，便便言，唯谨尔。

…………

入公门，鞠躬如也，如不容。立不中门，行不履阈。过位，色勃如也，足躩如也，其言似不足者。摄齐升堂，鞠躬如也，屏气似不息者。出，降一等，逞颜色，怡怡如也；没阶，趋进，翼如也；复其位，踧踖如也。

这些描述生动地展示了孔子对礼的践行。礼和乐是中国古代社会运行的两大原则，其中“礼”构成社会生活里的秩序条理，使万象井然有序。宗白华指出：“人生里面的礼乐负荷着形而上的光辉，使现实的人生启示着深一层的意义和美。礼乐使生活上最实用的、最物质的衣食住行及其用品，升华进端庄流丽的艺术领域。”①

现代社会非常注重社交礼仪，商务礼仪、电话礼仪、进餐礼仪、欣赏演出礼仪等，展示了日常生活交往中的审美自觉。需要指出的是，在具体交往中，人的动作不是程式化和僵化的，而是因其精神内涵而多变且富有魅力。培根说：“状貌之美胜于颜色之美，而适宜并优雅的动作之美又胜于状貌之美。”② 在具体的社会交往中，动作是日常生活审美的重要因素，动作之美因艺术对生活的高度抽象化而被典型化，成为揭示人物性格的着力点。

3. 人格之美

人是日常生活的能动主体，对日常生活的主体即人自身的审美，是日常生活审美的重要方面。日常生活审美中的人物之美主要体现为人物的人格之美。

日常生活审美中的人格之美，又称心灵美、精神美、内在美等，是指在人的日常生活实践中所显现出来的健全的人格的魅力，它凸显了对人的内在品质和人物风范的审美。

事实上，对人物的品藻古已有之。《世说新语》对人物品藻记载颇多，比如魏晋人对嵇康的品藻。

嵇康身长七尺八寸，风姿特秀。见者叹曰：“萧萧肃肃，爽朗清举。”或云：“肃肃如松下风，高而徐引。”山公曰：“嵇叔夜之为人也，岩岩若孤松之独立；其醉也，傀俄若玉山之将崩。”（《世说新语·容止》）

---

① 宗白华．美学的散步．合肥：安徽教育出版社，2000：95.

② 培根．培根论说文集．水天同，译．北京：商务印书馆，1983：157.

归根结底，人格之美乃是心灵所焕发出来的一种内在力量和强大的道德品格价值的感召。人格之美不是对人体的自然审美，而是对人的社会行为和道德品格的审美及对其价值的肯定。对人格之美的追求有利于生活质量的提高，有利于公众自身人文素养的提升。总体上看，社会大众对人格之美的追求有助于形成良好的社会风尚和社会舆论氛围，一个风清气正的社会是有创造力的，也是有活力的精神自由的社会。

4. “节庆时刻”

通常而言，“节庆时刻”是对庸常乏味生活链条的中断和打破，使生活陡然凸显其意义感。人在特定时空下重构人与物、人与社会、人与人的新型关系，从中体验到一种自由感，感受到自己作为人的存在和一种自由的情绪，因着自由感的呈现和体验而生成审美的愉悦。伽达默尔认为，节日是一个特殊的神奇的时刻，节庆具有变迁和重返的特征。重复出现的节日庆典活动被称为重返，重返的节日庆典活动既不是另外一种庆典活动，也不是对原来的庆典的简单回顾。节日庆典活动的时间经验，其实就是庆典的进行，是一种独特的现在。节日庆典活动是一次次地演变着的，因为与它同时共存的总是一些异样的东西。不过，虽然有这种历史改变面，但它仍然是经历这种演变的同一个节日庆典活动。节日庆典的时间性只有在变迁和重返过程中才被深刻体验，节日活动仅仅由于它被庆祝而存在。但这绝不是说，节日活动具有一种主体性特征，它只是在庆祝者的主体性中才得以存在。① 也就是说，它的意义需要人来体验和感知，节日庆典是一种审美的存在，因其审美而处于敞开状态。

节日庆典中的狂欢和笑是打破日常生活沉闷乏味的法宝。这种笑不是生理性的笑，而是一种精神心理的满足，它是全民的大众的笑，既笑可笑之事，也有着对丑恶压抑之事的嘲弄反讽，既肯定又否定，既埋葬又新生。古希腊酒神节是狂欢的节日，在这个日子里，所有人打破禁忌，抛却尊卑之分，解除一切束缚，尽情欢乐，说平日不敢说之事，做平日不敢做之事。人们在酒醉的狂喜中打破彼此的隔阂，享受极乐欢愉。在这狂欢的时刻，“人不再是艺术家，而成了艺术品：整个大自然的艺术能力，以太一的极乐满足为鹄的，在这里透过醉的战栗显示出来了”②。平淡无聊的庸常生活生发出一种意义感。巴赫金曾就节庆狂欢做过深入研究，他认为存在两个世界和两种生活。第一世界（第一生活）是官方的、严肃的、等级森严的秩序世界，统治阶级拥有无限的权力，平民百姓则过着庸常的、谨小慎微的生活，对权威、权力、真理、教条、死亡怀有屈服、崇敬与恐惧。第二世界（第二生活）是广场狂欢式生活，是在第一世界彼岸建立起来的“颠倒的世界”，是打破了阶级、财产、门第、职位、年龄、身份界限的平民的世界，人们尽情狂欢，在打破日

① 伽达默尔．真理与方法：上卷．洪汉鼎，译．上海：上海译文出版社，1992：159－161.

② 尼采．悲剧的诞生．周国平，译．上海：上海人民出版社，2009：92.

常生活逻辑中对一切神圣之物予以颠倒、亵渎、嘲弄、戏耍、贬低、歪曲与戏仿。这个时刻，“民众暂时进入全民共享、自由、平等和富足的乌托邦王国的第二种生活形式”①，在狂欢中回归本真的存在状态。

不同于西方文化中的节日狂欢传统，中国文化对节日有着别样的感受和情怀。乐感文化使中国人感受到的是现世的温情、人生的欢乐、家庭的团圆、彼此的祝福和美好的祈愿。如端午节是对屈原的纪念，人们以划龙舟、吃粽子的方式，来纪念一位爱国诗人，这显现出中国人对节庆的独特理解及对某种意义感的追求。在清明节，人们既会拜祭逝者，又会踏青游玩。清人潘荣陛的《帝京岁时纪胜》记载：“清明扫墓，倾城男女，纷出四郊，担酌挈盒，轮毂相望。各携纸鸢线轴，祭扫毕，即于坟前施放较胜。”深沉的哀思与明媚的快乐融于一个节日中。

节庆生活是大众对自由向往的具体体现，是大众带着泥土气息的现世的乐观情绪的张扬，是民间的气象，是人为了生活而追求的一种乐生精神的体现。

三、日常生活审美中的“品味制造”

审美在当代文化生产与工业生产中的作用越来越大，美感和艺术性成为商品增值的重要手段，这使文化创意、产品设计、美感传达逐渐产业化，导致日常生活审美中出现“品味制造”的现象。一方面，这一现象凸显了日常生活审美受到社会和大众的普遍关注。社会需求推动了美学的复兴，审美与市场和经济发展形成某种同构性关系，促使日常生活审美话语、审美实践出现对消费主义思潮的迎合趋势，并在消费主义思潮裹挟下追逐感官娱乐。另一方面，当下的美学复兴有着向感性学的完善复归的趋势，凸显审美体验的共享性，沉浸式数字化场景的共在性，互动性审美关系的动态化生成，显现出别样的日常生活审美追求。

值得注意的是，当下社会对“审美品味”的追求，越来越受制于商业逻辑，服务于商品价格与商业活动的增值需求，大众则沉溺于“审美品味”的制造中。具体来讲，当下的“审美品味”成了影响大众消费体验的手段，作为物的表象的“品味制造”兜售的是一种可量化、可评价的审美体验，裹挟了大众消费，表现为审美化情绪和情感的可消费性。无论是打电子游戏、看动画片还是逛步行街和商业综合体，大众消费的都是一种感觉和时尚化的氛围，大众在审美关系生成中获得的满足感日益表层化、肤浅化，背离了精神自主自由的愉悦感，以及对至善价值的祈向。“审美品味”制造的流行成为时尚，消费愈加呈现为一种物化的审美体验。在工业流水线上制造“审美品味”，以“审美品味”创造需求，以刺激消费满足需求，愉悦感、满足感成了

---

① 巴赫金．巴赫金全集：第六卷．李兆林，夏忠宪，等译．石家庄：河北教育出版社，2009：11.

可以在市场上兑现的经济价值。品味的消费不再是个人发自内心的需求，而是对社会时尚的迎合，并且是大众性的和可精准预测的，一切都在可计算中，市场化定制，按需供给。以制造“审美品味”为时尚的流行文化收编了审美和艺术，使审美下坠为刺激消费的手段。当下流行的“审美品味”在价值扁平化结构中诉求的是经济利益，“品味”的标准化使产品实现了批量化生产，形成了产品体验的同质化。这会导致大众审美体验的同质化，还会弱化一个民族的审美想象力。

“品味”是独特的，又是被“制造”的。“品味”与现代生活特别是与经济社会发展的关系，变得复杂而有张力，“品味制造”在全球经济文化的互动中结成某种审美共同体，并在经济文化化、文化经济化的潮流中成为一种时尚。借助审美活动的共通感，无利害的审美品味能激发消费的无限前景，消费的审美化日益成为经济社会发展的一种重要趋势。

本节关键词：

日常生活审美，日常生活审美化，品味制造

本章小结

本章在动态审美观照中理解美和审美形态，以自然审美、技术审美、艺术审美和日常生活审美为讨论对象，对其审美生成、审美特征及价值诉求进行阐释。

其中，自然审美诉求自然美现象的生成，其重心落在对自然的感知上；技术审美诉求技术美的功能完善与人类文明程度的提升，其重心落在对技术性的领会、对技术异化的遏制以及人类创造性力量的外显上；艺术审美诉求艺术美的生成与世界的敞开，更关注对人的艺术想象力、审美创造力和审美理想的肯定；日常生活审美则诉求生活的审美化与对美好生活的追求，强调了人对现世生活的把握。

思考题

1. 自然审美的模式有哪些，相互之间有何不同？
2. 什么是技术审美？网络数字化技术审美有什么特征？
3. 如何理解日常生活审美化？请结合实际谈一谈。
4. 任选一部艺术作品进行审美鉴赏，并讨论艺术审美对个人成长有何意义。

拓展阅读

黑格尔．美学：第一卷．朱光潜，译．北京：商务印书馆，1979.

朱光潜．谈美．北京：中华书局，2015.
李泽厚．美的历程．北京：生活·读书·新知三联书店，2022.
朱伯雄．世界美术名作鉴赏辞典．杭州：浙江文艺出版社，1996.
龙协涛．艺苑趣谈录．北京：北京大学出版社，1984.

艺术·审美·人生

自然审美、技术审美、艺术审美、日常生活审美皆可以看作是把握、认识世界的方式，有利于拓宽大学生看问题的角度，并且其中蕴含的辩证、动态、交互的分析问题的视角有利于提高学生的思辨能力。

其中，自然审美的分析，包含着对人与自然和谐相处、共生共存的关系的讨论，可以进一步加深大学生对当下生态文明建设的理解，培养其正确的自然观、生态观，从而有利于全面推进美丽中国建设，加快推进人与自然和谐共生的现代化社会的发展进程。

第七章
审美模式

在日常审美活动中，我们虽然无法总结出概念性的审美判断标准，却往往能够在审美体验中达成较为一致的判断，即我认为美的事物能够获得他人的赞同，审美共通感保证了审美鉴赏的普遍可传达性，也构成了审美判断的先验基础。

审美共通感在经验现象界表现为一系列普遍有效的审美标准，这些审美标准的集合构成了审美模式。何为审美模式？英文中的 mode（模式）可以追溯至拉丁文 modus，起初用来表示范围、度量，其词根 med 意为“采取适当措施”。从词源学中不难看出，审美模式是在长期的审美实践活动中，基于审美对象的范围、性质、属性等自身特质，依托于审美主体与审美对象之间内在的审美联系，积累形成的模态化、范式化的审美态度与理论路径。审美模式并非局限于某种美学风格流派与特征，而是代表着一种主客间的交互性关系，通过展现审美经验运行机制中审美主体与审美对象的位势，体现出对主体的本质设定以及人与世界的相互关系。审美活动一经发生，就必然决定将要采取何种审美模式。如果说审美过程是从历时性的视角审视审美活动的绵延，审美模式则是在共时性层面对审美体验的当下特征进行剖析。因此，对审美模式的考察，不仅能够突出审美观念的时代变迁与文化特征，而且能够借此透视更深层次上审美主客体关系的流变。在本章中，我们分别从自然与艺术两个角度切入，选取具有典型性与代表性的审美模式进行介绍，试图以审美模式的流变为中心，勾勒出美学发展的内在理路与逻辑线索。

第一节　自然审美欣赏模式

对自然的审美欣赏活动具有悠久的历史。在柏拉图的理论建构中，自然美因为最为接近美的理念而获得了超越艺术美的先在性地位。中华文明中，历代文人骚客留下了无数对自然美景的咏叹，人们在春风拂面中体察“竹外桃花三两枝，春江水暖鸭先知”的生机萌动，在炎炎夏日欣赏“接天莲叶无穷碧，映日荷花别样红”的盎然景色，在“停车坐爱枫林晚，霜叶红于二月花”的秋景中沉醉，在“忽如一夜春风来，千树万树梨花开”的冬日捕捉灵动的精魂……

然而，自然美问题却堪称美学研究的阿喀琉斯之踵。现代美学自诞生之日起似乎就站在了自然的对立面，自然美日趋被排斥在美学的边缘。阿多诺指出自然美走向衰落的过程与原因："自然美之所以从美学中消失，是由于人类自由与尊严观念至上的不断扩展，该观念发端于康德，但在席勒和黑格尔那里得到充分认识。"[①] 黑格尔甚至断言："我们可以肯定地说，艺术美高于自然。因为艺术美是由心灵产生和再生的美，心灵和它的产品比自然和它的现象高多少，艺术美也就比自然美高多少。"[②]

此种境遇不仅反映出自然审美欣赏模式面临的困境，也凸显出深藏其中且一以贯之的问题线索：如何将作为感性认识能力的审美与客观的物质存在联结到一起？这是阻碍自然审美理论进一步发展的绊脚石，也是解决自然美问题的关键。因此，对自然审美欣赏模式进行考察的过程，不仅是使自然美逐渐脱离对艺术美的依附性地位的过程，也是我们重新审视人与自然的关系的过程。

一、对象模式

将自然视作艺术创造的审美对象，以艺术鉴赏的方式对自然美进行审美欣赏活动，这种自然审美欣赏模式即对象模式。自然审美的对象模式以形式主义和"如画"的自然审美为主，前者割裂了自然及其所属环境的内在连续性，后者则以艺术的眼光对自然进行评判。

1. 形式主义的自然美

形式主义的审美欣赏模式建立在"审美无利害"观念的基础上。18 世纪初，夏夫兹博里、哈奇生等英国经验主义哲学家将"无利害性"（disinterestedness）作为审美判断的标准引入美学中。夏夫兹博里在引进无利害性概念时并非将其作为一个现代审美反应中的想象自由概念，而是为了借由美感与道德感之间存在的明显的相似性，即对宇宙秩序的无利害的愉悦的体验，将这一概念作为"通向他那传统久远的新柏拉图主义的美善同一的一个步骤"[③]。哈奇生扩展了这一概念，他不仅排除了个人意志的影响，而且排除了更一般的认知性的利害关系，将审美反应描述为一个在知觉形式中获得多样性统一的内感觉，无利害被描述为一种"空与无"（vacant and unemployed）的特殊"心灵状态"（state of mind）。"审美无利害"观念在康德那里得到了巩固和完善，并且从经验层面扩展到先验层面。康德这样定义鉴赏判断的性质："鉴赏是通过不带任何兴趣的愉悦或者不悦而对一个对象或者一个表象方

① 阿多诺．美学理论．王柯平，译．成都：四川人民出版社，1998：110.

② 黑格尔．美学：第一卷．朱光潜，译．北京：商务印书馆，1979：4.

③ 盖耶．现代美学的缘起：1711—1735//基维．美学指南．彭锋，等译．南京：南京大学出版社，2008：18.

式做评判的能力。这样一种愉悦的对象就叫作美的。”① 康德以此将审美与善和快感区分开来，同时确立了审美静观的欣赏方式，审美对象的感性形式特征成为审美体验的主要来源。

在“审美无利害”观念的影响下，自然审美具有下述几种特征。首先，它意味着欣赏者与审美对象之间排除了认知性或意志性的利害关系，对审美对象的欣赏活动既非出于道德的善，又非出于身体感官的快适，更不是基于某种概念的认识判断。其次，它要求欣赏者与审美对象之间保持审美静观的欣赏方式，即二者之间相隔一定的物理距离与心理距离，从而不陷入审美对象之中。最后，欣赏者需要对此种欣赏模式下的审美对象做出限定，也就是将自然个体从环境中抽离出来，并去除主观化的个人情绪，只关注自然对象包括诸如颜色、线条、形状、结构在内的感性形式因素，并将自然对象作为与其周围环境分离的自给自足的审美单元，也就是一种孤立的、实体的审美对象，卡尔松将这种自然审美欣赏模式称为“对象模式”（object model）。

这种孤立的、实体的自然美，其孤立性体现在忽略了自然对象与其所处整体自然环境之间的有机联系，割裂了二者之间的审美相关性。卡尔松认为：“自然对象与他们的环境是有机统一（organic unity）的，这些对象是环境的一部分，并且他们通过环境营造的那些推动力，从其环境要素中发展而来。”② 而实体性体现在，对于作为一种客观存在的自然对象，我们虽然无法抹杀其物质实体性，却从物质上或精神上强行将其从自身“生长”的自然环境中移除，将其看作一种“现成品”（ready mades）或者“发现艺术”（found art）。换句话说，自然审美对象实际上已经被同化为艺术品。造成这一现象的根源在于欣赏者混淆了艺术与自然作为审美对象的不同属性，以艺术鉴赏的方式欣赏自然。殊不知，展示环境对于自然对象的审美性质至关重要，它在一定程度上限制了自然对象的审美特性，从而无法展现出自然的真实面貌，也就难以称得上是一种恰当的自然审美模式。

那么什么样的色彩、线条、结构或者形式才能给人以审美体验呢？形式主义的审美模式对自然的感性形式之美秉持着古典主义的判断标准，强调形式上的和谐与对称之美，忽略了自然本身的内在规律与特性。形式主义的自然美在今天虽然被诟病，但它的形成却具有一定的历史必然性。形式主义的自然美产生于中世纪自然美学的废墟之上，承接了古典时代对自然美的关注，也正是在艺术审美的重要参照下，自然审美在被艺术审美遮蔽的同时，逐渐引起了人们对自然的关注。

2. “如画”的自然美

“如画”（picturesque）概念兴起于 18 世纪，起初并非一个纯粹的审美范

---

① 康德．判断力批判．注释本．李秋零，译注．北京：中国人民大学出版社，2011：40.

② CARLSON A. Aesthetics and the environment：the appreciation of nature，art and architecture. London：Routledge，2000：44.

畴，还包含着社会与道德价值。克劳福德（Donald W. Crawford）认为，“如画”概念除了可以追溯到“意大利风景绘画的影响”以及“对景观设计中形式主义的反对”，其起源还得益于“对田园牧歌式乡村生活的赞颂和对自然的探索”，而通过“如画”方式创建的城市公园，“从一开始就被设想成远离城市，通过亲近自然的体验来寻求精神复活的场所”。① 最初的“如画”概念伴随着优美、崇高等概念而来，更多的是指一种审美风格，随着理论的不断发展而衍生为一种审美方式，也就是像欣赏风景画一样欣赏自然。尽管当代环境美学家往往将形式主义的自然审美模式与“如画”的审美模式合并而批判之，然而二者却不尽相同，后者最初是以挑战自然美的传统观念，尤其是形式主义的自然审美模式的面目出现的。二者的分歧主要在自然审美的判断标准方面，相比于形式主义的自然审美模式对和谐、对称等古典主义的审美标准的推崇，“如画”的审美模式虽仍没有跳脱人类中心主义的陷阱，却旨在发现自然本身的美，尤其是那些不被人关注的、不规则的、粗糙的、多变的自然环境。

“如画美”得名于对风景画的欣赏模式，它意味着欣赏者以特定的距离与视角对艺术或者自然对象进行审美欣赏，欣赏的重点并非实际对象本身，而是对象的再现以及所再现的特征。因此，“如画美”同样强调对自然对象的色彩、线条等视觉属性的关注。“它鼓励我们以欣赏一幅风景画的方式感知和欣赏自然，将自然理解为从某一特定角度与距离观赏的宏大风景。”② 正因如此，卡尔松将这种欣赏模式称为“景观模式”。正如欣赏艺术风景画一般，“如画”的审美欣赏模式将自然人为地划定为一个个区域，框定出一片片风景，将自然由三维、立体的可观可感之物转变为二维的、平面的景观绘画。

相比于形式主义的自然审美模式，“如画美”在关注本真自然的道路上更进一步：从审美欣赏的标准来看，“如画美”批判了传统自然审美对和谐、平衡等状态的推崇，对未经人类染指的荒野给予了更多关注；从审美欣赏的范围来看，相较于形式主义的自然美，“如画美”所涵盖的自然对象更加丰富，它将自然审美对象从孤立的个体扩展至某一片包含着众多自然对象的风景，尽管此种欣赏模式依然难以跳脱主观意志的束缚，但仅就视觉呈现而言，并不妨碍自然审美的客观性，且在一定程度上实现了自然审美的整体性；从审美欣赏的对象来看，对自然进行“如画”式的审美欣赏无法将自然的形式与内容进行完全的、机械的分离，因此，将“如画美”理解为纯粹的形式美也许过于片面。

总而言之，虽然“如画”的审美欣赏模式在欣赏本真自然的进程中起到了承上启下的作用，但是，无论是形式主义的自然美还是“如画”的自然美，

---

① CRAWFORD D. Scenery and the aesthetics of nature//CARLSON A，BERLEANT A. The aesthetics of natural environment. Peterborough：Broadview Press，2004：259 - 260.

② 卡尔松．从自然到人文：艾伦·卡尔松环境美学文选．薛富兴，译．桂林：广西师范大学出版社，2012：46.

均是以艺术鉴赏的方式欣赏自然，因此自然本性尚处于遮蔽之中。

二、环境模式

“如画”概念的发展唤起了人们对荒野自然的关注，但人们仍然以艺术审美的标准来衡量自然美景。欧洲对自然美理论的研究在经历了18世纪的繁荣后逐渐衰落，然而就在此时，浪漫主义思潮的遗产为自然美在美国的兴起埋下了种子。不同于欧洲哲学延续着古希腊以降形而上学传统对精神与主体的关注，美国的超验主义哲学更关注自然中的物质实体，对河流、山脉、森林、沙漠的热爱植根于深厚的文化传统之中，正如哈格洛夫（Eugene Hargrove）所言：“美国人对自然客体和风景画中景观真实性的着迷很难说只是一时的时尚，因为这种着迷可以从科勒的著作追溯到哈德逊河学派、美国的印象主义，最后是抽象的表现主义。”① 美国自然文学的产生与发展不仅推动了自然美理论的发展，也令哲学家们开始反思：自然与艺术在审美特性上究竟有何区别？如何才能正确地欣赏自然呢？

对自然审美与艺术审美之间差异的反思，不仅使前者逐渐从后者的统摄中独立出来，而且促使以浪漫主义诗人、画家、批评家为代表的一群人在对自然的流连忘返中孕育了最早的“自然全美”思想。通俗地讲，“自然全美”即所有的自然物都具有肯定的审美价值。早在19世纪的浪漫主义文艺思潮中，华兹华斯、济慈、拜伦等人就已经表露出对自然全方位的热爱，他们的作品不仅擅长对自然进行博物学式的细微刻画，而且擅长对沉浸于自然的细微感觉的描绘。风景画家康斯太布尔、文艺批评家罗斯金更是将自然看作没有丝毫负面因素的存在。这种自然审美模式得益于彼时的社会思潮，虽然尚未呈现出自觉性、系统性、科学性的理论系统，却成为“自然全美”思想的先声。

进入20世纪后，气候异常、空气污染、海平面上升等生态问题的日益凸显，使人们重新审视自然与人类的关系，人们普遍意识到自然并非人类索取、对抗与征服的对象，而是人类赖以生存的家园。现实问题促使众多学者重新审视启蒙现代性的历史局限，后现代主义思想的发展消解了形而上学的主导地位，打碎了工具理性与启蒙现代性的枷锁，环境现实与哲学思想的双重因素共同推动了自然美的复兴。

1966年，罗纳德·赫伯恩（Ronald Hepburn）发表《当代美学及对自然美的忽视》（Contemporary Aesthetics and the Neglect of Natural Beauty）一文，标志着西方环境美学的开端。赫伯恩在文中首先分析了20世纪自然美被忽视的状况，进而通过艺术与自然的对照，分析自然审美的特性，重新建构起“自然全美”的审美模式。从欣赏主体来看，赫伯恩指出了艺术审美的分

① 哈格洛夫．环境伦理学基础．杨通进，江娅，郭辉，译．重庆：重庆出版社，2007：125.

离性特征与自然审美的融合性特征的差异，不同于艺术鉴赏的审美静观，自然审美欣赏者处于自然对象的包围之中，自然审美欣赏从人与自然的二元对立走向了主客交融；从审美对象来看，艺术品具有“框架”或者“基座”，因而形成了与环境相互分离的自足的、完整的个体，艺术品的审美特性取决于内部诸要素间的相互作用，而自然则是开放的、流动的、变化的审美对象，这种性质挑战了我们传统的审美经验，也正是这种不稳定性、不确定性使自然充满开放性与创造性。那么究竟应该如何恰当地欣赏自然呢？赫伯恩否定了对形式、特性、结构等方面的统一性的普遍追求，主张开放式、多元化的审美欣赏方式，认为恰当的自然审美欣赏需要以自然的真实性作为指引。他一方面强调科学知识在自然审美的严肃性与客观性方面具有重要作用，另一方面也意识到，科学知识虽然是重要的，却使自然丰富的感性特性被抹去了，赫伯恩也因此转向了形而上的想象，开始关注情感、想象等因素在自然审美活动中的重要性。

赫伯恩的环境美学思想对自然审美模式的发展具有重要的意义与价值。一方面，他将研究重心从关注自然美的本质问题，转移到主体的自然审美方式问题，也就是从探究什么是自然美过渡到如何欣赏自然美，他认为欣赏者之所以认为自然是丑陋的，是因为没有掌握恰当的审美欣赏方式。另一方面，他的环境美学思想成为西方环境美学的开端，延伸出环境美学的诸多理论形态。在赫伯恩以后，环境美学进一步发展并分化为认知主义（cognitivism）与非认知主义（non-cognitivism），或者可以称为“概念的”（conceptual）与“非概念的”（non-conceptual）两种立场。双方的分歧主要在于如何看待科学在自然审美欣赏活动中的重要性。认知主义将科学知识作为恰当的自然审美欣赏的必经之路，而非认知主义在承认科学影响的同时，也将想象、感知、神话、民俗故事等因素考虑进来，试图以此恢复自然丰富的感性特征。此外，在哲学立场上，认知阵营呈现出人与自然二分的特征，而非认知阵营则坚持主客一元的统一论。实际上，认知与非认知因素在环境美学的发展中均具有十分重要的作用，呈现出“分久必合”的融合趋势，因此在上述两种基本立场之外，还存在着融合型自然审美观念。接下来，我们从认知主义、非认知主义与融合型三种话语形态对环境美学的主要思想进行介绍。

1. 认知主义环境美学

认知主义旨在以科学知识的客观性纠正自然审美思想一直以来存在的主观性偏差。长久以来，自然审美借鉴艺术的欣赏方式，在重视感性形式体验的同时忽略了自然本身的特性。作为认知主义的代表性人物，卡尔松的环境美学思想成为当代自然审美理论的重要组成部分。他在细致考察西方自然审美理论的不足后，详细论证了科学知识在自然审美欣赏中的积极作用，并且以此支持肯定美学的自然全美观念，最终通向对自然的道德义务。

卡尔松的环境美学发轫于对传统自然美理论的批判，他将传统的自然审美模式称为“对象模式”（object model）和“景观模式”（landscape model），在他看来，以艺术鉴赏的方式欣赏自然造成了对自然美的遮蔽。为此，人们首先需要解决两个问题，即“审美地欣赏什么”与“如何审美地欣赏”。[①] 前者的关键在于要如其所是地欣赏自然，遵循以对象为导向的客观主义原则；后者则着眼于欣赏者的欣赏方式，即超越主客二分的审美静观，积极置身于审美情境之中，体验人与自然的交融之美。卡尔松认为，要想回答这两个问题，首先需要重新认识自然：第一，自然是环境的；第二，自然是自然的。[②] 从环境的角度考虑自然意在与“对象模式”相区分，自然审美对象并非孤立的个体，而是与其所处环境紧密相连的整体；而“自然是自然的”则对应“景观模式”，反对将自然对象同化为艺术品或者风景画，因为“自然环境并不是一件艺术品，它没有作为人造物所给定的审美价值的边界与聚焦，我们也不能因参与其创造而获得关于它们的知识”[③]。卡尔松将艺术与自然审美区分开来，根源在于二者的存在性质不同，相比于艺术品与作者的紧密联系，自然不具备一个“创造者”，因而也就无法具有明确的界限与框架，主体的精神与意志也就无法渗透进自然之中。

尽管着重强调艺术与自然审美欣赏模式的区别，但他并不反对将艺术鉴赏的整体模式应用于自然。卡尔松依艺术范畴为“环境模式”（the environmental model）提出了自然审美范畴。“首先，科学家用一种美的形式或范畴，如对称、平衡等，发现自然；其次，自然只有显现在美的形式或范畴中才是可理解的，才可以进入我们的认识范围之内；最后，那些没有在美的形式中显现的自然，是混乱的、不可理解的，不能进入我们的认识世界，因此即使设想它们可能是丑的，也在我们的认识之外，我们也不知道它们的丑。”[④] 由此可知，能否恰当地欣赏自然，关键在于审美范畴是否正确，恰当的感知范畴将会促进审美体验的发生。那么是什么因素决定了自然审美范畴的正确与否呢？卡尔松认为，自然审美范畴有赖于自然科学知识，尤其是生态学、地理学等学科的发展对其进行修正。总而言之，科学知识对审美范畴起到修正作用，进而推动欣赏者“如其本然”地欣赏自然，以维持自然审美的客观性。

环境美学的研究对象包括自然环境与人造环境。卡尔松在批判传统的“设计者景观”方法的基础上，提出了“生态途径”（ecological approach）概念，主张将生态考虑带入人类环境欣赏中，并将其看作与自然生态系统相类

---

① 卡尔松．从自然到人文：艾伦·卡尔松环境美学文选．薛富兴，译．桂林：广西师范大学出版社，2012：42.

② 卡尔松．从自然到人文：艾伦·卡尔松环境美学文选．薛富兴，译．桂林：广西师范大学出版社，2012：48.

③ 卡尔松．从自然到人文：艾伦·卡尔松环境美学文选．薛富兴，译．桂林：广西师范大学出版社，2012：50.

④ 彭锋．完美的自然：当代环境美学的哲学基础．北京：北京大学出版社，2005：129.

似的整体性的人类生态系统，其生态必然性即“功能的适应”（functional fit）。“功能的适应”建立在对审美对象功能认知的基础之上，而此种认知依赖于科学知识的客观性。对功能的强调建立在生态意识之上，任何个体都处于一套生态系统之中，在依赖于同一系统内部不同元素的互相作用的同时，也与各种不同的生态系统彼此适应。对功能的适应需要从生态系统层面欣赏自然环境与人造环境。

认知主义环境美学话语形态对自然审美理论的推进具有至关重要的作用。一方面，它将自然美的本质问题转化为自然审美欣赏的方式问题，解决了自然美不可知性带来的审美难题；另一方面，它将科学知识作为审美范畴的基础，维护了自然美的客观性。然而，卡尔松的环境美学思想也存在一些问题：首先，卡尔松秉持着主客二分的哲学立场，依然没有摆脱人类中心主义的窠臼，他所宣称的客观性也就没有逃脱理性主义的壁垒；其次，科学知识的客观性如何转换为审美感知与体验，此种审美转换机制尚不明确，卡尔松在强调科学知识重要性的同时，却忽视了情感、想象等因素在审美活动中的作用；最后，卡尔松在反对以艺术欣赏模式对待自然的同时，其审美模式依然是对象化、分离式的，从根本上讲与艺术欣赏并无二致。

2. 非认知主义环境美学

与认知主义环境美学相对应的是非认知主义环境美学。二者在对待自然的基本态度上并无二致，均强调人与自然的和谐共生，提倡一种参与性、融合性、客观性的环境审美。然而，认知主义环境美学在以自然科学的方式追求自然审美客观性的同时，不可避免地形成对象化、割裂性的审美特征；相比之下，非认知主义环境美学思想更加关注感知、想象、情感等非认知因素在形成开放性的、融合性的、创造性的审美体验的过程中的重要性，进而深入对传统“审美无利害”观念的批判与修正，其中主要以伯林特（Arnold Berleant）提出的“参与美学”（aesthetic of engagement）为代表。

不同于卡尔松将艺术与自然审美模式截然分开的态度，伯林特试图寻找一种统一的、普适的审美模式，以涵盖包括自然、艺术在内的众多审美对象。在他看来，审美模式形成与变化的根源在于主体与对象的审美关系。从欣赏模式角度看，参与美学从根本上反对传统美学主客二分、审美静观的哲学立场。为此，伯林特首先对“环境”进行重新定义，他认为环境是“一系列感官意识的混合、意蕴（包括意识到和潜意识的）、地理位置、身体在场、个人时间及持续运动。没有所谓外部的视角，或者远观，或者将人隔离在外的圈地，它是当下对现存情境的集中感受和投入”[①]。环境作为一个复杂的人与自然的统一体，既包括自然环境也包括人类环境，在环境的统一体中，内在与外在、意识与物质、人类与自然并不是对立的事物，而是同一的事物的不同

① 伯林特．环境美学．张敏，周雨，译．长沙：湖南科学技术出版社，2006：33.

方面。伯林特在定义环境的基础上提出了“审美场”（aesthetic field）的概念，将审美对象视作相互联系的复杂而统一的有机系统，以完整有机的“审美场景”（aesthetic situation）替代了传统主客二分的审美静观。

具体而言，伯林特提出的参与美学主要具有以下特征。其一，参与美学坚持审美欣赏的一元论而非二元论，否定自然与艺术、主体与客体之间的绝对界限，人与自然在相互依存、相互作用的过程中形成物我交融的审美共同体，从而在根本上摆脱人类中心主义。其二，参与美学注重审美体验的当下性与直接性，主张身体直接进入环境之中，并全身心地融入环境。其三，感知是审美体验的主要来源，审美体验需要我们调动自身的感觉形式并且融合生理和社会文化因素。其四，西方哲学通过揭示世界的构成和结构而非其联系和连续性来理解世界，导致审美体验建立在认知基础之上，参与美学倾向于将审美体验建立在连续性形而上学的哲学基础之上①，通过人与环境的连续性、审美经验的连续性、艺术与生活的连续性等，建立一种全面而统一的美学。

伯林特的参与美学也存在一些问题。首先，尽管他摒弃了主客二分的审美态度，但是也在一定程度上取消了审美，忽略了审美经验与日常经验、审美与现实的区分。其次，参与美学强调感知在审美体验中的优先地位，难免产生过于主观的倾向。最后，参与美学对审美活动机制的细节论述尚不清晰，对很多问题的讨论过于泛化，也始终没有明确阐释自然审美体验何以给人一种肯定的、自由的审美愉悦。

除了伯林特的参与美学思想，非认知主义环境美学还从情感、想象等方面思考人与自然的关系。其中，诺埃尔·卡罗尔坚持情感因素在审美欣赏中的首要地位，强调科学知识需要与情感因素相互结合、相互作用、相互补充，情感的激发是自然审美活动中最为普通、最为基础的审美体验，这种情感的激发甚至不需要过多的认知因素作为基础，而是一种生理性的经验过程。正如我们欣赏壮观的瀑布时，油然而生崇高的意蕴，此时情感的产生与我们对瀑布知识的了解没有必然的联系，自然在迅速地、直接地刺激我们的情感反应。卡罗尔并不是要求人沉浸于自然，而是提倡人与自然产生情感关系，并以这种关系作为对自然的日常经验的基础。

3. 融合型环境美学

随着西方环境美学的发展，环境美学话语形态中的认知因素与非认知因素颇有“分久必合”的趋势，美学家们逐渐意识到，恰当的自然审美需要二者兼有，因而出现了融合型环境美学话语形态。其代表人物包括齐藤百合子（Yuriko Saito）、霍尔姆斯·罗尔斯顿（Holmes Rolston）、罗纳德·摩尔（Ronald Moore）等人。

---

① 伯林特在《生活在景观中——走向一种环境美学》的导言中指出，“连续性”（continuity）日益成为其思考的基础，这本书的后半部分详细论述了环境连续性问题，话题从身体扩展到建筑、教育和共同体。

在齐藤百合子看来，仅仅以科学知识来欣赏自然是不够的，科学并不能代替或者促进审美体验，对自然的科学认识也是在讲述人们自己的故事，本质上无法摆脱人类中心主义。对待自然的正确态度应建立在人与自然的诗性基础上，也就是对自然的理解与情感之上。为此，她强调在利用科学知识的同时，也不能忽视民间故事与传说的价值，要通过自然的感性表象了解自然的历史与功能。

罗尔斯顿将审美欣赏过程划分为两个层面，即审美属性与审美体验。自然具有自在的审美属性，却尚未被经验察觉，因而只是一种物质性的感性表征，自然的审美属性经过人类的审美加工后转化为审美体验。因此，我们既要通过科学知识来认识自然的本来面目，又要支持介入式参与（engaged participation）、崇高以及宗教体验的作用。

摩尔将当代西方环境美学区分为"概念论者"（conceptualist）和"非概念论者"（non-conceptualist），前者强调自然审美欣赏过程中存在着与艺术欣赏类似的有效的概念与范畴框架，而后者则为感知、情感、想象等非概念因素赢得了一席之地。摩尔进而提出他的"融合美学"（syncretic aesthetics）的环境美学话语形态，试图以此弥合上述两种立场间的裂痕，将自然审美从科学主义的范式中解放出来。①

三、"自然的人化"模式

在 20 世纪以前，对自然的审美欣赏模式尚且囿于艺术哲学的范围之内，将自然视作艺术品的做法忽视了自然内在的物质实在性；环境美学的兴起重新赋予自然以物质本性，试图通过认识能力的调整恢复自然的本然面貌，在重新发现自然的基础上对自然审美的恰当与否进行判断，难以避免地限制了主体的审美能力。而人化的自然美以人类历史实践为纽带，为实现自然的物质本性与主体的审美能力的交融提供了可供借鉴的路径。

"自然的人化"被认为是马克思自然观的核心。其实早在黑格尔的美学中就已经有类似"人化的自然"的思想，黑格尔将自然看作绝对精神的外化，他说："一个小男孩把石头抛在河水里，以惊奇的神色去看水中所现的圆圈，觉得这是一个作品，在这作品中他看出他自己活动的结果。"② 黑格尔认为，小男孩看到的作品就是自己的实践在自然中的效果，他欣赏的只是"他自己的外在现实"。马克思在《1844 年经济学哲学手稿》中提出"人化的自然界"的说法："**人的**感觉、感觉的人性，都是由于**它的**对象的存在，由于**人化**的自然界，才产生出来的。"③ 苏联学者伏·万斯洛夫在此基础上首次提出了"自

① MOORE R. Appreciating natural beauty as natural. The journal of aesthetic education，1999（33）：42-59.
② 黑格尔．美学：第一卷．朱光潜，译．北京：商务印书馆，1979：48.
③ 马克思．1844 年经济学哲学手稿．北京：人民出版社，2014：84.

然的人化”这一概念。“人化的自然界”与“自然的人化”含义有些微不同，前者强调自然界的一种特殊存在状态，而后者更强调从自然向人生成的动态过程。马克思所讲的“人化的自然界”着眼于人对自然界改造的哲学关系，而并未从美学角度进行具体的阐释，更多强调自然界不仅为人类提供物质和劳动资料，而且作为人的感性的外部世界的存在，是人的感官的延伸。

在中国，较早地真正将“自然的人化”与美的本质问题联系起来的是著名美学家李泽厚。李泽厚一方面将自然美看作与人无关的纯粹形式，从而避免了机械唯物主义的倾向；另一方面反对将美视作人的主观意识的外化，他将“自然的人化”视作美的根源与自然美的本质，即“美是人的本质力量的对象化”，坚持了美与美感的普遍性和客观性。

“自然的人化”包含物质实践人化与精神实践人化双重维度，而物质实践的人化又包括直接性与间接性的“自然的人化”。狭义的“自然的人化”是指人类对自然的直接物质改造，李泽厚说：“自然的人化指的是人类征服自然的历史尺度，指的是整个社会发展达到一定阶段，人与自然的关系发生了根本改变。‘自然的人化’不能仅仅从狭义上去理解，仅仅看作是经过劳动改造了的对象。狭义的自然的人化即经过人改造的自然对象，如人所培育的花草等等，也确乎是美，但社会越发展，人们便越要也越能欣赏暴风骤雨、沙漠、荒凉的风景等等没有改造的自然，越要也越能欣赏像昆明石林这样似乎是杂乱无章的奇特美景。这些东西对人有害或者（与人）为敌的内容已消失，而愈以其感性形式吸引着人们。人们在欣赏这些表面上似乎与人抗争的感性自然形式中，得到一种高昂的美感愉悦。”① 如此一来，狭义的“自然的人化”成为广义的“自然的人化”的基础与前提。人类在自然物质实践的过程中去除了有害的内容，从而获得了人化的“真”与对象化的“善”的统一，在自然的感性形式中，人与自然从敌对关系走向了感性的和谐。除了外在的物质自然界，人类也是自然的组成部分，李泽厚认为：“人本身的情感、需要、感知、愿欲以及器官的人化，使生理性的内在自然变成人。这也就是人性的塑造。”② 因此，人的感性存在作为内在自然同样呈现出“人化”的过程。“只有当提出内在自然人化以后，自然的人化的学说才真正成为完整的包括认识论、伦理学和美学的学说，才能完整地说明人的内在心理结构是如何在人类的社会历史过程中产生的，亦即人类的认识、道德和审美是如何产生的。这个过程就是‘积淀’。”③

人化的自然美推动了自然审美理论的发展，“自然的人化”作为基础和前提，直接生成了“人化的自然界”，这种物质自然并非自然本身，而是为人所展示的自然景观。“从美学角度讲，‘人化的自然界’作为被人的知觉、情感、

---

① 李泽厚．美学三书．合肥：安徽文艺出版社，1999：494－495.

② 李泽厚．美学三书．合肥：安徽文艺出版社，1999：510.

③ 徐碧辉．论实践美学的自然的人化学说．沈阳工程学院学报，2008（1）.

意志、实践、语言重构的对象，它为人展示的并非自然本身，而是一种为人而在的自然景观。所以自然的人化就是自然的景观化。景观美学在当代的出现，是传统自然人化理论合乎逻辑的进展。”①

当然，人化的自然美也面临着诸多问题，以人为核心的理论建构凸显了强烈的人类中心主义倾向，与此同时，从实践角度解读自然美也面临着逻辑上、道德上的巨大挑战。人化的自然意味着人类对自然的再造，“经过人类实践改造的自然将不再是自然，而成为一种社会存在物。这一所谓的自然美其实也就以叠合的方式被纳入了社会美的范围”②。从本质上看，人化的自然美放弃了对自然形式的感性审美，深化了自然美的内涵，也避免了自然审美的主观倾向，这是其积极的一面。然而，将自然作为“人化的”自然，混淆了自然独特的审美属性，与其说是在欣赏自然，不如说是在欣赏自然中所体现的人的精神、力量与意志。随着生态人文主义的出现，人类中心主义的倾向才逐渐得到扭转，自然审美模式也呈现出崭新的面貌。

四、生态模式

自然审美的生态模式与西方生态世界观的形成密切相关。20 世纪生态环境遭到了严重破坏，西方学者开始将生态问题上升到世界观的角度来思考。这种世界观将世界看作一个涵盖了人类与自然的有机整体，单个生命对整体生态系统具有积极作用，同时，也只有在这一整体系统中单个生命才能获得生存的可能性。在此背景下，生态美学逐渐形成并发展起来。

生态美学真正的起源可以追溯至利奥波德的《沙乡年鉴》，利奥波德在这本书中详细阐释了自己的大地伦理学思想，而这种具有生态整体性色彩的哲学思想为生态美学提供了理论上的支持，被评价为“第一个建立在生态和自然演化史知识上的自然美学”③。利奥波德的生态美学思想建立在大地共同体观念的基础之上，他将自然纳入传统的伦理范围之内，将人与人、人与社会之间的伦理关系扩展至人与自然之间，作为生态共同体中的一员，人类应该认识到保护自然的道德义务。在利奥波德看来，自然审美的标准应该建立在生态伦理学观念之上，“当一个事物有助于保护生命共同体的和谐、稳定和美丽的时候，它就是正确的，当它走向反面时，就是错误的”④。自然的美就是生态系统的善。不仅如此，利奥波德还探讨了审美与生物学、生态学知识的关系，他认为科学可以改变和强化人们的感知，但是并不能保证正确地欣赏大地之美，更不能实现对自然的道德义务，只有对大地的热爱才是实现美与

---

① 徐碧辉．论实践美学的自然的人化学说．沈阳工程学院学报，2008（1）．

② 刘成纪．从“自然的人化”到生态美学：新中国自然美理论的逻辑进展//曾繁仁，伯林特．全球视野中的生态美学与环境美学．长春：长春出版社，2011：196－212．

③ CALLICOTT J. Leopold’s land aesthetics. Journal of soil and water conservation，1983（38）．

④ 利奥波德．沙乡年鉴．侯文蕙，译．长春：吉林人民出版社，1997：213．

责任的关键。

景观生态学、景观设计学的出现在实践层面推动生态审美模式与环境保护的社会现实相互结合，以贾苏克·科欧（Jusuck Koh）、保罗·戈比斯特（Paul Gobster）为代表的景观设计师在设计实践中发展出丰富的生态美学思想。

贾苏克·科欧的生态美学思想体现在其建筑设计理念中。他以伯林特的“审美场”概念为参照，吸收了东方美学的诸多观点，致力于将建筑、景观、美学与生态的理论交叉融合，以实现建筑景观与生态之美的协调与交融。科欧以批判传统“如画”审美来立论，认为“如画美”尚未摆脱人与景二元对立的窠臼，因而无法触及环境美的真正内涵。为此，他提出了关注环境整体的“生态之美”。具体来看，科欧提出了“包容性统一”（inclusive unity）、“动态平衡”（dynamic balance）和“补充性”（complementarity）三个建筑设计中的生态美学范式。“包容性统一”强调突破二元对立，实现人与周遭环境浑然一体，在关注人工设计的同时还要考虑环境的功能；“动态平衡”旨在突破传统意义中形式上的静态平衡，强调设计中的不对称，更多关注整体过程中的秩序平衡；“补充性”则反映出一种整体主义的世界观，即主体与客体、自然与人为、时间与空间的不可分割性，主张利用景观和自然元素补充人类建筑，以达到人与自然和谐共生的效果。总而言之，科欧从生态设计学实践层面出发，反对建筑设计对形式的过分关注，而是将人、建筑融入生态环境的大背景之中，形成了整合的、动态的、具有美学内涵的良性系统。

保罗·戈比斯特试图吸收利奥波德的“大地美学”与科欧的“生态设计美学”，并将其应用于林业管理等景观感知与评估的实践中，解决森林审美价值与生态价值的冲突问题。戈比斯特认为冲突的形成是传统自然审美中主客分离的景观模式的结果，对自然的形式化、对象化、视觉化的审美方式必然会忽略自然的生态属性和价值，从而导致审美价值与生态价值的冲突。戈比斯特的解决方式是扩大审美的范围，以生态的眼光引导和规范审美，从而达成生态与审美的和解。他提出“景观感知过程”这一生态审美范式，强调多种感官的参与、自然科学的重要性，以及突破主客对立的、积极的、参与式的“人-景”互动，最终落脚于审美价值所带来的保护生态系统的伦理义务。

与环境美学相比，生态美学更强调系统性、联系性和整体性。生态美学包括狭义与广义两层含义。狭义的生态美学是指西方从生态学视角发展而来的景观生态学，它将生态学知识应用于建筑或者环境设计中；广义的生态美学则站在生态文明的时代背景下，意指在生态意识指导下的具有生态维度的审美观。广义的生态美学以探索人与自然的审美关系为出发点，扩展至人与自然、社会、宇宙、自身的多重审美关系，最终旨在改善人类当下非美的存在状态。生态美学对于自然美理论的超越，一方面体现在它重视在生态文明背景下，不同哲学传统中的具有生态意味的多元化的自然美理论；另一方面体现在生态伦理观念的转变上，它强调本体论层面上人与自然的关系之美，其本质是树立一种生命共同体意识。

相比于西方生态美学对实践操作层面的关注，中国生态美学的发展更加哲学化、宏观化和理论化，在着眼于人与自然和谐共生的关系性的同时，试图从本体论层面创造出崭新的生态审美范式。中西生态美学的差异与中国生态美学独特的哲学基础有关。在西方生态世界观兴起的时代背景下，中国生态美学学者在吸收西方理论资源的同时，积极发掘中国本土文化，并致力于将二者有机结合，通过建构一种“生态整体论”的美学形态来实现对认识论美学主客二分的思维传统的超越。

其中，“生态存在论”美学与“生生美学”是较有代表性的理论成果。曾繁仁提出了生态存在论美学话语形态。他提出生态美学“是一种人与自然和社会达到动态平衡、和谐一致的处于生态审美状态的崭新的生态存在论审美观”①。生态美学产生于后现代的时代语境之下，“后现代在精神与文化上的特色就是对生态精神的倡导，这就为生态美学的产生与发展提供了土壤，创造了条件”②。

在此基础上，曾繁仁深耕于中国古典生态哲学思想，进一步提出并阐释了中国传统“生生美学”话语体系，试图在欧陆现象学生态美学与英美分析哲学环境美学之外，提出一种基于中国古代生态审美智慧的具有中国气派、中国风格的生态美学体系，以跨文化研究的视角阐释中西生态美学的共性与差异性。“生生”中第一个“生”为动词“创生”，而第二个“生”为名词“生命”，“生生”即创生生命，“生生”之美是动态生成之美，它并没有明确的审美对象，而是关注生命发展过程中的关系之美。对“生”的关注凝结着中国古典哲学的精髓，作为一个人口大国、农业大国，人口的繁衍、植物以及农作物的生长关系着国家的繁荣与昌盛。《周易》有云“天地之大德曰生”“生生之为易”，也就是说，创生生命是最高的道德，这种生生之德转化为生生之美，就使生态美学获得了本体论层面上的内涵。《周易》又云“黄中通理，正位居体，美在其中”，阴阳各在其位，风调雨顺，万物繁茂，这就是美的景象。曾繁仁将“生生美学”的文化特点概括为天人合一的文化传统、阴阳相生的生命美学、“太极图示”的艺术思维模式、总体透视的艺术特征、“言在意外”的意境审美模式。③ 此外，他总结了“生生美学”的诸多范畴，包括诗歌之“意境”、书法之“筋血骨肉”、古琴之“琴德”、国画之“气韵生动”、戏曲之“虚拟表演”等，以唐诗、宋词、明清小说、佛教画集为个例，探寻生生美学与中国古典文化融合的可能性。

---

① 曾繁仁．生态美学：后现代语境下崭新的生态存在论审美观．陕西师范大学学报（哲学社会科学版），2002（3）.

② 曾繁仁．生态美学：后现代语境下崭新的生态存在论审美观．陕西师范大学学报（哲学社会科学版），2002（3）.

③ 曾繁仁．关于“生生美学”的几个问题．济南大学学报（社会科学版），2019（6）.

区别于西方美学注重实体性、分离性，习惯以著述方式呈现美学思想的传统，“生生美学”更具有生命本体性与融贯性，并且主要呈现于各种不同的艺术形态与艺术理论之中，因此更具有审美智慧、道德理性与意境逻辑，迸发出更强的活力与更持久的生命力。当然，生态美学的发展尚存在不足之处，但是，坚持生态人文主义，实现人与自然的和谐共生将是生态美学留给人类的宝贵财富。

本节关键词：

“如画”，“自然的人化”，科学认知主义，生态美学

第二节　艺术审美欣赏模式

不同的艺术审美欣赏模式暗示着审美体验的不同类型。欣赏者与艺术品之间是何种关系？艺术审美欣赏应该基于何种态度与立场？对上述问题的追问推动着艺术审美欣赏模式的丰富与发展。

一、艺术的道德美

审美与道德的关系历史悠久、错综复杂，贯穿于艺术审美活动的始终。能否将道德水准作为艺术价值的衡量标准，是审美道德主义关注的焦点。正如朱光潜所言：“从古希腊一直到19世纪，文艺寓于道德教训，是欧洲文艺思想中一个主潮。”① 根据道德价值与审美价值的相互关系，可以将艺术欣赏模式分为审美道德主义与审美自律主义两种。二者的区别在于：前者主张将道德因素置于艺术价值的考量之中，相信道德观念会提升或者损害艺术品的审美体验；而后者则秉持着艺术自律的原则，认为艺术品中的道德价值不会对审美体验产生影响。

在人类文明的早期阶段，美善统一是中西方早期审美模式的共同特征。在汉语词源学中不乏美感经验与功利意图相混淆的现象，《说文解字》对“美”这样解释：“美，甘也。从羊，从大。”所谓“羊大为美”并不是指羊的视觉形象，而是说肥美的羊味道鲜美，味道鲜美属于人类的功利目的，而不涉及对象的感性形式。古希腊人将艺术作为一种“技艺”，泛指人的一切技术，在此背景下，实用性的道德因素充斥在对何者为美的评判之中。正因如此，古希腊人将美与其他实用性目的混淆，苏格拉底提出“美在效用”的观点，色诺芬笔下的苏格拉底曾经说道：“难道你不知道，对同一事物来说，所有的东西都是既美又好的吗？首先，德行就不是对某一些东西来说是好的，而对另一些东西来说才是美的。同样，对同一事物来说，人也是

① 朱光潜．朱光潜美学文集：第一卷．上海：上海文艺出版社，1982：106.

既美又好的……凡人所用的东西，对它们所适用的事物来说，都是既美又好的。”① 这就是说，只要适合于目的的事物就是美的，否则就是丑的。

“美在效用”一方面是指适合于使用者的目的，另一方面则是指适合于事物自身的目的。然而事实上，美与善的关系流变至今，更多的是意指符合事物自身的目的，将其置于艺术视域之中，就是符合艺术的创作者的目的。换句话说，艺术品创作者的意图将在很大程度上影响到对艺术对象的审美体验与阐释效果，因此，美善关系可以延伸至意图主义与反意图主义之间的分歧。

美善统一的观点持续到中世纪，上帝作为全知全善的象征，取代了理念在形而上学中的位置，世界上一切美的事物都可以被看作上帝的杰作，而美的事物存在的合理性，不仅仅在于其感性形式上的和谐，更在于其背后所蕴含着的上帝的旨意。因此，道德标准成为审美价值的内核与准则。然而，这一时期也蕴藏着审美独立的先机。作为对上帝旨意的再现，艺术美的判断标准逐渐与早期的实用目的区分开来。同时，美学的形式特征也逐渐得到关注："如果艺术的再现在内容上从来都不能比它所描写的正常知觉对象，即普通知觉对象更为深刻的话，那也就无法解释为什么美包含的一些属性比正常知觉在普通事物中所能领会的属性更为深刻。换句话说，由此得出的结论是，从美学上说，美纯粹是形式的。”② 作为纯粹形式的美具备了象征道德的功能，这一趋势在康德的目的论哲学之中达到了巅峰。黑格尔对道德与伦理的内涵进行了区分，在他看来，“作为主观的内心自由意志的道德，既须以伦理为自身客观内容，又在客观伦理关系中成为现实的。所以‘伦理’是主观与客观的统一，是现实的‘实体’”③。由此可见，道德更侧重于作为一种善恶观念发挥作用，也正因如此，道德观念必然会影响艺术品的审美价值。

尽管自19世纪末期开始，艺术自律的呼声愈来愈高，但是将审美与道德完全割裂开来，似乎陷入自说自话的语言游戏之中。20世纪末，西方美学界开始重新审视艺术与道德的关系，反思将道德判断融入审美价值之中的可能性。“自上世纪90年代末以降，一众当代哲学家、美学家以及艺术理论家已经接纳了那曾经被视为异端的伦理批评实践。如此一来，下面这些场面也就平素可见了，如：‘不知羞耻’地讨论文学作品的伦理内容，争议文学作品在广义上的熏陶效果，试图在美学语境下为伦理内容和影响找到一方天地。”④ 诺埃尔·卡罗尔提出“适度道德主义”的艺术审美观念，认为艺术品的道德缺陷也是一种审美缺陷，道德价值将会直接影响到审美价值。道德缺陷如果影响到欣赏者的情感接受，那么就将是一种审美上的失败。当然，道德价值

---

① 色诺芬．回忆苏格拉底．吴永泉，译．北京：商务印书馆，1986：114.

② 鲍桑葵．美学史．张今，译．北京：商务印书馆，2009：26－27.

③ 朱贻庭．“伦理”与“道德”之辨：关于“再写中国伦理学”的一点思考．华东师范大学学报（哲学社会科学版），2018（1）.

④ DEVEREAUX M. Moral judgments and works of art：the case of narrative literature. the journal of aesthetics and art criticism，2004，62（1）.

并不能够完全决定艺术品的审美价值，对艺术的道德性的把握应该注意适度性和限定性。贝里斯·高特（Berys Gaut）则提出“应当的反应”（merited response）这个概念，认为只有对艺术品的反应符合事先规定的“应当的”反应，在审美上才可以被认为是成功的，假如一件艺术品体现出道德上有问题的立场，所获得的反应就是“不应当的”，此时将会构成审美上的缺陷。

总而言之，审美价值与道德价值的角力植根于对文艺与社会关系的不同看法之中。道德主义的审美欣赏模式强调，艺术价值的实现不仅仅依赖于审美体验，还取决于艺术作品中蕴含的道德性。艺术是借助于物质载体而存在的审美意识形态，以“寓教于乐”的方式实现教育功能是艺术的本质属性之一。

深度剖析

《哈姆雷特》的道德探讨

在莎士比亚的著名戏剧《哈姆雷特》中，王子哈姆雷特经历了父王被杀、王位被篡、通过“戏中戏”证实叔父是杀父仇人、误杀心爱之人奥菲莉亚的父亲波罗涅斯等事件，一步步走向了悲剧。故事中哈姆雷特在替父报仇的时候表现出了犹豫不决的特点，其原因在于复仇行为直接关涉到道德问题，他徘徊于正义与邪恶、道义与权力、服从与反抗之间，难以做出决断。作者通过哈姆雷特的复仇，不仅展现了主人公个人内心的欲望和挣扎，也揭示了当时整个英国社会的腐败和道德的堕落。除《哈姆雷特》以外，莎士比亚的《麦克白》《李尔王》等经典戏剧也从不同方面探讨了道德问题，从作品中可以看出作者本人在道德上的追求。当我们在欣赏文艺作品的时候，也常会不自觉地从道德维度对其进行评判。因此，无论对于创作者还是鉴赏者而言，道德美都具有十分重要的意义。

二、艺术的形式美

在美学的发展历史中，存在着与道德主义对应的艺术欣赏模式。此种审美模式认为，美在于艺术之形式，如艺术的色彩、线条、构图等因素，而非作品所蕴含的社会性因素。美在形式的观念对西方美学影响颇深，甚至有学者认为，“就主导倾向而论，似乎可以说，西方美学始终是重形式的”①。

形式美反对将美指向人的心灵、道德抑或一种文化标准，而是从宇宙本质中寻找美的来源，将美视作一定比例下的和谐与对称。对形式美的提倡最早可以追溯至古希腊的毕达哥拉斯学派，在他们看来，宇宙万物本质上由数构成，审美的愉悦产生于数的和谐，“事物由于数而美”②。对形式的关注在亚里士多德时期更上一层楼，亚里士多德认为任何事物都包含“形式”和“质料”两种因素，而“形式”是事物的“第一本体”，艺术的审美体验取决

① 成复旺．关于形式美学的思考．浙江学刊，2000（4）．

② 蒋孔阳．西方美学通史：第一卷．上海：上海文艺出版社，1999：65．

于对情节、形式的巧妙安排。

启蒙现代性赋予主体理性以绝对的权威，理性主义精神相信能够以科学的方式来分析审美活动，从而推动艺术从其他技艺中分离出来，使美学呈现出自律性的趋势。在此背景下，夏夫兹博里、哈奇生等人提出“审美无利害”的概念，使审美在一定程度上脱离了道德标准的束缚。这一概念被康德继承与发展，在康德哲学中，“审美无利害”也就意味着美与质料无关，鉴赏判断产生于情感愉悦与表象的结合，其中，情感愉悦不夹杂任何概念，而表象更是对纯粹形式的感性直观。克罗齐明确地将审美与道德区分为两种不同的活动，在他看来，艺术不同于意志活动，善良意志与艺术的审美价值无关。尽管“审美无利害”观念的提出推动了审美的自觉，但是美与善尚未完全割裂，实际上，审美与道德依然存在着某种程度上的关联，在康德的哲学体系中，鉴赏判断的重要性就在于沟通知性与理性、自然与自由之间的那条不可逾越的鸿沟，自然与自由只有在鉴赏判断中才能得到统一；当我们欣赏自然美景时，一方面我们需要利用先验统觉来了解知觉现象，另一方面这种审美体验却与道德存在某种关联。杜夫海纳认为：“在人类经历的各条道路的起点上，都可能找出审美经验：它开辟通向科学和行动的途径。原因是：它处于根源部位上，处于人类在与万物混杂中感受到自己与世界的亲密关系的这一点上；自然向人类显出真身，人类可以阅读自然献给他的这些伟大图像。在自然所说的这种语言之前，逻各斯的未来已经在这相遇中着手准备了。创造的自然产生人并启发人达到意识。”①

19 世纪末期，启蒙现代性逐渐异化为工具理性，以异己的力量反过来压制自身的感性因素，从而造成启蒙现代性与审美现代性的分裂。法国作家雨果甚至公开宣称“为艺术而艺术”，浪漫主义、唯美主义应运而生。唯美主义诞生于 19 世纪的英法两国，他们相信艺术价值的高低与道德评判标准无关，艺术价值的评判仅依据感性形式的审美愉悦。20 世纪后，受到“语言学转向”的影响，艺术自律的思潮逐渐蔓延至文学理论领域，并逐渐走向极端。俄国形式主义文论与英美“新批评”试图将文学艺术看作一个完全封闭的、自洽的能指系统，要求将文学艺术的价值建立在语法、逻辑、词义等文本自身特征的基础之上，在其看来，文学艺术一旦完成就割断了与作者意图的联系，对作者意图的阐释与揣摩偏离了文学艺术本身。

对此种欣赏模式的理解可以参照克莱夫·贝尔提出的“有意味的形式”。贝尔将个体的审美情感视为美学体系的出发点，如果能够从艺术作品中发现某种激发审美情感的因素，那么我们就找到了艺术的本质，贝尔将这种因素称为“有意味的形式”。这种“有意味的形式”首先是纯粹的线条与色彩的组合，正如贝尔所言，“他已经从物质美中得到了通常只有艺术才能带给人的快感，因为他设法把风景看成各种各样交织在一起的线条、色彩的纯形式的组

① 杜夫海纳．美学与哲学．孙非，译．北京：中国社会科学出版社，1985：8.

合了"①。在他看来，内容与形式是截然分开的，内容激发出的是与审美无关或者对审美有害的生活情感，而形式并非全然是"有意味的形式"，后者不应当具有描述性，即不能够传递信息、启发教化或者具有某种智性内容，否则将不能在审美上打动我们，只有"纯粹的形式"才能唤起我们的审美情感。如此看来，贝尔的论调显然走向了极端的形式论，完全将形式与内容、现实对立起来，否定了其他因素对审美价值的积极作用。

"美在形式"的观念主张，对纯粹形式的追求能够为主体提供审美愉悦。对形式美的追求是中西美学共同的特点，对感性形式的体验也是最为原初的审美体验之一。然而，形式美在日益走向极端的过程中，获得了足以与自然科学相媲美的科学性，却忽视了审美活动本身所必需的感性需求，对形式的过度强调，不仅使审美体验中鲜活的生命感消失殆尽，也剥夺了艺术通向社会的诸种可能性。

三、审美静观中的艺术美

在艺术创作与欣赏的过程中，创作者与欣赏者所持有的那种不同于对待日常生活的态度十分重要，我们将这种态度称为审美态度。审美态度，意指在审美活动中，主体面对审美对象所采取的审美心理状态。审美态度需要回答在审美欣赏过程中，如何审美以及怎样审美的问题。作为一种特殊的审美心理状态，一方面，审美态度不同于审美属性，后者指向审美对象的某种客观感性形式，而前者则更偏向于主体的情感选择；另一方面，这种态度终究是审美的，因而有别于实践的、理智的或者道德的态度。审美态度的核心命题之一便是审美静观（aesthetic contemplation）。

审美静观主张以一种分离的、静止的、视觉的方式欣赏审美对象，因此也可以称之为分离的（detached）艺术欣赏模式，其实质是审美的无利害性。审美静观具有以下几个特征：首先，主体与艺术品之间具有明确的界限和距离，艺术品需要以完整的方式呈现出来，而欣赏者需要以一定的距离来欣赏艺术品；其次，审美静观的欣赏方式要求欣赏者以视觉而非其他感官来欣赏审美对象；最后，审美静观秉持着审美无利害的态度。

审美静观作为一种艺术欣赏模式离不开对"距离"的把握。尼古拉斯·普桑（Nicolas Poussin）对观看方式进行了区分："看的方式有两种，一种是仅仅看到物，另一种是聚精会神地思量一物。"② 他将前一种称为"外视"，而将后一种称为"内视"。普桑所说的"内视"意味着在观看之外继续思考欣赏对象的某种方式，这实际上已经成为审美静观的可能性之条件。普桑进一步指出"内视"的三个条件，分别是眼睛、视觉光线以及主客体间的距离。

① 贝尔．艺术．周金环，马钟元，译．北京：中国文联出版公司，1984：35.

② POUSSIN N. Lettres et propos sur l'art. Paris：Hermann，1964：62-63.

审美静观模式的出现有赖于欣赏者与艺术品之间的距离感，而对“距离”的关注则与宗教仪式息息相关。阿甘本这样解释“宗教”的本义：“它指的是在与众神的关系中必须采取的小心翼翼、殷勤专注的姿态，以及在为尊重神圣与神圣之外的分隔所必须遵守的规则前不安的踌躇。”[①] “宗教”的本义并非特殊的人类活动或者信仰，而是意指主体的某种倾向与姿态，即对神圣之物的某种远距离的观看，也就是静观。然而，静观模式并没有随着宗教的衰落而了无踪迹，而是从宗教神学中脱离，演变为特殊的艺术审美态度，也就是审美静观。

审美静观作为一种艺术欣赏模式真正得到发展是在文艺复兴以后，其形成的前提是审美的“无利害性”。康德在《判断力批判》中将“无利害性”作为鉴赏判断的第一契机。在他看来，不同于快感或者善所带来的愉悦，审美愉悦是不夹杂任何兴趣的，因为“被称为兴趣的那种愉悦，我们是把它与一个对象的实存的表象结合在一起的”[②]，这种兴趣总是与欲求能力相联系。夹杂任何功利性目的的对美的判断都不是审美鉴赏，而是快感或者善，前者与感性的欲望相结合，后者则产生于理性与意欲的关系之中。只有鉴赏判断的无利害性不关乎目的与概念，“鉴赏判断纯然是静观的，也就是说，是一种对一个对象的存在漠不关心、仅仅把对象的性状与愉快和不快的情感加以对照的判断。但是，这种静观本身也不是集中于概念的，因为鉴赏判断不是认识判断（既不是理论的认识判断，也不是实践的认识判断），因而也不是基于概念，或者也以概念为目的的”[③]。

叔本华在继承康德“审美无利害”观念的基础之上，将审美静观与其悲观主义哲学结合起来。在他看来，生命意志的本质就是痛苦，而这种痛苦的来源则是欲望的吞噬，“意志被阻挠比畅遂的机会要多得多。于是激烈和大量的欲求也会由此带来激烈和大量的痛苦。原来一切痛苦始终不是别的什么，而是未曾满足的和被阻挠了的欲求”[④]。人们可以借助理性认识无边的痛苦，却无法借助理性消除痛苦，只有通过审美静观的方式才能摆脱个体欲望的束缚，从而在痛苦之中解脱，达到人与审美对象交融、物我不分之境。

中国古代美学虽然没有明确提出类似“审美静观”的美学观点，但是相关的哲学理念却早已有之。如老子提出“涤除玄鉴”，即摒弃世俗的杂念与内心的欲望，而返回空明澄净的心灵，以此态度进行审美欣赏，与“无利害”不谋而合。刘勰在《文心雕龙·神思》中详细地描述了创作的过程：“是以陶钧文思，贵在虚静，疏瀹五藏，澡雪精神。积学以储宝，酌理以富才，研阅以穷照，驯致以绎辞；然后使玄解之宰，寻声律而定墨；独照之匠，窥意象而运斤。此盖驭文之首术，谋篇之大端。”刘勰在此所阐释的虽然是文章创作

① 高薪．物的凝视：论审美静观的宗教性起源．中国人民大学学报，2017（5）.

② 康德．判断力批判．注释本．李秋零，译注．北京：中国人民大学出版社，2011：34.

③ 康德．判断力批判．注释本．李秋零，译注．北京：中国人民大学出版社，2011：39.

④ 叔本华．作为意志和表象的世界．北京：商务印书馆，1982：497.

之法，却提到了“虚静”之思对于艺术的重要性。

随着美学的不断发展，这种“分离的”审美模式逐渐受到“介入的”艺术欣赏模式的挑战。有学者指出其根本分歧在于，“审美经验究竟是一种‘超然的’或‘分离的’（detached）经验，还是‘参与的’或‘介入的’（engaged）经验”①。技术与哲学的多重因素造成了审美欣赏模式的变化，科技革命使对艺术品的机械复制成为可能，从而取消了欣赏者与艺术之间的审美“灵晕”，创作者与欣赏者之间的界限日趋模糊，观众甚至能够参与到艺术创作过程之中，艺术的权威性、独立性和自律性逐渐消失。与此同时，传统的艺术定义愈加脆弱，根据维特根斯坦的“家族相似”概念来看，语言中的各个成员可能不存在任何共同特征，哲学家们普遍认为艺术也符合这一概念，那么对艺术的任何定义都将是无法成立的。艺术的不可定义性将会导致艺术范围的扩延，诸如马塞尔·杜尚的《泉》所展示的那样，曾经被视为与艺术和美无关的事物，都被纳入艺术的审视范围之中。介入的艺术欣赏模式具有两种特征：一方面，介入的欣赏模式需要欣赏者积极参与到审美对象之中，或者以视觉、味觉、触觉、听觉等多种感官来获取审美体验；另一方面，介入的欣赏模式摒弃了审美无利害的前提，将日常生活中的实用性事物也作为审美体验的对象，模糊了艺术与生活之间的界限，消解了审美的精英主义倾向，更加注重对感性体验的解放。总而言之，从审美静观向审美介入的转变，暗含着实用主义美学从古典形而上学的层面走向对经验维度的重视。审美模式的此种新变所带来的积极与消极的因素，需要我们在今后的学习中进行更为细致的观察与思考。

本节关键词：

道德美，形式美，审美静观

本章小结

根据审美对象的不同，可以将审美模式划分为自然审美模式与艺术审美模式。自然审美受制于人与自然关系演变的内在线索，形成了对象模式、环境模式、“自然的人化”模式与生态模式四种审美模式。在20世纪中叶以前，将自然作为一种认识和审美对象，以艺术审美的方式欣赏自然，是自然审美欣赏的主流。随着自然科学的发展与生态意识的觉醒，人们对自然的看法的转变，推动了自然审美模式的转变，环境模式、“自然的人化”模式与生态模式试图从不同角度建构一种基于自然世界规律的、主客交融的自然审美范式。

艺术审美模式则更为多样化。围绕着道德价值与审美价值的相互关系，形成了艺术中的道德美与形式美两种模式，前者主张将道德因素置于艺术价值的考量之中，而后者则秉持着“美在于艺术之形式”的自律性原则，反对

① 彭锋. 美学导论. 上海：复旦大学出版社，2011：58.

将美指向人的心灵、道德抑或一种文化标准，同时也剥夺了艺术通向社会的可能性。审美静观与审美介入以美学的本质属性为基点，从审美主客体的距离、方式等方面对艺术欣赏做出了规定。

思考题

1. 请思考自然审美与艺术审美的异同。
2. 请简要区分“自然审美”“环境审美”“生态审美”三个概念。
3. 如何看待自然审美与自然保护的内在联系？
4. 请论述“美在形式”的主张。
5. 请结合具体的案例，谈一谈你对“审美静观”的理解。

拓展阅读

利奥波德．沙乡年鉴．侯文蕙，译．长春：吉林人民出版社，1997.

卡尔松．从自然到人文：艾伦·卡尔松环境美学文选．薛富兴，译．桂林：广西师范大学出版社，2012.

贝尔．艺术．周金环，马钟元，译．北京：中国文联出版公司，1984.

HEPBURN R. Contemporary aesthetics and the neglect of natural beauty//WILLIAMS B，MONTEFIORE A. British analytical philosophy. London：Routledge，1966.

曾繁仁．生态美学：后现代语境下崭新的生态存在论美学观．陕西师范大学学报（哲学社会科学版），2002（3）.

艺术·审美·人生

不同时期的美学观念蕴藏着浓厚的时代气息。一方面，特定时代对人与社会的本质看法延伸至美学领域，将会形成独具特色的美学观；另一方面，美学观一旦形成，又会对身处时代巨浪之中的芸芸众生产生影响。党的二十大报告指出，“中国式现代化是人与自然和谐共生的现代化”。大力推进生态文明建设，促进人与自然的和谐共生，是生态美学理论发展的内生性要求。在中西文明互鉴语境下，生态美学在中国实现了生根、发芽、茁壮成长的完美蜕变，形成了独具特色的生态美学话语体系，在国际社会发出了中国美学的声音。

第八章
审美教育

审美活动既可以是个体的活动，也可以是群体、民族、种族、国家等共同体的活动；既可以是现实生成的活动，也可以是历史发生的活动。审美活动因而兼具个体性、群体性、现实性和历史性。个体的审美活动过程上可以分析出确立审美态度、进行审美体验、做出审美判断等连续的环节。由于受到特定历史时期社会经济、政治、文化和心理等因素的影响，不同个体的审美活动在审美态度、审美趣味、审美方式、审美观念等方面会表现出共同的倾向。历史地看，无论是个体的审美活动，还是群体的审美活动，都有其发生、发展、演变的历史性和阶段性特点。如果只停留于审美活动自发、自觉、自足的阶段，人类的审美经验、审美感受力、审美想象力和审美创造力就会停滞不前。这决定了实施审美教育的必要性。

在很长时期内，不论是在理论上还是在实践中，审美教育都被窄化为“美育”和“艺术教育”。这是因为人们常常把“美学”理解为“关于美的学问”“美的哲学”“艺术理论”等，偏离了“美学”作为“感性学”的原初意义。实际上，审美教育在性质、范围、功能、目的、途径等方面，与“美育”和“艺术教育”很不相同。审美教育既不同于与德育、智育、体育并列的狭义上的“美育”，又超越以培养受教育者的音乐、美术、戏剧等艺术技能为目标的“艺术教育”。本质上，审美教育是以培养人的感受能力、丰富人的情感经验、提升人的心灵境界为目的的教育活动，是以事物的感性形态为媒介对受教育者进行感性提升的实践活动。它既是个体的人成为主体性的人、进行自我完善并实现其全面发展的重要途径，又是整个人类自觉提升其审美能力、丰富其审美经验的重要方式。在这个意义上，审美教育既是一种教育活动，也是一种审美活动。

第一节　审美教育的功能

审美教育是将“审美”与“教育”和谐统一起来的实践活动和教育形态，它通过丰富存在于世界之中的人对事物感性形态的感受，增进其体验美的情感和能力，培养其美的生活态度和情趣，进而建构起其与世界和谐共处的审美关系。培养自由全面发展的人，是审美教育的终极目标。其不同于智育、德育的独特性在于，它从培养人正确的审美观开始，使人学会分辨事物的美与丑，培养敏锐的审美感受力、审美想象力、审美理解力、审美判断力、审美创造力等审美能力，使个体成为一个主体，成为一个有生活情趣的人，成为一个自由全面发展的人，进而建构人与世界和谐共处的审美关系，推动社会进步和发展。审美教育集中在个体审美观、审美能力和审美情趣的培养上，致力于个体的审美发展。这决定了审美教育的功能可以细化为三个层面：培养健康审美观、提升审美能力、激发生活情趣。

一、培养健康审美观

审美观是人们对美的总的看法，是人们进行审美活动的前提条件和出发点。在内容上，审美观包含对美的本质的看法以及审美理想、审美标准、审美格调、审美能力、审美情趣等诸多方面，尤其包含对什么东西是美的、某一事物到底是美的还是丑的等的评价标准。审美观是世界观的组成部分。同世界观对于个体生存具有根本性和奠基性意义一样，审美观是个体进行审美活动的重要前提，它决定着个体进行审美判断、审美想象、审美感受、审美创造等审美活动的最终形态，是体现个人审美能力和审美水平的重要基础。在性质上，审美观首先是个体的，每个人都有自己不同于他人的审美观。这是因为，个体的教育经历、成长历程、生活经验、审美实践，以及个体持有的道德标准、伦理立场、政治倾向、情感态度等，都会对审美观产生特定的影响，这些方面的不同自然决定了个体审美观的差异。

个体的审美观不是天生的，更不是绝对自由的。因为个体的教育、成长、生活、审美乃至思想立场等，总是与特定时代、特定社会、特定民族、特定文化心理等联系在一起，并承受着后者的影响。不同个体的审美观因而又具有相对意义上的时代共通性、民族共通性、文化共通性等。这些共通性，决定了审美观本身的时代性、历史性、民族性和文化性。一时代有一时代之文学，一时代也有一时代之审美观。审美观是建立在一定的社会实践基础上的，随着社会实践的发展而发展，随着社会实践的丰富而丰富。

在美学史上，人们对审美观的理解，大致可以归纳为两种。一种理解认为，审美观作为人的一种观念，是人天生就有的，是人的天赋和本能。夏夫兹博里就认为，人天生就有审美的本领。他说："我们一睁开眼睛去看一个形象或一张开耳朵去听声音，我们就马上见出美，认出秀雅与和谐。我们一看到一些行动，觉察到一些情感，我们的内在的眼睛也就马上辨出美好，形状完善的和可欣赏的。"① 但是，这种理解显然忽视了审美观形成过程中的社会文化因素，忽视了审美观的历史性，忽视了社会实践对审美观的巨大影响，最终取消了审美教育的可能。

---

① 北京大学哲学系美学教研室．西方美学家论美和美感．北京：商务印书馆，1980：95.

另一种理解则把审美看作神灵赋予人的特殊才能，认为人只有通过神灵的帮助才能抵达美的奇妙境界。普罗提诺就认为："美是由一种专为审美而设的心灵的功能去领会的。""神才是美的来源，凡是和美同类的事物也都是从神那里来的。"[①] 这就是说，美与丑是由神决定的，人对某种事物美丑的评价来自神的主宰和启迪，神主宰一切。这种审美观的形成，当然有其特定的哲学基础、宗教内涵和意识形态特征。不过，显而易见的是，它忽略了人在审美活动中的主观能动性。它无法回答的问题是，对于同一个事物，为什么有一些人认为是美的，而另一些人却认为是丑的。

总而言之，人的审美观不是与生俱来的，也不是某种外在神秘力量赋予的，而是来自社会实践。这一社会实践，不仅包括人在世界之中的生活实践、生产实践、生命实践，更重要的是，还包括人类在历史文明长河中的艺术实践、审美实践和追求美的心理实践。人的审美观是一定社会存在的反映，也是人类社会实践活动的精神结晶。社会存在和社会实践决定了审美观的历史形态。但是，人的审美观并非固定不变的，它会随着社会实践的发展而发展，也会对社会实践产生一定的反作用，影响社会实践本身的发展。

人的审美观没有正确、错误之分，也没有高尚、低下之别。任何审美观的形成、发展和最终形态，都可以找到其历史的、社会的、心理的根源，得到合理的解释。但是，人的审美观却有健康与不健康、积极与不积极的区分。健康、积极的审美观，可以保证人们对美的追求不出现偏差，从而对人类个体的发展起到积极的促进作用，对人类社会的进步也起到重要的推动作用。不健康、不积极的审美观，对人类个体和人类社会的发展，起到的都是消极的限制、阻碍作用，不仅不利于人类个体的自由全面发展，而且有害于人类社会的进步和文明的进化。

健康审美观的形成，靠的是人类积极的生活实践、生产实践、生命实践、艺术实践和审美实践，尤其是审美欣赏、审美创造、审美感悟等专门化的审美活动。人类可以在自己的社会实践中，通过自身积极主动的努力，通过个体审美操作和共同体审美活动的共同运作，有意识地引导和培养健康积极的审美观。人们可以在对自然的欣赏中，对艺术的揣摩中，乃至对日常生活的体验中，自觉地、主动地、有意识地培养健康、积极的审美观。审美教育就是这种自觉、主动、有意识的活动之一。

审美教育可以引导人们分辨美丑，懂得什么事物是美的、什么事物是丑的，培养人的敏锐的审美欣赏力、鉴赏力和判断力，使人掌握审美标准。比如面对人体艺术，包括人体绘画、人体雕塑、人体摄影甚至舞蹈等，如果没有健康、积极的审美观指导，人们很容易就会将之判定为"黄色作品"，为其贴上"有伤风化""伤风败俗""居心不良"等标签，将之视为单纯追求感官刺激的体现和腐朽生活方式的象征。中国历史上的某段时间，就曾发生过因

① 北京大学哲学系美学教研室．西方美学家论美和美感．北京：商务印书馆，1980：55，57.

这样的理由而查禁人体艺术的现象。但是，正如罗丹所说，对于一个丑恶的灵魂来说，任何衣服和纱衫都是挡不住他那卑鄙的眼睛的。审美观的健康与否，直接决定了关于人体艺术是“艺术”还是“黄色作品”的判断。

在现实生活中，如果采用道德说教或知识传递的方式，给人们大讲特讲健康审美观的重要性，灌输某种特定的健康审美观，不仅难以讲通，而且容易让人产生抵触情绪，结果往往事倍功半。如果通过审美教育，以健康、优美、积极、崇高事物的美的感性形态来影响人、感化人，让人们在潜移默化中领会到美与丑的界限，进而树立起健康的世界观和审美观，那么不仅能消除可能产生的抵触情绪，使人们自觉抵御卑劣污浊观念的侵袭，还能使人们以更加积极、健康的姿态投入生活与审美活动之中，进而推动社会实践的发展和人的自由全面发展，起到事半功倍的效果。

二、提升审美能力

审美活动的发生是基于人与世界的审美关系，是基于人对事物所持的“无所为而为”的无功利态度。这种态度就是审美态度。作为活动的审美，在过程上可以分析出确立审美态度、进行审美体验、做出审美判断等不同而又连续的环节，每一环节都联系着事物的感性形态，遵循着人的感官-感受-感情的运作机理，体现着人的诸多与审美活动密切相关的能力。因而，确立审美态度是审美活动得以发生的前提条件。

现代审美心理学已经表明，审美态度并非人先天具有的，而是后天审美教育的结果。美国学者加德纳等人的研究发现，4～7 岁的儿童“很大程度上被作为现实世界（物与人的世界）再现的符号所束缚……这些符号所做过的东西多于其所再现的东西，这种可能性对学龄前儿童尚不存在”；7～9 岁的儿童则“会在作品作为‘照相式’再现才是成功的程度上来评价作品”；9～13 岁的儿童才逐渐学会用审美态度来对艺术作品的风格、特征、情感表现等做出评价。[①] 这也充分说明，人在审美活动中表现出的基于审美态度的诸能力，即审美能力，并非天生的，更非神灵赋予的，而是后天培养的，是审美教育的结果。培养并提升人的审美能力，是审美教育的核心功能之一。

所谓审美能力，是指人在审美活动中基于自己的审美观，运用自己的生活体验、艺术修养和审美趣味，有意识地对事物的感性形态进行感受、想象、理解、判断和创造，并从中获得美感进而激发感情的能力。结合审美活动的发生过程，我们可以把审美能力区分为审美感受力、审美想象力、审美理解力、审美判断力、审美创造力等不同层次。

审美感受力，是人对事物的感性形态进行直接感知的能力。在人的诸感

① 加德纳．儿童艺术知觉的发展轮廓//叶朗．现代美学体系．北京：北京大学出版社，1999：306.

官中，视觉、听觉最具有直接性、形象性和整体性，它们能对事物的感性形态如颜色、声音、线条、形体等进行直接感知，也能对蕴含在事物感性形态之中的情感、情绪等进行直接感知，并在人的意识屏幕上呈现出事物的完整映象，因而为审美活动的展开提供了感官基础。鲁迅说："美底享乐的特殊性，即在那直接性。"① 车尔尼雪夫斯基说："美感是和听觉、视觉不可分离地结合在一起的，离开听觉、视觉，是不能想象的。"② 以视觉、听觉为基础的感官形式，体现出的正是人的审美感受力。人们审美感受力的强弱，固然与人的先天条件有关，但归根结底还是后天培养的，是由审美实践决定的。比如，画家的孩子往往在色彩、比例、形状等方面，音乐家的孩子往往在乐音、节奏、旋律等方面，比一般人的孩子有更敏锐的感受力。这是因为他们的成长环境使他们能在日常生活中经常性地接触绘画或音乐，发展了他们某一方面的特殊感官能力。马克思认为，人在从对象上展开人的本质的丰富性的同时，人的主观感受的丰富性也会发展起来。只有我们经常从事丰富多彩的审美实践，在对自然、艺术、生活等进行经常性的审美欣赏中，接触美的事物，进入美的境界，观画以"明目"，听乐以"聪耳"，才能锻炼并培养起灵动、敏锐的审美感受力。审美教育正好能提供这样的机会和可能。

审美想象力，是人根据审美感受对事物的感性形象进行再现、联想、整理、加工、改造并形成审美形象和审美意象的能力。审美想象力一般可分为再现性想象力和创造性想象力。当我们读到李白《黄鹤楼送孟浩然之广陵》中的"孤帆远影碧空尽，唯见长江天际流"时，我们在自己的意识屏幕上想象并还原出诗人送别友人时那碧空如洗、孤帆远去、长河奔流、诗人独伫的画面，这就是一种再现性想象；如果我们进一步从这个画面中体会到诗人目送友人远去、想到重见之日遥遥无期时的惆怅、伤感和思念等离别情绪，这就是一种创造性想象。当然，再现性想象力和创造性想象力并非截然分开的，而是彼此交融、相辅相成的，再现中有创造，创造中也有再现。审美想象力是审美形象得以形成的心理保障。德国著名美学家莱辛说："凡是我们在艺术作品里发现为美的东西，并不是直接由眼睛，而是由想象力通过眼睛去发现其为美的。"③ 作为美的事物的集中代表，艺术作品对人有一种感染、诱导的力量，能够使人"神与物游""迁想妙得"，激发人丰富的联想和想象，从而使人领悟到它的"弦外之音""言外之意""象外之象"，进而将事物把握为美的事物。审美想象力是在审美实践中得到训练和强化的。审美教育能充分调动人的生活经验和社会实践经验，能充分激发人对事物感性形态和审美形象的正确把握，能充分激活人的形象记忆和情感体验，进而能形成新鲜活泼的

① 鲁迅．鲁迅全集：第四卷．北京：人民文学出版社，1961：208.

② 车尔尼雪夫斯基．生活与美学．周扬，译．北京：人民文学出版社，1957：42.

③ 莱辛．拉奥孔．朱光潜，译．北京：人民文学出版社，1979：41.

审美意象，维持和丰富人的美感体验。因此，审美教育能遵循审美想象力的发生机制，为培养和提高人的审美想象力提供契机和动力。

审美理解力，是人将审美活动中获得的感受、情感、想象和体验等感性认识上升为理性认识的能力。在审美活动中，审美理解力是人强化审美感受、认识美的本质和规律、进行心灵沉思并做出正确审美评价的重要保证。美学史上，人们对待审美理解力有两种对立的态度。一种是直觉主义，只承认审美活动中形象感知、情感体验和想象联想等的作用，把美感理解为“形象的直觉”；另一种是唯理主义，认为审美活动和科学活动一样，只需要依靠逻辑推理、理性把握来判断事物的美丑。这两种态度都忽视了审美理解力的存在及其特殊性。毛泽东在《实践论》中说：“感觉到了的东西，我们不能立刻理解它，只有理解了的东西才更深刻地感觉它。”① 钱锺书在《谈艺录》中说：“理之在诗，如水中盐，蜜中花，体匿性存，无痕有味，现相无相，立说无说。所谓冥合圆显者也。”② 这些都是在强调审美活动中形象感受与认识理解的统一的必要性。事实上，在进行审美活动时，人们只有先“入乎其内”，被事物感性形态的生动形象感染、吸引和诱导，产生情感上的共鸣，再“出乎其外”，同事物感性形态保持一定的距离进行凝神静观，理解其形象之所以呈现为此的理由，明乎其“美其所美”或“丑其所丑”的所在，才能对事物进行准确的价值判断。这是审美理解力的特殊性所在。审美教育既是一种美感教育，又是一种情感教育、心灵教育，还是一种在特定世界观、审美观指导下的理性教育，是可以将形象感受、情感体验之感性认识上升至理论逻辑、理性认识高度的实践活动，因而能够恰切地提供将形象感受与认识理解统一起来的途径，使人获得美感的享受和心灵的升华。通过审美教育，人们能更敏锐地透过事物感性形态的形象把握到美的更深的内涵，更准确地理解对象形式中的“意味”“余味”“况味”和“韵味”。

审美判断力，是人们在感受、想象、理解的基础上，运用特定的世界观、审美观对事物的感性形态及其引发的审美感受、审美情感和审美感悟进行鉴别与评价的能力。它包括对事物的美丑进行鉴别的能力，对事物的美的性质、形态、意蕴等进行评价的能力，对美感层次进行体会和认识的能力等。审美判断力是对审美感受力、审美想象力和审美理解力的进一步综合，体现着审美活动中知、情、意的和谐统一，彰显着主体的能动力量。一般把审美判断力区分为审美欣赏力和审美鉴赏力两个层次。前者是较低层次的审美判断力，比如在面对一件漂亮的衣服、一道美丽的风景、一片优美的自然风光时，人们赞叹它们漂亮、美丽、优美，表现出来的审美判断力就是审美欣赏力。后者是较高层次的审美判断力，比如在面对米开朗琪罗的雕塑《大卫》、达·芬奇的绘画《蒙娜丽莎》、莎士比亚的戏剧《哈姆雷特》、曹雪芹的小说《红楼

---

① 毛泽东．毛泽东选集：第一卷．北京：人民出版社，1991：286.

② 钱锺书．谈艺录．北京：中华书局，1984：231.

梦》等艺术作品时，人们需要调动一定的审美经验、美学知识、审美观念、审美趣味等要素，才能充分领悟、品味其中的美，这时表现出来的审美判断力就是审美鉴赏力。审美欣赏力可以在人们的生活实践中自然获得，但审美鉴赏力则需要进行专门的训练、启发和养成，需要后天的教育。审美鉴赏中有较强的理性因素，蕴含着情感与意志、直觉与想象、表象与意象等一系列心理活动过程，是审美感受、想象、理解等的总结提升，体现着更为完整的、健全的和高层次的审美心理结构，因而是一个人审美能力的重要标志。歌德说："鉴赏力不是靠中等作品，而是靠观赏最好的作品才能育成。"① 这就是说，只有通过优秀作品的长期熏陶、感染和浸润，才能更好地进行审美判断。审美教育通过自然美的观赏、艺术美的欣赏、生活美的体味、社会美的实践、心灵美的感悟、技术美的感受等多层次训练，使受教育者掌握审美技巧，丰富审美经验，训练审美评价，综合提高其审美判断力。审美教育担负着培养和提升审美判断力的重要使命。

审美创造力，是人按照美的规律进行创造性实践和生产美的产品时表现出来的一种能力。审美创造既是人们按照自己的理想认识和改造自然社会的活动，也是人们按照美的规律去生产和创造美的产品的活动，它既体现出马克思所说的人的本质力量对象化的根本规律，又显示了人自由全面发展的程度。审美创造力因而是审美活动中处于最高层次的审美能力。审美创造力是在社会实践活动中形成的，既与个体的生活经验和审美素养密不可分，也与社会共同体的集体实践和文化心理密切相关。黑格尔说："一位音乐家只能用乐曲来表现他胸中鼓动的最深刻的东西，凡是他所感到的，他马上就把它变成一个曲调，正如画家把他的情感马上就变成形状和颜色，诗人把他的情感马上就变成诗的表象，用和谐的字句把他所创作的意思表达出来。艺术家的这种构造形象的能力不仅是一种认识性的想象力、幻想力和感觉力，而且还是一种实践性的感觉力，即实际完成作品的能力。这两方面在真正的艺术家身上是结合在一起的。"② 高尔基说："在劳动和创作的一切领域内，技巧是文化成长的一个基本力量，是文化全部过程的一种主导力量。"③ 这些都是在说审美创造力来自艺术家对艺术技巧的掌握和娴熟运用。古往今来许多艺术家发表过注重艺术技巧的"创作经验谈"。而所谓技巧的掌握和娴熟运用，虽然与个人的天才禀赋有关，但最终还是取决于后天的培育、训练和养成。苏轼《书李伯时山庄图后》说，艺术创作要"有道有艺，有道而不艺，则物虽形于心，不形于手"。鲁迅指出，靠读几本"小说作法""作文秘诀"是成不了作家的。这些说明，技巧的训练、艺术之"道"的了悟、精神品格的塑造等，都会影响审美创造的成就。审美教育是教育体系中的重要形态和组成部

① 柏拉图．朱光潜译柏拉图文艺对话集·歌德谈话录．爱克曼，辑录；朱光潜，译．北京：人民文学出版社，2015：267.

② 黑格尔．美学：第一卷．朱光潜，译．北京：商务印书馆，1979：353.

③ 高尔基．高尔基文学论文选．孟昌，曹葆华，译．北京：人民文学出版社，1958：229.

分，它和智育、德育、体育和劳动教育一起，共同培养自由全面发展的人。它通过对受教育者进行艺术技巧的训练、审美活动的实践和美学知识的系统传授，使之具有面向生活、面向社会、面向未来的审美创造力，进而从整体上提升人的审美文化素养，从根本上建构人与世界和谐共处的美好关系。培养人的审美创造力是审美教育的高级功能。

需要说明的是，虽然审美能力在理论上可以区分为审美感受力、审美想象力、审美理解力、审美判断力和审美创造力等不同层次，但在实际的审美活动中，不同层次的审美能力并非截然分开、各自独立的，而是相互联系、相互作用、浑然一体、共同发挥作用的。审美教育提升人的审美能力的功能，也是作为整体才能充分发挥其效能的。任何一项审美教育活动，不论是自然风光欣赏、艺术技巧训练、艺术作品欣赏，还是生活环境布置、园林景观设置乃至个人服饰选择等，都同时体现了对审美感受力、审美想象力、审美理解力、审美判断力和审美创造力的培养，同时体现了审美教育的目的、功能、任务和使命。

三、激发生活情趣

车尔尼雪夫斯基曾就黑格尔"美是绝对理念的感性显现"的观念，针锋相对地提出了"美是生活"的命题。他说，"任何事物，我们在那里面看得见依照我们的理解应当如此的生活，那就是美的；任何东西，凡是显示出生活或使我们想起生活的，那就是美的。"① 又说："在我们看来，生活本身就是美，至于什么观念表现在这物象上，对于我们是不相干的，我们只需要物象在我们看来是生意盎然的罢了。在通常的概念中，主要的是观念；在我们的概念中，主要的是生活；就审美范围而言，别人把生活了解为仅仅是观念的表现，而我们却认为生活就是美的本质。"② 把美的本质与生活联系起来，认为美存在于生活本身之中，这在美学史上具有极为重要的意义。周扬认为："他把美学放在广阔的生活基础上，揭去了美的神秘的帷幕。他正确地指出了美不是什么永远不变的、绝对的东西。"③ 研究者称赞车尔尼雪夫斯基"超越了旧唯物主义美学消极、静观的局限性，具有了深刻的辩证法思想"④。说到底，车尔尼雪夫斯基"美是生活"命题的重大意义，不仅仅在于它恢复了现实在美学中的权利，还在于它深刻地揭示了美与生活相辅相成的关系。

1988年，费瑟斯通发表演讲《日常生活审美化》（The Aestheticization of Everyday Life），号召把"生活转换成艺术"、把"艺术转换成生活"，主张将审美活动从狭隘的艺术、文学范围中解放出来，使之渗透到大众的日常

---

① 车尔尼雪夫斯基．生活与美学．周扬，译．北京：人民文学出版社，1957：6-7.

② 车尔尼雪夫斯基．生活与美学．周扬，译．北京：人民文学出版社，1957：64.

③ 车尔尼雪夫斯基．生活与美学．周扬，译．北京：人民文学出版社，1957：125.

④ 陈育德．美学与文学艺术论稿．合肥：安徽人民出版社，2007：36.

生活中去。这虽然是针对大众文化发展提出的精英主义式的解决方案，目的在于提升大众的审美素养和水平，但它揭示了20世纪后期以来人们的审美活动发生的两个方面的变化：一是诗歌、绘画、雕塑、高雅音乐等艺术开始从图书馆、博物馆、音乐厅走入寻常百姓家，更深刻地影响了社会大众的生活；二是日常生活中的一切产品和环境，如城市广场、购物中心、家庭环境、居室布置、服饰选择、食品制作等，都被按照美的标准进行了重新设计，还出现了诸如广告、摄影、影视艺术、流行音乐等泛艺术形态。概括起来，就是“审美日常生活化”和“日常生活审美化”。由于社会实践本身的变化和美学观念的变化，后来出现了诸如艺术化生存、审美化生存、诗意存在、审美化人生、艺术化人生、生命美学、生活美学、生命艺术化、艺术生命化等很多不同的提法，归根结底都是强调日常生活与美的关系。美在生活之中，生活本身就是美的。

在当今社会实践和实际生活中，美和美的事物都是无处不在的。正如罗丹所说：“美是到处都有的。对于我们的眼睛，不是缺少美，而是缺少发现。”① 今天，由于科学技术的进步和人们物质生活的丰富，曾被马克思理解为人通达“自由王国”必备的前提条件——可供人们自由安排的休闲时间，正变得越来越多，人们越来越自由地从“直接生产劳动”时间中解脱出来，用于娱乐和休息的余暇时间、不被“直接生产劳动”吸收的时间、“受教育的时间，发展智力的时间，履行社会职能的时间，进行社交活动的时间，自由运用体力和智力的时间”② 越来越充裕，这使人们可以在日常生活中享受美的愉悦，进行美的创造，展开审美活动。于是，“美是生活”“美在生活”逐渐发展成不争的客观事实，人们很自然地把美与生活联系起来。能否在生活中发现美，能否将“审美日常生活化”或“日常生活审美化”，成了显示人们审美能力、审美趣味、审美理想和审美观念高下的重要标志，甚至成了判断人们是否具有生活情趣的重要尺度。

所谓生活情趣，是指人们在生活中表现出来的对更高的生活质量和美好精神生活的兴致、趣味和追求。它可以表现为对美好精神生活的向往，对生命之乐的感知，对艺术作品的欣赏，对优裕生活方式的追求，等等。每个人都有自己的生活情趣。良好的生活情趣可以使人放松紧张的情绪，驱走身心的疲惫，享受生活的美好，陶冶高尚的情操，甚至可以提升自我的人格魅力。如健康的审美观和敏锐的审美能力的获得一样，人们可以在实际生活和社会实践中自然形成生活情趣，但高尚、健康、积极向上的生活情趣，是后天养成并获得提高的，仍然需要审美教育的实施。

高尚的生活情趣是与个体的性情完善程度、审美趣味高下等联系在一起的。人的性情是表现在实际生活中的个体感性生活的重要组成部分，它既有

---

① 罗丹．罗丹艺术论．葛赛尔，记；沈琪，译．北京：人民美术出版社，1978：60.

② 马克思．资本论：第一卷．北京：人民出版社，2004：306.

稳定性，也有可变性，既有个体性，也有共通性。人们虽然可以通过道德教育、知识传播、社会交际、伦理实践等社会化方式对人的性情施加影响，但是通过直接作用于人的情感、心灵、精神和态度等的情感化方式施加的影响，因为能够直抵人心而更深入持久，因而更能改变人的性情。审美教育以艺术为主要的教育媒介对人的性情施加影响，本质上是一种情感教育。它通过作用于人的情感，如润物无声的细雨一样，使人在潜移默化中领受审美对象的意义，获得情感、激荡心灵、体会到愉悦，从而使人的性情得到陶冶、情感获得净化。阿多诺认为，如果说艺术真有什么社会影响的话，它并不是通过声嘶力竭的宣讲，而是以非常微妙曲折的方式改变意识来实现的。亚里士多德认为悲剧的功能就在于激起怜悯和恐惧，并使情感得到净化。梁启超在《论小说与群治之关系》中说，小说具有“熏”“浸”“刺”“提”的功能。“熏也者，如入云烟中而为其所烘，如近墨朱处而为其所染。”① 也就是说小说具有陶冶性情的作用。审美活动是一种超越实用功利的无功利性活动，审美教育的陶冶就是要通过无功利性的审美活动使人的情感丰富、敏锐、纯洁，激发人对生活的热爱、激情和动力，进而重塑人的生活情趣。这既是审美教育的重要功能，也是审美教育的特殊目标。

性情的陶冶对于完善人格的形成有着至关重要的作用。审美教育的最终目的是实现人的自由全面解放，其标志之一就是人格的完善。人格的形成和发展是一个不断建构的过程，其间，审美教育发挥着重要的桥梁和中介作用。审美教育通过发挥其陶冶化育、潜移默化的濡染功能，使人在审美活动中进入高尚的审美境界，超越“小我”和“自我”，去掉自私自利、斤斤计较等功利欲求；使人返归纯朴，抵达自由、无垠的崇高境界；唤起人性中美好的因素，推动人格的完善。许多哲学家、美学家、思想家把审美教育作为人格养成的重要手段。孔子所说的“诗可以兴，可以观，可以群，可以怨”，法兰克福学派对文化工业的批判和对“新感性”的推崇，都强调了审美教育之于人格完善的建构功能。

审美趣味是在审美活动中形成的，体现着人的审美偏爱、审美理想、审美标准等，是“审美观念体系的集中体现”②。审美趣味的形成和偏向，既与人的哲学观念、政治立场、阶级地位、成长经历等有关，也与特定社会的文化传统、意识形态、群体心理等有关，是个体历史和社会文化发展的产物，是个体性和社会性、个性和共性的统一。审美趣味对于人的生活情趣有着至关重要的影响。一个有健康审美趣味的人，必定也是拥有高尚生活情趣的人；反之，一个审美趣味不健康的人，也必然不会成为拥有高尚生活情趣的人。审美趣味决定了人们“日常生活审美化”的程度，也决定了人们“审美日常

① 梁启超．饮冰室文集点校：第二集．吴松，卢云昆，王文光，等点校．昆明：云南教育出版社，2001：758.

② 叶朗．现代美学体系．北京：北京大学出版社，1999：264.

生活化”的广度、深度和可持续长度，在人们的日常生活中发挥着重要的“参照框架”的功能。审美教育通过启迪人对自然之美的发现、对艺术之美的欣赏和创造、对科技之美的鉴别、对生活之美的领会和享受，可以逐渐建构起人们用以判断美之为美的“参照框架”，使人形成审美趣味，理解生活与美的深刻联系，提升生活情趣，激起人改造自然、社会和人生的情感动力，进而推动人的自由全面发展的进程。当今“美是生活”的社会现实激发了人们对生活情趣的主动追求。审美教育本质上是一种情感教育，其实施的方式又是潜移默化、陶冶濡染，故能直击人心，能陶冶个体的性情，完善个体的人格，提高其审美情趣，进而培养并提升其生活情趣。

需要说明的是，审美教育不只是促进个体的成长和自由全面发展，在满足其情感生活和审美需要的同时促进其感性生命质量的提高；它还为和谐人际关系的建构、社会共同体的协作发展、文化产品的创造、传统和文明的赓续传承等，提供情感基础和发展动力，推动人与自然和谐关系的建立和社会整体的进步。这两个层面是相辅相成、互相促进的。不过，审美教育在社会文化方面的功能是以其在个体发展方面的功能为基础的，没有个体层面审美观、审美能力和生活情趣等的提升，便不会产生驱动生活质量提升、文化创新和社会进步的内在动力。只有把这两个方面统一起来，结合“审美无功利性”的根本特点，才能全面、充分地发挥审美教育的功能。在这个意义上，正如研究者所说，审美教育“不仅仅是少数教育家、美学家的事业，而是全社会、全人类的事业；也不仅仅是社会的某一具体的教育方式，而是人类的自我生成、自我发展、自我完善的一项系统工程”①。

本节关键词：

审美教育的功能，审美观，审美能力，生活情趣

第二节　审美教育的特征

美学史和思想史上，对审美教育的特征的认识，是与对“美”和“审美”的本质、对“美”或“审美”与“教育”的关系的认识密切相关的，实际上牵涉到的是对审美教育本质的理解。席勒在其《审美教育书简》中认为，审美教育本质上是在感性领域和理性领域之外探索建立一个情感领域的实践活动，是人走向自由王国的必要途径，审美教育本质上是一种情感教育。这一观点对后世产生了非常深刻的影响。后世的美学家对审美教育本质的理解，大致有四种不同观点：一是认为审美教育就是陶冶情感的教育；二是认为审美教育就是艺术教育；三是认为审美教育就是美学知识和美学理论的普及教育；四是认为一切教育活动都是美的教育，都具有审美教育的形式特征。这

① 《美学原理》编写组．美学原理．北京：高等教育出版社，2015：331－332．

些理解或多或少都有偏颇。它们有的忽视或取消了审美教育的独立性，未能深入认识到审美教育与其他教育形态的区别；有的把审美教育与美学混为一谈，没能突出审美教育作为教育实践活动的本质规定；有的过于放大审美教育的意义和范围，变相地取消了审美教育的独特性。

实际上，在现代教育体系中，审美教育与道德教育（德育）、知识教育（智育）、体质教育（体育）、劳动教育一起，以人的自由全面发展为教育的终极目标。与其他教育相比，审美教育是以人的审美活动为教育中介，以培养人的健康审美观、提升人的审美能力、激发人的生活情趣为具体目标的教育实践活动。它通过训练人对事物感性形态的感受能力、体验和创造美的能力、激发和体悟美的感情的能力，塑造完善人格，培养具有高尚情操的自由全面发展的人。也就是说，与德育、智育、体育和劳动教育相比，审美教育具有情感性、形象性、精神性的独特特征。只有把握了这些特征，才能更好地理解审美教育，更好地探索开展审美教育实践、实现审美教育目的的基本原则和具体途径。

一、审美教育的情感性

审美教育的情感性是以审美活动的情感性为前提的。在《诗学》中，亚里士多德就把悲剧的功能总结为"借引起怜悯与恐惧来使这种情感得到净化"[①]，突出了悲剧的情感陶冶功能。席勒在《审美教育书简》中明确宣称："我们因美而感到赏心悦目时，我们就分辨不出主动与被动之间的这种更替，在这里与情感完全交织在一起，以至于使我们以为直接感觉到了形式。因此，美对我们来说固然是对象，因为有反思作条件我们才对美有一种感觉；但同时美又是我们主体的一种状态，因为有情感作条件我们对美才有一种意象。"[②] 席勒的观点揭示了审美活动中对美的认识与美所引起的情感的密切关系。蔡元培说："人人都有感情，而并非都有伟大而高尚的行为，这由于感情推动力的薄弱。要转弱而为强，转薄而为厚，有待于陶养。陶养的工具，为美的对象；陶养的作用，叫作美育。"[③] 蔡元培还直接将"陶养感情"作为审美教育的目的："美育者，应用美学之理论于教育，以陶养感情为目的者也。"[④] 这些说明，从"美"和"审美"的功能、实施审美教育的目的和手段来看，审美教育首先是一种情感教育。

情感是人区别于动物的重要属性之一，是人所专有的。在人的认识实践活动中，情感体现为人对事物是否符合自己的需要所持有的或肯定或否定的态度体验。根据情感的不同性质与作用，可以将情感大略划分为道德情感、

---

① 亚里士多德．诗学．罗念生，译．北京：人民文学出版社，1962：19.
② 席勒．审美教育书简．冯至，范大灿，译．北京：北京大学出版社，1985：62－63.
③ 蔡元培．蔡元培美学文选．北京：北京大学出版社，1983：220.
④ 蔡元培．蔡元培美学文选．北京：北京大学出版社，1983：174.

认识情感、科学情感、审美情感等。审美情感不同于一般的情感，相较于其他类型的情感，首先，审美情感是由事物的感性形态也即美的事物引起的。杜勃罗留波夫说："我们的感情总是被生动的对象引起的，而不是被一般的概念引起的。"① 由于美的事物体现着人的本质力量，凝结着人的创造智慧和才华，蕴含着人对美的理解和向往，因而它最能与人的情感相通，最能给人带来愉悦和快乐。其次，审美情感是超越于狭隘实用功利主义之上的非功利的情感。审美情感不是来自对对象的功利、欲望、目的，而是来自事物的感性形式，因而使人从感性和理性上都能得到满足，进而激励人们热爱生命、热爱生活，创造更加美好的生活。最后，审美情感体现着理性与感性、情感与意志的高度统一。在科学认识活动中，理性、理智占有主导地位，它们指导人们追求真理、认清事实。在道德活动中，人们的情感主要是道德情感，如对善恶的评价和态度。审美情感是理与情的高度融合。在审美活动中，情感是主体进行审美感受的动力和中介。审美活动是以审美对象激发人的审美情感，使人产生切己的情绪体验、心理感受和精神享受，产生肯定或否定的审美评价，从而获得心理的满足、情感的共鸣、精神的洗礼，进而使情操得到陶冶、人格得到完善。

审美教育利用审美对象激发人的情感，使人感受事物的感性形象，对审美对象产生或爱或憎、或好或恶、或喜或悲的情感体验，是以情感人而不是以理服人，是通情而不是达理，是理融于情而不是情融于理，是一种特有的精神活动。在教育的实施方式上，审美教育根本上是人们常说的"以情感人""以情动人""以美感人"；在教育的效果上，是使受教育者在情感上获得舒畅、快乐，或动容动情于审美对象，或笑逐颜开、欢欣雀跃，或痛苦悲愤、伤心落泪。这种动情性，是审美教育最重要的特点。

审美情感体现了人的崇高天性。黑格尔说："审美带有令人解放的性质。"② 而要成为一个有健康审美观、卓越审美能力和高尚生活情趣的人，就必须不断加强自我修养，提高精神品质。美的事物只能为具有审美情感的人所理解。审美教育通过激活审美情感，达到陶冶性情、完善人格的目的，并能通过它与道德情感、科学情感、认识情感等的相互渗透、交融，产生探求真理、追求美好的精神动力。

二、审美教育的形象性

审美教育主要采用形象鲜明的审美对象来对受教育者进行激发与感染，这是审美教育区别于智育、德育的重要特征。一般而言，智育以概念演绎、

---

① 中国社会科学院外国文学研究所外国文学研究资料丛刊编辑委员会．外国理论家作家论形象思维．北京：中国社会科学出版社，1971：80.

② 黑格尔．美学：第一卷．朱光潜，译．北京：商务印书馆，1979：147.

认知判断和逻辑推理作为主要方式。在实际的教学过程中，智育虽然也会使用一定的形象，但在大多数情况下形象是作为理论知识、定理和法则的例证出现的，并不具备鲜活生动的特征，因而与审美教育中的形象有很大区别。

德育主要是对受教育者进行道德观念和道德规范的培养，其目的是使受教育者养成与特定时代的道德观念和道德规范相一致的行为习惯，采用的教育方式主要是理性说教和言传身教。《弟子规》通过句式整饬、音韵和谐、节奏匀整的语言，将孝悌、尊师、友善等道德观念传递给学童，目的是塑造学童的道德观念并使其实践相应的道德行为。《论语》中记载孔子对弟子进行道德教育的方式是言传身教，虽有榜样示范的作用，但主要教育手段还是理性说教，目的是进行道德观念和道德行为的培养。

审美教育与智育和德育不同，其教育手段、教育内容、教育方式及教育目的等，都与一个特定的具体可感的审美对象相关联，这个审美对象就是形象。正如车尔尼雪夫斯基所言："形象在美的领域中占着统治的地位。"① 审美教育因而具有十分鲜明的形象性。比如，通过神话故事来实施审美教育，便是借助具体形象，激发学生对夸父战胜自然的勇气、女娲大无畏的精神和精卫矢志不渝的态度的感受，培养学生的审美情感。借助朱自清的散文《背影》来实施审美教育，则可以通过引导学生想象父亲送站时买橘子蹒跚的脚步、爬下轨道的笨拙以及买来橘子后那欲言又止的神情，使学生体会父亲与孩子之间那种细腻、隐曲而又深厚的感情，进而使学生体察平凡生活中的父爱，激发学生的情感共鸣。

审美教育中所采用的形象是多种多样的，最常见的就是艺术形象。艺术是多样的，不仅有文学、美术、雕塑，还有舞蹈、音乐、建筑以及其他形式的作品。艺术通常会以鲜明的形象来吸引受教育者的注意，感染受教育者的内心。古典诗词中时常会出现各种意象，例如植物意象、动物意象、月意象以及雨意象等。这些意象都具有具体的形象，给人带来审美感受的同时，还能够令人透过意象体会到蕴含在诗词深处的情感与品格。

审美教育中形象的主要功能是激发受教育者的审美感受。审美感受并非简单的官能感受，也不是单纯的理性认知。审美感受是对审美对象形象的把握和领悟，是受教育者各种心理功能（例如感知、理解、想象和情感等）综合影响的产物。审美感受在审美教育中是通过审美体验被唤起的，感性经验的作用是显而易见的。感性是对具体形象的感受。比如，电影艺术作为一种以动态影像展现的艺术形式，画面丰富，表达形式多样，是空间与时间相结合的艺术作品。当人们对电影进行审美感受时，便会调动多种情感，例如对电影情节进行单纯的审美感知时，会使用感觉、感知和表象进行感性认识，同时也会调动比较、联想和想象等理性认识的要素。审美感受是感性与理性的协调一致，因为其既在感性的形态中蕴含着理性的内容，又不同于抽象、

---

① 车尔尼雪夫斯基．美学论文选．缪灵珠，译．北京：人民文学出版社，1957：66.

概念、概括性的表现，在理性的内容中与感性形态融合。

审美教育以审美情感的陶冶为目的之一。情感的陶冶需要特定的审美形象作为中介，审美形象表现为富含意蕴、情感和价值的意象。审美教育中的审美形象极具美学价值。比如，梅、兰、竹、菊这四种植物意象是中国古代咏物诗文钟爱的意象，在中国古代画作中也多有呈现。唐代黄檗禅师曾写下《上堂开示颂》："尘劳迥脱事非常，紧把绳头做一场。不经一番寒彻骨，怎得梅花扑鼻香。"后两句诗之所以能够流传至今，给人独具一格的审美感受，是因为它通过梅花历经苦寒最终绽放这一形象画面，以梅花凌寒独放的品质鼓励人们坚持不懈、直面困难、勇敢向前。

无论审美教育的媒介是怎样的审美对象，它都始于审美对象所表现出来的形象诉诸受教育者的感官，引发受教育者强烈的视觉以及心理感受。车尔尼雪夫斯基说："'美'是个别的、活生生的对象，而非抽象的思想。"[①] 审美教育便是以审美对象的具体可感的形象作为施教方式，受教育者通常会从审美对象的直观形象开始进行审美感受，之后再接受进一步的审美教育，丰富自身的审美经验，提升自身的审美能力。形象性是审美教育的又一本质属性。

三、审美教育的精神性

随着现代工业文明的发展，人类精神安寄问题被不断提出和思考。审美教育给出了自己的解决方案。人在审美活动中经历精神净化之洗礼，心灵自由之提升，对现实束缚之超越，从而获得更加健全之人格。审美教育主动地运用审美活动培养自由全面发展的人，从本质上看，它既是一种高层次的精神活动，也是一种心灵教育，具有明显的精神性。

审美教育的精神性主要表现在对人的心灵净化上。柏拉图已经意识到审美在塑造美好心灵中的重要作用。他提出："把自然的优美方面描绘出来使我们的青年像住在风和日丽的地带一样，四周一切都对健康有益，天天耳濡目染于优美的作品，像从一种清幽境界呼吸一阵清风来呼吸它们的好影响，使他们不知不觉地从小就培养起对美的爱好，并培养起融美于心灵的习惯。"[②] 通过这样一种美的熏陶，青少年可以抵制丑陋的事物，追求向善的事物，形成高尚的人格。同样，古代中国的思想家也重视健全人格的培养。儒家经典《诗》《书》《礼》《乐》《易》《春秋》中就包含了大量审美教育的内容。孔子曰："《诗》三百，一言以蔽之，曰：'思无邪'。"（《论语·为政》）孟子提出理想人格的六重境界——"善""信""美""大""圣""神"，提出君子应养"浩然之气"，这形成了一个完整的人格完善的过程，这个过程也正是审美教

① 车尔尼雪夫斯基．生活与美学．周扬，译．北京：人民文学出版社，1957：18.

② 柏拉图．柏拉图文艺对话集．朱光潜，译．北京：人民文学出版社，1963：44.

育的过程。

在现代社会，审美教育更是凸显出它对人的发展和完善的重大价值。现代人类异化的表现之一是人类变成被金钱支配的工具，在物欲横流的社会中失去了真正意义上的生活。马尔库塞以“痛苦中的安乐”“不幸中的幸福感”[①] 来概括现代人的生活处境。审美教育的意义在此彰显。康德提出，对美的鉴赏是非功利性的而普遍使人愉快的；“美”的判断不同于以往所说的“真”的判断和“善”的判断，它既没有感官方面的利害感，也没有理性方面的利害感，是一种自由的愉悦。以此为基础，审美教育是一种能给人提供“自由的愉悦”的精神活动，其往往作用于人的心灵与情感，因而审美教育对受教育者的影响是深远持久的。

审美教育的手段是精神性的。自古希腊“缪斯教育”起，审美教育就具有精神性。古希腊雅典教育规定，孩子 7 岁起接受学校教育，文法学校和琴弦学校是最初级的学校。前者主要学习识字、读书、写字、算术，是智育；后者主要学习器乐、唱歌、《荷马史诗》等文学艺术，是审美教育。中国先秦时代的审美教育同样具有精神性，十分著名的是“六艺”——礼、乐、射、御、书、数，“六艺”包含着大部分审美教育的内容。席勒的《审美教育书简》标志着审美教育独立发展起来，他对审美教育做了比较明确的解释，体现出审美教育手段的精神性。他说：“能够出现在现象中的一切事物，可以在四种关系之中加以思考。一个事物可能直接与我们的感性状态（我们的存在和健康）有关系，这是它的自然性质。”[②]

艺术教育是审美教育的重要手段之一，艺术教育也是以精神性为显著特征的。刘勰在《文心雕龙·知音》中说：“夫缀文者情动而辞发，观文者披文以入情。”文学创作和文学欣赏如此，其他门类的艺术创作和艺术欣赏也概莫能外。艺术家只有动了难以自已的感情才会进入艺术创作，并在艺术创作的过程中把积聚得愈来愈厚重的精神以恰当的艺术手段和艺术形式表现出来；而欣赏者在接触了艺术品以后引发感情，并在艺术欣赏的过程中不断深化情感体验，产生共鸣，直到影响精神世界，在愈来愈丰富、愈来愈强烈的体验中塑造心灵。

审美教育由于自身的情感性、形象性、精神性而渗透到人的内心世界，按照美的规律塑造人自身，促进人的自由全面发展。“美美与共，天下大同”，在这个美学复兴的时代，培养人的精神独立，弘扬中华美学精神，构建完善的社会，都需要审美教育的参与。

本节关键词：

审美教育的特征，情感性，形象性，精神性

---

① 马尔库塞．单向度的人．刘继，译．重庆：重庆出版社，1988：7.

② 席勒．席勒散文选．张玉能，译．天津：百花文艺出版社，1997：234.

第三节 审美教育的途径

实施审美教育，施教者可以结合不同年龄阶段的受教育者的心理特点，概括不同的施教情境和施教内容，采取不同的教育途径来施教。从审美教育的施教情境出发，可以将审美教育的途径区分为家庭审美教育、学校审美教育、社会审美教育等；从审美教育的施教内容出发，则可以将审美教育的途径区分为自然审美教育、艺术审美教育和日常生活审美教育等。

在人们的理解中，审美活动本质上是存在于世界之中的人运用感官从事物的感性形态中感受意义进而激发感情的活动。不同于知识教育、道德教育、劳动教育等教育活动，审美教育的独特性在于其情感性、形象性和精神性。这些独特性是和审美教育的手段（事物的感性形态）、施教内容（事物感性形态中的意义）、施教效果（感受意义进而激发感情）等联系在一起的，是后三者在教育体系中的特殊功能的体现。我们认为，正是审美教育的施教内容而不是审美教育的施教情境决定了审美教育的独特性。家庭、学校、社会既是审美教育的实施情境，又是知识教育、道德教育和劳动教育等的实施情境，并不能体现审美教育的独特性。自然、艺术、日常生活虽然也是物理学、艺术学、哲学、社会学等其他学科的研究对象，但审美教育注重的不是它们在知识、伦理等方面的内容，而是蕴含在其中的美的形象。简言之，审美教育是以自然美、艺术美和社会美作为施教内容和手段来培养自由全面发展的人的。在这个意义上，我们把审美教育的途径区分为自然教育、艺术教育和日常生活教育三种。

一、自然教育

自然教育不同于艺术教育与日常生活教育，它有别具一格的教育培养方式。自然既是人们进行认知活动的主要对象，带给人们“美”的认知，又是人们进行审美活动的主要对象，培养人们“美”的审视。因此，自然美既是审美的主要内容之一，又是实施审美教育的主要途径之一。

在自然教育方面，中国和西方是沿着不同的路径发现自然之美的。古代西方的自然观把自然作为人的对立面，认为自然美是人本身以外的美，强调“天人相分”的状态。例如，柏拉图注重自然对人的熏陶作用，认为：在优美的自然环境中生活，有助于人们陶冶情操和形成良好的品德；相反，如果在污秽肮脏的自然环境中，恶劣的毒素就会渗透到人们的内心深处。柏拉图虽然强调了自然美对人的陶冶作用，但实际上把自然看作人本真之外的事物，人与自然是各自独立的“二分”状态。而中国传统哲学讲求“天人合一”，讲求将自身投掷于自然之中，与自然化为一体，用自然抒发自己的情感。庄子极为推崇人与自然结合的方式："此虽免乎行，犹有所待者也。若夫乘天地之正，而御六气之辩，以游无穷者，彼且恶乎待哉！故曰：至人无己，神人无功，圣人无名。"（《庄子·逍遥游》）中国古代艺术盛行"比德"之风，把自然之美与人类的品德之美相类比。如李白的"松柏本孤直，难为桃李颜"，在赞颂松柏孤傲、刚直的精神的同时，也表达了对人如松柏般刚正不阿品质的赞颂。又如周敦颐的"出淤泥而不染，濯清涟而不妖"，不仅表达了莲花高洁的姿态，还抒发了自己对这种超然物外的品质的向往。虽然中西方对待人与自然关系的态度不同，但是，人们对自然美的向往、体味和称颂是大致相同的。

可见，通过自然教育来开展审美教育非常必要。主动地认识、发现和欣赏自然之美，既是促进人与自然和谐共处的必要手段，又是人们认识自己、探索世界的必经过程，还能使人们的品行举止更加贴近道德规范。自然美的教育作用大致体现在以下几个方面。

首先，对自然美的认识，可以陶冶情操，培养高尚品格。人作为自然的一部分，受制于自然。同时，人具有能动的自主意识，也在改造着自然。人与自然是在相互作用、相互影响下共同发展的。对自然美的认识过程，实际上也是人们塑造高尚品格的过程。自然万物影响着人们道德观的培育。如"虚心有节"的竹子，象征着内敛谦虚；雪骨琼枝的梅花，代表了傲然挺立；稳重踏实的耕牛，诠释着默默耕耘。在中国的文学与艺术创作中，自然事物作为意象被反复提及，早已摆脱了其表面的样态，其意义延伸至更加深远的精神层面，激励着人们学习自然之中蕴含的丰富精神和崇高品格。

其次，提高对自然美的欣赏能力，可以增强对生命哲理的感悟。自然景观为我们生活的世界增添了丰富的色彩，绚丽的奇景激发了人们对生命、对人生的哲学探求。如高尔基在《海燕》中发出怒号：

> 这是勇敢的海燕，在怒吼的大海上，在闪电中间，高傲地飞翔；这是胜利的预言家在叫喊：
>
> ——让暴风雨来得更猛烈些吧！

他以海燕在暴风雨来临之际勇敢无畏的形象，热情歌颂了俄国无产阶级革命先驱坚强无畏的战斗精神，其情感之激烈、意义之深刻，让读者为之动容。对自然之美的欣赏，可以加深人们对生命之力、生命之理的感悟。

再次，学会对自然美的认知，可以增强灵感，激发人们的创造力。"读万卷书，行万里路"，自然不仅是美的源泉，也是知识的海洋，人们在自然中不仅可以享受美，还可以获取知识，自然的力量可以激发人们无限的创造力，这是自然伟大的馈赠。李白游历四方，在多处留下浪漫的诗句，为后世展现了盛唐气象。如果李白没有走过蜀道，就无法发出"蜀道之难，难于上青天"的感叹，就无法生动刻画出"剑阁峥嵘而崔嵬，一夫当关，万夫莫开"的蜀道险阻的样貌。如果杜甫没有见识过泰山的巍峨，就无法状写泰山"岱宗夫如何？齐鲁青未了。造化钟神秀，阴阳割昏晓"的风貌，更无法发出"会当凌绝顶，一览众山小”的壮志豪言。马致远在秋风萧瑟之中，才会发出“夕阳西下，断肠人在天涯”的真切悲叹。

最后，自然美可以丰富人们的日常生活，愉悦人们的内心。在城市喧嚣、拥挤及快节奏的生活之下，人们被强行卷入忙碌之中，很难觅到一个令心灵悠然的栖息之所。而悠然自在、和谐多样的自然美，可以使人从喧闹的、高度紧张的生活之中解放出来。自然美的丰富内核作为对忙碌生活的调剂和补偿，越来越受到人们的重视。

在了解自然美的教育作用的同时，我们也要注重自然审美教育的途径。

首先，通过自然教育实施审美教育，最重要的就是发现自然中的美。人们要认识到日升日落、草长莺飞、四季轮回等是客观的自然的呈现；而陶渊明笔下的菊、杜甫诗中的泰山、李白诗中的蜀道等虽刻画了自然，但都是主观的自然。只有将客观自然与主观自然结合起来进行了解，人们才能更好地发现与认识自然之美。

其次，针对不同的人群，要选择不同的认识自然之美的途径。针对未成年人，学校要整合资源，注重人文教育，使学生从繁忙的学业之中抽离出来，亲近大自然。针对成年人，社会要加强基础设施的建设，给予他们劳逸结合的机会，有意识、多方面地促进人们走向自然、拥抱自然，与自然和谐相处。

最后，要大力宣传、展示各地的自然之美。各地可以利用当下的网络空间，宣传自身的特色景观，吸引游客前来游赏。这样既可以推动旅游经济的发展，也可以展现不同地域的自然之美，为人们更好地欣赏自然美提供便利的途径。

自然之美是大自然给予人类的美好馈赠。在自然中肆意遨游，我们要做到尊重自然的发展规律，常怀感恩之心，对自然抱有敬畏之心，尊重自然、爱护自然，这样才能与自然和谐共生。自然教育根源于自然的馈赠，它是艺术教育与日常生活教育的前提条件，也为二者提供了丰富绚烂的审美风光，奠定了审美基调，可以说是审美教育的基础。

二、艺术教育

宗白华说：“美学是研究‘美’的学问，艺术是创造‘美’的技能。”① 艺术教育是审美教育的核心，也是审美教育最为有效的途径。艺术家在创作艺术品时，会自然而然地融入审美元素，所以我们可以把艺术看作人类审美意识的历史积淀和现实形态。从这个角度来说，艺术作品是对人类各时代美的事物的呈现，它们蕴含着崇高的审美情感和健康的审美价值观。

艺术教育以审美对象特有的美的情感为纽带，以丰富的精神、智慧等为内涵，与美的形象一起浸润人的心灵，使人获得审美化的生命体验。艺术教育可以帮助人们塑造健康的审美观，提升人们的审美能力，激发人们的生活

① 宗白华．宗白华全集：第一卷．合肥：安徽教育出版社，2008：187.

情趣，使人们能够以独特的视角探寻生活之美。

既要注重打好艺术的理论基础，又要重视艺术的实践活动，才能更好地通过艺术教育来开展审美教育，进而造就审美的人。艺术教育的途径主要有以下几种。

第一，对审美理论的学习。通过艺术教育实施审美教育，要先打好理论的“地基”，才能更好地进行后续的艺术审美实践。审美理论学习主要包括三个方面：美学基础理论学习、艺术理论与艺术史学习、其他审美常识学习。

“美学与艺术在一种同质的规律即美的规律中运行。”① 学习美学基础理论能够帮助我们更好地理解深刻的艺术理论。美学基础理论从整体出发分析人类审美现象，展现美的世界的全部内容。它不仅让人懂得美的存在形态以及人类审美活动的过程，懂得美的原则和各类审美范畴，还阐释了人类为什么需要美和审美活动。要想自觉地接受审美教育，就要掌握美学的基本知识，重视美学理论。

进行艺术审美活动，离不开对艺术理论与艺术史的学习。艺术审美需要一定的知识积累，各类艺术的特征，作品的创作背景、所处时代、风格以及象征意义等，都能够作为补充资料，对艺术审美起积极的引导作用。例如，如果没有一定的历史和艺术知识，很难欣赏毕加索《格尔尼卡》画中那些变形的、零碎的图形，只能勉强辨认出公牛、剖腹的马、举灯的人、呼号的人和支离破碎的人体、物体等元素。尽管这幅作品能从直观上给人的感官与心灵带来强烈的震撼，使人感到恐惧，但只有了解了画作背后法西斯德国轰炸西班牙格尔尼卡镇的暴行，熟悉其运用的艺术的象征手法，才能对这幅画有全方位的、更透彻的理解。

其他审美常识大多存在于包括人们衣食住行在内的日常生活之中。人们在长期的实践过程中，形成了一种模糊却又存在共识的审美标准。人们心照不宣地遵从着一些流行趋势或时尚潮流，这就是审美常识，包括人们妆容、发型的调整，服饰的变化，色彩的喜好，饮食的讲究，室内装饰的格调等。审美常识由两个方面组成：二是相对稳定的形式美法则，它不与内容直接相关，具有相对的独立性；一是会变化的社会群体的审美标准，它在一定的地域、时代和阶层中有一致性，因此也是一种审美常识。我们要掌握并具体运用这两种审美常识，比如色彩，深色的收缩感与浅色的膨胀感是不变的法则，对比色与互补色的不同搭配能够产生不同的效果，这些属于形式美法则，具有相对稳定性，服装色彩的选择可以这些法则为基础。此外，不同地域的人赋予色彩不同的象征意义，这就属于具有地域性的审美常识。掌握这些审美常识，对我们审美能力的提升与审美活动的开展大有裨益。

第二，对艺术作品的欣赏。除了理论学习，艺术审美教育也常常围绕着艺术作品展开，强调艺术欣赏的重要性。艺术作品不仅是某种技巧的产物，

---

① 张法．作为艺术内容的美学：上：美乃艺术的基础和目的．艺术学研究，2020（4）．

也不仅是合乎人的感官审美要求的美的形式，它还传达了艺术家特有的审美经验，因此是最重要、最具审美价值的审美客体之一。黑格尔讲："内容和完全适合内容的形式达到独立完整的统一，因而形成一种自由的整体，这就是艺术的中心。"[①] 对人全方位的审美教育可以在欣赏艺术作品的过程中逐渐实现，而在欣赏艺术作品时要注重对形式与内容的双重把握。

通过对艺术作品的欣赏来实践审美教育，需要了解艺术作品的形式，包括外在形式与内在形式。艺术作品是审美客体，因为艺术家要采用美的外在形式来表现精神性内容。普列汉诺夫指出，"很美地画了一个老人"和"画了一个很美的老人"是截然不同的。"很美地画"出来的作品，既能够传达艺术家自己的某种感受，又满足了观看者的审美需求，因而是艺术作品。而画一个"很美的老人"，却不一定是创作了一件艺术作品，因为老人很美，但也许画得不美。艺术家在创作时，会考虑以美的感性形式来完成其作品。在构图、造型、作曲、配器的创作过程中，他们灵活地运用形式美法则，构成艺术作品美的外在形式，以吸引人们的审美注意力。

艺术作品的内在形式对其审美价值的体现也起着十分重要的作用。曹禺的话剧《雷雨》是我国话剧史上的一部优秀作品，其内在形式——剧作结构的精美为这部作品增色不少。从戏剧结构类型来看，《雷雨》运用了"三一律"和回溯式结构，把过去周朴园与侍萍的矛盾和眼前周朴园与蘩漪的冲突交织起来，不断被发现的"过去"，推动剧情走向高潮，使戏剧冲突紧张激烈。由此可见，结构不仅会影响内容的表达，而且很大程度上可以决定作品的审美价值。结构被视作一种艺术审美规律，无论是从绘画对构图的重视、音乐对声音组织的重视中，还是从建筑对构架的重视中，都能发现结构与作品审美价值之间的联系。

与形式相比，更重要的是艺术作品深邃的内容。优秀的作品既能很好地运用美的形式，又能表现出作者崇高的审美价值。在欣赏艺术作品时要探寻其内在价值，以实现审美教育的目标——造就审美的人，使人获得精神上的解放与自由，充满热情和希望地走向个体生命的澄明之境。

德国画家许布纳尔的《西里西亚的织工》描绘了织布工人遭受工厂主盘剥的场面，展现了工人的激愤和工厂主的丑恶。恩格斯对这幅画做了精辟的评论："画面异常有力地把冷酷的富有和绝望的穷困作了鲜明的对比。厂主胖得像一只猪，红铜色的脸上露出一付冷酷相，他轻蔑地把一个妇人的一块麻布抛在一边……老板的儿子，一个年轻的花花公子斜倚着柜台，手里拿着马鞭，嘴里叼着雪茄，冷眉冷眼地瞧着这些不幸的织工。"[②] 这是一幅具有审美价值的画。"很美地画"不仅指采用的外在形式美，而且指通过形式表现出来

---

① 黑格尔．美学：第二卷．朱光潜，译．北京：商务印书馆，1996：157.

② 恩格斯．英国工人阶级状况：根据亲身观察和可靠材料//马克思，恩格斯．马克思恩格斯全集：第二卷．北京：人民出版社，1957：589－590.

的内容深刻，发人深省。艺术形象的生成，是给内容赋予形式“外衣”的过程。

第三，对艺术作品的创作。艺术创作让人切身体验美的产生过程，能够给创作者带来深刻的审美体验。一般说来，艺术创作的过程可以分为艺术体验、艺术构思和艺术传达三个阶段。这三个阶段环环相扣，相辅相成。艺术体验是指艺术家对生活的审美感受，是一个收集艺术素材与灵感的过程。我们要做有心人，学会留意生活中的美，才能为艺术创作积累素材。艺术构思是指在艺术体验的基础上，对收集来的素材进行加工提炼，同时注入情感，形成艺术形象的活动，这是一项复杂的审美活动。艺术传达是艺术创作的最后环节，指艺术家借助一定的物质材料和艺术语言，运用艺术的方法和技巧，将构思转化为具有审美价值的艺术作品。正如前文所言，好的艺术作品是形式与内容完美融合的结果，恰当的艺术传达能够为艺术作品锦上添花。

在当今社会，艺术创作因为有了现代工具的辅助而变得更加便捷，人们只要愿意，就能够选择自己喜爱的艺术形式，参加一些创造性活动，如写诗作文、唱歌跳舞、谱曲演奏等。每一种艺术形式都有其独特的美，择其一而深入，必定能提高自己的艺术修养，进而提升自己的审美能力。

艺术审美教育以一种“艺术来源于生活，却又高于生活”的方式，激励人们在生活中不断自我反思、积极创造，发展与提升审美素养。艺术教育有助于思想灵魂的求真求善，有助于人们创造更好的物质生活与精神世界，是人类认识文明、走向文明的重要途径。总之，对于任何国家和民族而言，艺术教育都是国民教育的重要组成部分，也是公众审美教育的重要途径。

三、日常生活教育

美学能从广泛的日常生活中唤起人们对美的关注，若仅仅将美学限定在艺术范围内则丧失了美学原本的实践来源。普及的审美教育最终要依赖于最广泛的审美活动——日常生活审美。

日常生活是每个人日常且世俗的生活，与家庭、社会及居住环境等联系密切。它不仅包含着物质层面的衣食住行，也蕴含着对人们精神世界的滋养。如今，艺术中的美学已渗透到日常生活中，建筑设计、环境绿化、物品包装等都显露出艺术化和审美的追求，日常生活充盈着艺术的氛围与审美的特质。在日常生活中进行审美教育，并不意味着美学的“庸俗化”。虽然日常生活中的审美现象并不像艺术中那么系统和自觉，显得比较零散和主观，但是这种人们最为熟悉的环境对大众的审美影响却更为自然和深刻。

在日常状态下，人们往往会将自己的活动“聚焦于某个单一的客观的同质的行动领域”[①]，从而丧失了对日常生活“真实”的感知。因此日常生活审

① 赫勒．日常生活．衣俊卿，译．重庆：重庆出版社，1990：62.

美教育的重要途径之一是使日常状态下人的生活行动得到一种“去熟悉化”，从而使人敞开对日常生活的想象，促使人探寻日常生活新的意义。这是一种使人们从程序性的日常生活中脱离出来，寻找别样的生活意义的日常生活美育策略。宗白华在《美从何处寻?》一文中以《舟还长沙》一诗为例，来揭示心理距离对日常状态下审美认知的形成的作用。这是将日常状态中的生活现实“去熟悉化”的典型案例，诗人通过转换视角打破了固有的认知。可见，日常生活审美教育的中心在于颠覆固化的认知模式。

陶行知主张，要用审美的心态过“艺术的生活”[①]，日常生活审美教育旨在培养“活人”，重在培养一种欣赏的能力，这种能力在日常生活的审美化改造中发挥着重要的过程性作用。艺术天然具有教育的功能，在日常生活中进行审美教育并不是将艺术剥离出去，而是在日常生活中充分运用艺术来进行生活美育，以欣赏艺术的角度来欣赏日常生活，培养大众的观察力和对生活意义的探寻能力，从而激发大众对日常生活的审美兴趣。一般而言，在日常生活中开展审美教育的主要途径包括身体服饰审美、空间审美和人际交往审美。

第一，身体服饰审美。身体作为日常生活的基础是我们开展任何活动的出发点，对人们来说十分重要，但往往又是一个比较容易被忽略的存在。柏拉图认为身体阻碍了灵魂通向真知。随着时代的发展，人们对身体的看法逐渐发生变化。身体作为具体的存在，被看作承载抽象精神和真理之载体。费尔巴哈认为，身体是属于自己的存在；不仅如此，身体中的全部都是他自己，是他本身特有的本质。尼采认为身体是一切的出发点，一切以身体为准则，也就是说，身体是评价和衡量一切的基础。

我们要确立的身体视角，既不是简单的符号化，也不是将身体推得越来越远，使其变成商品，而是对身体进行形象再塑造，对人的审美情感、审美感知和审美情趣进行提升。纵观人类文明的发展史，从远古时期的衣不蔽体到现如今的多样服饰，服饰可以作为人类文明进步的标志之一。随着消费观念的转变以及审美能力的提升，许多人对服饰的要求从穿着舒服得体简单大方转变为追求标新立异名牌潮牌，“审美让位于消费，理性让位于感性”[②]。许多人忽略了服饰应该具有的内在精神表达。这显然是对服饰文化的片面理解。

服饰不仅从视觉上给人美的享受，还以物质形式将历史文化保留下来。在我国传统服饰文化中就包含着审美教化旨趣。“比如，认为‘容饰’不仅是指按‘礼’的规范对仪表、姿态的修整，也意味着对‘道’的修持。”[③]中国古代“君子”把“容”作为“道”的感性表现。服饰审美不仅作用于人格的

① 孟丽，曾繁仁．陶行知生活美育思想简论．齐鲁学刊，2018（2）．

② 李学垠．着装审美教育：日常生活审美化视域下的新美育资源探析．美育学刊，2011（2）．

③ 李学垠．着装审美教育：日常生活审美化视域下的新美育资源探析．美育学刊，2011（2）．

完整完善，而且能唤醒人的内在审美意识和生命意识，让人认识生命之美，实现生命价值。

第二，空间审美。公共空间是人们在生活中寻找审美体验和审美趣味的绝佳之地。鲁迅认为可以从建设事业、保存事业和研究事业三方面传播“美术”，其中建设事业就是建立中央和地方美术馆，建立剧场、音乐厅等公共空间。蔡元培在对社会美育的设想中提出应对公共场所的建筑设施进行整体规划，设立历史博物馆、习艺所、美术院等可以陶冶情操、增加审美趣味的公共空间。可见，公共空间不仅是人们日常生活的场所，而且是生活艺术化的重要阵地。

伴随着中国经济的发展，中国公共空间中的城市景观发生了令人叹为观止的变化。人们通过观赏公共空间的建筑物，不仅从另一个角度了解了城市文化，也从另一个角度构建了审美趣味。拥有广阔空间的城市几乎为审美提供了全部的场域，城市的许多角落存在着可供审美的艺术品。“我们生活的城市，在这个自由的空间里，艺术品以不同的艺术形式和各自的独特视角所表征的城市（包括城市中的雕塑、建筑等）也已经确乎成为人们审美观照的对象。”①

私人空间同样是生活审美教育的重要阵地。相较于公共空间的装饰和审美要求，“家”作为一种私人空间，不仅要追求健康舒适与得体，而且要注重独特的情趣风格。家居装饰使我们习以为常的生活艺术化，让我们在家居中获得精神上的满足和情感上的归属。中国式的家居审美“注重完整，包括对称与均衡、节奏与韵律、比例与尺度。追求空间的虚实统一”②。随着文化的传播与融合，许多家庭的装修风格不再局限于传统中式风格。多元化的审美不仅能激发人们的审美情趣，还能丰富人们的审美维度，从多角度培养人们的审美感受。简言之，空间审美为人们提供了更多的审美选择，而人们在审美选择的同时又构建了不同的审美趣味，两者互相促进。

第三，人际交往审美。交往礼仪是日常生活的一部分，是人与人、人与社会互动的必要修养，是一个人文化教养的体现。中国传统社会中，交往礼仪深刻体现着“礼”。现代社会中，许多人在交往行为中过多地权衡物质利弊，“礼”被忽略甚至漠视。比如，网络上的“饭圈文化”，网友因为观点不同就会掀起一场毫无礼节的骂战，而日常生活中的“路怒症”等也是缺少文化教养和交往礼仪的表现。在人际交往过程中，我们应该重新审视传统人际交往的审美，重视精神交流，为审美情趣的构建营造良好的氛围，摒弃功利性的、工具性的日常交往方式，实现德性精神交往而不是停留在物质层面。

现代审美教育有着相当复杂的面貌，提高审美教育水平不仅要丰富和优化生活审美教育的模式，还要转变审美教育思维，将艺术教育化入生活，将

---

① 雷启立，周婕．视觉艺术与日常生活的审美化．同济大学学报（社会科学版），2007（6）.

② 朱志荣．日常生活中的美学．上海：上海人民出版社，2016：86.

艺术观念化为生活态度，将艺术熏陶作为培养良好审美趣味的重要途径。[①]

本节关键词：

审美教育的途径，自然教育，艺术教育，日常生活教育

本章小结

审美教育是以培养人的感受能力、丰富人的情感经验、提升人的心灵境界为目的的教育活动，是以事物的感性形态为媒介对受教育者进行感性提升的实践活动。审美教育活动的发生、发展受特定历史时期的社会存在方式、生产方式和文化心理结构的影响。

审美教育的终极目标是培养自由全面发展的人，其功能体现在培养健康审美观、提升审美能力、激发生活情趣等方面。审美教育不仅能促进个体实现自由全面发展，还具有促进和谐人际关系的建构、社会共同体的协作发展、文化产品的创造、传统和文明的赓续传承等社会文化功能。区别于智育、德育、劳动教育等其他教育活动，审美教育的特征在于其具有情感性、形象性和精神性。根据施教内容，可以将审美教育的途径区分为自然教育、艺术教育和日常生活教育。

思考题

1. 简述审美教育的功能、特征和途径。
2. 谈谈你对审美教育与人的自由全面发展的关系的认识。

拓展阅读

宗白华．美学散步．上海：上海人民出版社，1981.

席勒．审美教育书简．冯至，范大灿，译．北京：北京大学出版社，1985.

曾繁仁．美育十五讲．北京：北京大学出版社，2012.

朱立元．美育与人生．美育学刊，2012（1）.

杜卫．美育三义．文艺研究，2016（11）.

艺术·审美·人生

对当代大学生来说，完善自我人格、审美地认识世界、艺术地生活等目

① 黄仲山．审美趣味代际传承与日常生活美育体系建构．南京邮电大学学报（社会科学版），2019（3）.